Children Observation and Behavioral Studies

아동관찰 및 행동연구

김동환 · 김수향 · 이경하 · 임영심

양 성 원

머/리/말

우리 사회는 영유아기에 대한 관심이 나날이 고조되어 가고 있으며 영유아교사의 전문성에 대한 기대감이 점차 높아지고 있다. 영유아와 함께 생활하는 교사들은 궁극적으로 영유아의 행복을 위해 이들에 대한 이해와 정보가 절실하다. 이에 부응하여 '아동관찰 및 행동연구'는 정보가 가속화되고 있는 오늘날 영유아교사의 전문성을 구비하기 위한 필수과목으로 선택되어졌다. 인간의 성장을 나무에 비유해 볼 때, 영유아기는 나무의 뿌리를 내리는 시기로 이 시기 영유아교사들에게 영유아들에 대한 정확하고도 세밀한 자료를 수집하기 위해 아동관찰 및 행동연구에 대한 보다 전문적 이해가 필요하다.

'어떻게 하면 영유아 현장에서 일어나는 각 상황에서 야기되는 영유아들의 행동을 올바르게 이해할 수 있을까' 하는 문제들을 객관적이고 과학적인 방법으로 풀어 나갈 수 있는 방안이 모색되어야 할 것이다. 이를 위해 전문성을 갖춘 영유아교사가 관찰법을 이해하고 적용할 수 있도록 돕는 도서가 필요했다.

본서는 영유아교실 현장에서 보고 듣고 관찰한 것에 더하여 정보수집 방법과 정보를 해석해 내는 방법까지 찾아보고 영유아교실에서 일어나는 사건 하나하나들을 해석하고 교육적 지원까지 찾아보았다. 이와 같은 부분들은 영유아 교육전문가로 발돋움하는 현장교사뿐만 아니라 예비영유아교사들에게도 쉽게 다가갈 수 있는 관찰방법에 대한 지식과 정보를 알려 주려고 노력했다.

이 책은 전체 8장으로 구성하였다.

먼저 1장에서는 관찰 및 행동연구의 역사, 즉 태동기에서 현재의 성숙기까지를 살펴본 후 영유아들의 발달에 대한 이해를 위해 왜 관찰이 필요한지의 당위성과 목적을 살펴보고, 아울러 관찰의 장점과 관찰에서 발생할 수 있는 오류들을 살펴보면서 오류를 최소화할 수 있는 방안을 제시하고 나아가 객관적이고 과학적인 관찰을 위한 지침을 제공하고자 한다. 이어서 2장은 관찰연구법으로 영유아교육 현장에서 쉽고 많이 활용되는 관찰방법인 표본식 기록과 일화기록, 사건표집법, 시간표집법, 행동목록법, 평정척도법을 소개하고 실제 현장의 관찰방법을 적용 · 해석하고 교수지침을 제공하고자 하였다. 3장은 영유아들의 발달특성상 표준화된 평가척도만으로는 영유아들의 행동의 발달 추이를 평가하는 데는 많은 어려움이 있으므로 이를 위한 방법으로 포트폴리오 평가에 대한 이해와 구성, 실제편을 다루었다. 4장은 영유아 발달과업을 알아보고 영유아 발달의 이해를 돕는 관찰의 실제를 다루었다. 5장은 부모면담의 정의 및 의의를 알아보고 부모면담의 유형, 계획, 실행을 살펴봄으로써 활용될 수 있는 방안을 다루었다. 6장과 7장은 제4차 표준보육과정과 2019 개정 누리과정의 목표와 내용체계에 따라 관찰준거를 선정하고 이를 근거로 한 관찰양식을 작성하여 효율적인 관찰을 위한 활동들을 중심으로 관찰방법 및 해석, 교수방법 등을 제시하였다. 8장에서는 유아 놀이 관찰과 지원의 사례를 다루었다. 따라서 본서를 접한 영유아교사들은 수업 관찰 사례를 통해 영유아에 대해 가장 적절하고 효과적인 관찰법을 찾아서 적용시키는 방법을 배울 수 있고 예비영유아교사들은 수업을 이해하며 교수기술을 익힐 수 있을 것이다.

본서는 모든 영유아교사들이 아동관찰 및 행동연구에 관한 내용들을 쉽게 이해할 수 있도록 집필하려고 노력하였다. 유능한 교사는 수업상황에서 일어나는 모든 요소들을 파악하여 자신의 수업에 반영시켜야 하므로 이를 위해 관찰의 전 과정을 통합적으로 이해하는 법을 배워야 할 것이다. 본서에서 제시한 관찰지침과 관찰준거, 관찰도구, 관찰 기록 양식들이 전문성 있는 교사로 발돋움하는 예비영유아교사들과 현직 영유아교사들에게 유용한 지침이 될 수 있기를 진심으로 바란다.

본서를 집필하기 위해 도움을 주신 양성원 강철원님과 유난히 더운 여름날 함께 땀 흘린 교수님들, 현장의 관찰자료와 사진자료를 제공해 주신 대전 화랑유치원 원장님과 선생님들께 진심 어린 감사를 드린다.

2023년 8월

차/례

| PART 2 | 아동관찰 평가의 활용

| PART 3 | 영유아교사를 위한 관찰의 실제

PART 1

아동관찰 및 행동연구의 이해

CHAPTER 01

영유아관찰 및 행동연구의 이해

본 장에서는 관찰 및 행동연구의 역사, 즉 태동기에서 성숙기까지를 살펴보고자 한다. 또한 영유아들의 발달에 대한 이해를 위해 왜 관찰이 필요한지의 당위성과 목적을 살펴보고, 아울러 관찰의 장점과 관찰에서 발생할 수 있는 오류들을 살펴보면서, 오류를 최소화할 수 있는 방안에 대해서 제시하고자 한다. 나아가 객관적이고 과학적인 관찰을 위한 지침을 제공하고자 한다.

1 관찰의 역사

관찰은 대상에 대한 과학적 접근을 하고자 할 때 가장 기초적으로 이용되는 방법이다. 인간의 행동을 대상으로 한 모든 일상적 활동과 연구에도 관찰을 기본으로 판단이 이루어진다. 따라서 관찰이란 인간의 행동을 알아보는 체계 또는 계획이라고 할 수 있다(Billman & Sheman, 1996). 특히 표준화된 검사로 평가하기 어려운 영유아들의 행동에 대한 이해를 위해 관찰의 방법을 많이 사용하고 있다. 영유아들의 행동을 명확히 기술하고, 행동의 차이를 기록할 수 있는 적합한 관찰방법과 기록방법을 정하여 적용한다면, 자신의 상황에 대해 설명하기 어려운 영유아들의 행동특성을 파악하는 데 좋은 도구가 될 것이다(곽금주, 정윤경, 김민화, 2010).

이러한 아동관찰은 언제부터 이루어졌는지 관찰의 역사를 살펴보고자 한다. 아동관찰의 역사는 태동기를 기점으로 정초기, 과학적 운동기, 성숙기로 나누어져 있다. 성숙기에서 성숙기 초반은 20세기 이후를 전후하여 기술되어 있는데, 성숙기 후반은 2020년 이후 놀이중심 교육과정에서 중요하게 간주되는 아동관찰의 관점을 반영하여 발전단계를 설명하고자 한다. 정초기, 과학적 운동기, 성숙기 전반(김진규, 윤길근, 2003; 이순형 외, 2008의 저서 참고)은 기존의 참고문헌을 참고하여 제시하였고, 성숙기 후반은 4차 어린이집 표준보육과정 고시문(보건복지부, 2020)과 아동관찰 관련 선행연구들을 중심으로 살펴보고자 한다.

1) 태동기

관찰의 역사는 유아가 성인의 축소판이 아닌 독립된 인격체라고 인정한 시기부터 시작되었다(Wortham, 2008). 영유아를 성인의 축소판이 아닌 본성을 가진 개체로 연구한 최초의 인물은 코메니우스(Comenius)였다. 코메니우스는 17세기 슬라브계 교육개혁자로서 아동의 능력을 이해하고 그들을 어떻게 양육할 것인가를 알고자 노력하였다. 그러나 실제로 관찰방법을 적용하여 아동을 연구한 학자는 페스탈로치(Pestalozzi)였다. 페스탈로치는 3년 6개월 된 자신의 아들에 관한 관찰 기록을 출간하였다. 그리고 독일의 의사 티데만(F. Tiedemann, 1781~1861)도 자신의 아들을 대상으로 생후 2세 반까지의 감각, 운동, 지능, 언어발달을 관찰하고 이를 일기형태로 기록하여 1787년에 『아동의 정신적 발달에 관한 관찰』이라는 저서를 발간하면서 아동관찰 연구의 태동기를 맞이하였다(김진규, 윤길근, 2003).

2) 정초기

19세기 말에서 20세기 초에도 연구자들은 자기 아이나 친척의 아이를 대상으로 영아기 초기부터 영아의 행동과 이에 대한 일상을 매일매일 기록했다. 그 결과, 수십 개의 유아전기가 20세기 초에 출판되었다.

유아전기가 한 단계 진전된 것은 19세기의 두 이론가인 다윈(C. Darwin, 1877)과 독일 생물학자 프레리(William Preyer, 1882/1888)가 아동의 행동에 관한 초기의 기록에 기여하면서부터이다. 두 사람이 각각 자기 아들의 발달을 출생 후 3년 동안 일기식으로 기록을 간행한 것이 아동관찰 연구에 지대한 영향을 미쳤다.

먼저 다윈(1877)이 아동관찰에 공헌한 바를 살펴보면, 저서 『종의 기원(The Origin of Species)』(1859)은 아동심리학을 하나의 과학적 학문에 이르게 하는 데 있어서 가장 중요한 기초를 마련했다.

다윈은 자신의 진화론을 지지할 수 있는 증거들을 발견하기 위해 아동들의 발달과정을 연구하였다. 즉, 다윈은 인간의 행동과 다른 종의 행동 사이에서 나타나는 유사성은 진화적으로 동일한 조상을 가진 결과라고 가정하고, 인류의 기원에 관한 중요한 단서를 발견하려는 목적에서 자신의 어린 아들의 생후 3년간의 행동을 아주 자세하게 기록하였다.

다윈은 아동의 관찰을 통해 종족 자체의 발달에 중요한 단서를 발견할 수 있다고 주장함으로써, 진화론의 입장에서 아동에 대한 과학적 흥미를 발견했을 뿐 아니라 자신의 아들을 관찰하고 기록함으로써 아동연구 방법론의 발달에 크게 공헌하였다.

또한 다윈과 동시대에 아동관찰 연구의 기초를 마련한 프레리(1882/1888)의 업적을 살펴보면, 프레리는 관찰의 표준을 높아 설정하여 자신이 본 것을 즉시, 그리고 가능한 한 완벽하게 기록했으며, 규칙적인 간격을 두고 기록했다. 그는 또한 아동의 행동에 영향을 주지 않으려고 노력했고, 자신이 본 것이 자신의 관심과 해석으로 인해 왜곡되지 않게 하려고 노력했다. 그리고 두 번째 관찰자의 기록과 대비해 자신의 기록이 정확한지를 점검했다. 이러한 점은 현대의 연구자들이 아동관찰 시에 사용하는 기준과 같다.

이러한 전기 학자들의 시도는 선구적이었지만, 그들의 관찰 일기는 훌륭한 고고학적 자료가 되지는 못했다. 그 이유는, 첫째, 관찰방법이 체계적이지 못하다는 점, 둘째, 대부분이 한 명의 피험자를 대상으로 한 사례연구이기 때문에 연구결과를 일반화하기 어렵다는 점, 셋째, 다윈과 같이 대부분의 관찰자들이 자기 자신의 발달이론과 교육이론을 가지고 있었기 때문에 관찰하는 아동을 통해서 자신의 이론을 정당화하고자 했다는 점 등 때문이다(한국아동학회, 2005). 그러면서도 가족원이 기록한 유아전기는 기록자가 관찰대상 아동과 많은 시간을 함께 보내면서 일상적인 상황과 특별한 상황에서 아동을 관찰할 수 있다는 장점이 있었다.

3) 과학적 운동기

19세기 말에 이르러 아동관찰 및 아동에 대한 연구는 과학적인 방법으로 연구가 실시되었다. 과학적 아동연구 운동의 시조로 불리는 미국의 홀(S. Hall, 1944~1924)은 "아동연구"라는 새로운 영역을 정립하는 데 개척자 역할을 하였다. 그의 저서 『아동의 정신 내용(The Content of Children's Minds)』(1883)을 통해 아동발달연구가 인간의 이해에서 핵심적인 역할을 한다고 주장하였다. 유아전기의 취약점을 인식한 홀은 아동에 대한 철저한 객관적 사실들을 수집하기로 했다. 이러한 목표는 아동연구의 규범적 접근으로 이어졌다. 규범적 조사에서는 다수의 아동을 대상으로 행동을 측정한 다음 연령과 연관된 평균을 계산하고 이 평균을 전형적 아동의 발달을 나타내는 것으로 간주하였다. 홀은 많은 수의 아동을 체계적으로 연구하기 위해 새로운 연구방법으로 질문지법을 개발하여 질문지를 통해서 아동 및 청소년의 행동, 태도, 흥미 등을 조사했다. 질문지를 통해 각 연령대의 아동이 자신에 관해 말할 수 있는 모든 것, 즉 흥미, 두려움, 상상의 놀이친구, 꿈, 우정, 좋아하는 장난감 등을 질문하였다(White, 1992). 어떤 의미에서 홀의 연구는 미국에서 체계적인 아동연구의 시작이라고 볼 수 있다. 이 외에도 그는 미국심리학회지와 여러 전문학술지를 창간하였고, 1893년에는 전국아동연구협회(National Association for Child Study)를 결성함으로써 아동연구 운동의 주도적 역할을 하였다.

게젤(Gesell, 1880~1961) 역시 영아와 아동의 행동에 관한 세세한 규범적 정보를 수집하는 데 대부분의 시간을 투자했다. 특히 그가 만든 영아발달표는 완벽하여 오늘날까지도 수정판이 계속 사용되고 있다. 게젤은 부모에게 도움이 될 만한 아동발달 관련 지식을 체계화했던 최초의 인물 중 하나이다.

4) 성숙기

성숙기는 성숙기 전반과 후반으로 나누어 설명할 수 있다. 성숙기 전반, 즉 20세기에 들어서면서 아동연구는 학문분야로서의 위치를 확고히 하였다.

즉, 홀과 게젤이 미국에서 이론과 방법론을 발달시키는 동안 프랑스 심리학자 알프레드 비네(Alfred Binet)는 다른 이유로 아동발달의 규범적 접근을 취하고 있었다. 1990년대 초기 비네와 시몬(Simon)은 아동의 지능을 직접적으로 측정하는 질문들을 개발하고 구성하였다. 1916년 스탠퍼드 대학교에서 비네의 검사를 영어로 번역했고 미국 아동에게 사용되도록 번안하였다. 이것이 스탠퍼드-비네 지능검사(Standford-Binet Intelligence Scale)이다. 비네 검사는 학업성취를 성공적으로 예측하는 점수를 제공하는 것 외에 발달의 개인차에 대단한 관심을 촉발시켰다.

20세기 초의 연구들은 주로 이론적인 추구에 치우쳐 경험적 자료가 부족할 뿐 아니라 자료가 있다 하여도 단순히 아동의 발달을 기술하는 데 그치는 정도였으나, 비네의 연구는 아동에 관한 경험적 자료의 질적 수준을 높이는 데 가장 큰 공헌을 하였다. 최초의 지능척도를 만들었고 이른바 검사운동을 일으키는 데 결정적인 역할을 하였다. 검사운동 연구에 힘입어 여러 가지 검사를 사용한 아동의 성장발달 연구들이 1920년과 1930년대에 많이 나오게 되었다.

1935~1945년 사이에는 프로이드(Freud)의 영향으로 그의 가정을 검증하는 연구부터 아동 초기의 경험이 성격 전반에 미치는 영향에 대한 연구까지 범위가 확대되었다(이은해, 1997). 1950년대 이후에는 이미 1920년에 발표되었던 피아제(Piaget)의 이론(사고와 도덕성)에 대한 관심을 바탕으로 지능개념에 큰 변화가 일어났고, 아동의 사고내용이 발달수준에 따라 질적인 변화를 갖게 된다는 점이 강조되었다. 경험적 자료에 기초하여 인지발달에 관한 이론을 정립한 피아제의 연구방법은 기존의 심리학 또는 발달의 연구방법에 비해 특이한 면이 있어 아동의 인지발달에 관한 연구방법에 지대한 공헌을 하였다. 즉, 관찰과 개별화된 면접을 병행하는 방법을 통해 어떤 과제에 대한 수행 여부만이 아니라 과제를 수행할 때 아동의 사고내용을 면접 조사하는 임상적 방법에 대한 관심이 대두된 것이다.

20세기 들어 아동연구는 성숙기를 맞았다. 초기에는 연령단계에 따른 신체적, 심리적 행동특성을 밝히고 변화를 기술하는 데 역점을 두었다. 20세기 중엽 이후에는 단순히 어떤 현상을 발견하고 기술하는 데 그치지 않고 행동의 특징을 설명하고 이론을 구성함으로써 인간발달의 기저에 있는 과정과 기제에 더 흥미를 갖게 되었다.

또한 아동에 관한 연구는 아동학이나 심리학, 유아교육학에서뿐 아니라 문화인류학, 정신의학, 가족사회학 등 여러 인접 학문과의 연계 속에서 다양한 접근방법들이 시도되고 있다(이은해, 1997). 이러한 시도는 유아발달에 영향을 미치는 요인들과 영유아기 유아들에게 시행되고 있는 프로그램에 대한 재검토의 기회가 될 것이다.

성숙기 후반이라고 할 수 있는 2019년 이후 아동 관찰의 발전을 살펴보면 다음과 같다. 2019년 개정 누리과정과 2020년 4차 어린이집 표준보육과정이 고시된 이후 교육과정에 있어 아동 관찰의 중요성이 더욱 강조되었다.

즉, 제4차 어린이집 표준보육과정은 2019년 개정 누리과정을 시작으로, 3~5세 보육과정(누리과정)의 총론과 각론 개정이 우선적으로 이루어졌다. 특히 제4차 표준보육과정은 영유아중심과 놀이중심을 추구하였다. 즉, 표준보육과정 운영에 있어 강조하는 것은 하루 일과에서 바깥놀이를 포함하여 영유아가 놀이를 충분히 즐길 수 있도록 탄력적으로 편성 운영하는 것을 지침으로 제시하고 있다. 이러한 놀이중심 교육과정 운영을 위해 개개 영유아의 일상생활 및 놀이를 관찰하고, 관찰한 결과에 따라 놀이를 지원하는 것을 강조하고 있다.

또한 영유아가 주도하는 놀이는 성인의 간섭과 통제가 최소화되고 영유아가 다양한 놀이 환경과 만날 때 활발하게 나타난다는 전제를 기본으로 하고 있다. 따라서 교사가 미리 준비한 놀이를 선택하게 하는 방식보다는 영유아가 자유롭게 놀이하며 즐기는 방식으로 바꾸어 갈 필요가 있다고 제시되어 있다. 또한 교사는 놀이상황과 맥락에 따라 새롭게 생성되는 영유아의 놀이를 존중하고 이해하면서 영유아가 필요로 하는 놀이자료, 놀이공간과 안전 등을 고려하여 필요한 지원을 할 수 있어야 한다는 것이다(보건복지부, 2020).

위의 표준보육과정의 놀이중심 교육과정 운영을 위해 우선되어야 하는 것이 교사의 영유아의 놀이 관찰 기록 및 해석을 통해 놀이 및 놀이자료, 놀이공간 환경을 지원하는 것이다. 따라서 영유아교사는 객관적인 아동관찰을 통한 영유아의 놀이의미를 해석하여 놀이중심 교육과정을 운영할 수 있는 역량이 요구된다.

놀이중심 교육과정 운영을 위한 2019 개정 누리과정과 4차 표준보육과정에서 요구, 강조되는 교사의 핵심역량은 유아관찰과 평가방법을 이해하고 실행할 수 있는 역량과 유아평가 활용(놀이지원, 가정연계, 교육계획안 반영) 역량이다(유재경, 황지영, 박은미, 2020; 조운주, 2020). 즉, 2019 개정 누리과정과 4차 표준보육과정에서 유아교사는 유아의 놀이를 관찰하여 놀이에 내재된 의미와 가치를 파악하고 이해하는 과정에서 유아에게 무엇을 지원해 줄 수 있을지를 발견할 수 있는 역량이 요구된다는 것이다(교육부, 보건복지부, 2019).

따라서 아동관찰은 20세기에는 유아발달의 이해 및 기존 유아들에게 시행하고 있는 프로그램에 대한 재검토로 활용되어졌다면(고문숙 외, 2018), 2020년 이후에 아동관찰은 유아교육기관의 교육과정 운영의 핵심으로 자리매김하고 있다. 따라서 2020년 이후는 아동관찰은 영유아교사의 핵심역량으로 성장하고 있다는 것을 알 수 있다.

2 관찰의 필요성 및 목적

1) 관찰의 필요성

영유아들은 무한한 잠재 가능성을 가지고 있으며, 발달이 멈추어 있는 것이 아니라 진행되고 있기 때문에 평가방법의 선택 역시 신중하게 고려되어야 한다. 또한 영유아기는 발달의 변화가 빠르기 때문에 발달이 정상적으로 진행되고 있는지에 대한 다양한 평가방법이 시행되어야 한다. 평가방법은 크게 표준화 검사와 비형식적 평가방법을 들 수 있는데, 본 장에서는 영유아기 발달 평가의 가장 기초가 될 수 있는 '관찰' 평가방법을 활용해야 하는 이유, 즉 필요성에 대해서 살펴보고자 한다.

(1) 유아의 특성

교육을 계획할 때 가장 중요한 것은 교육받는 피교육자의 발달적 특성에 대한 이해가 전제되어야 한다는 것이다. 그러나 영유아는 발달적 특성상 제한적 언어구사 능력, 짧은 주의집중 시간, 지필검사 불가능 등으로 인해 영유아들의 발달 특성에 대한 이해 및 평가방법에 있어 많은 어려움이 야기된다.

유아들에게 지필검사(표준화 검사)의 어려움(Wortham, 2008)

- ✤ 영유아들에게 표준화 검사를 실시할 때 발달적 한계로 인해 어려움이 야기된다. 특히 영유아는 짧은 주의집중으로 인해 평가하기가 어렵다. 영아의 주의집중 주기는 짧고, 검사도구에서 규정하는 제한 시간에 따라 검사를 실시하는 것도 영유아 발달의 개인차에 따라 차이가 많이 나타난다. 따라서 검사의 타당도와 신뢰도에서 의문이 제기될 확률이 높다.
- ✤ 표준화된 검사도구는 영유아들의 문화와 언어의 차이(다문화)를 포괄할 수 있는 언어와 내용이어야만 하나 실제 검사도구는 미국의 중상류층의 영어권 영유아들에게 유리한 검사내용으로 이루어져 있다.

따라서 이들의 행동을 이해하려고 할 때 일상적인 활동을 관찰하는 것이 영유아에 대해 가장 정확히 파악할 수 있는 방법이다. 영유아가 어떤 행동을 하게 된 이유를 파악하고자 할 때도 관찰내용에 대한 현장 기록을 분석함으로써 추정이 가능하다 (Irwin & Bushnell, 1980: 이순형 외, 2008 재인용).

영유아의 발달을 평가하고자 할 때 관찰법을 사용하면 발달적 변화과정을 이해하기 수월하며, 아동 개개인의 성장 추이를 살펴볼 수가 있어 어떤 영역에 발달 지연이 있는 영유아를 발견하는 데도 도움이 된다. 발달 평가를 위한 관찰을 제대로 하려면 영유아 발달에 대한 지식을 충분히 가지고 있어야 하며, 반복적인 관찰연습이 필요하다.

(2) 교사의 수업계획에 대한 기초자료 제공

관찰은 교수-학습방법에 대한 효과를 평가하고 수정할 수 있는 기초 자료를 마련해 주며, 유아교육의 질적 향상을 위해 프로그램과 환경을 평가할 수 있는 기회를 교사들에게 제공한다. 라이트(Wright, 1960)는 유아들의 관찰을 통해 교사는 다음의 사항들을 도움받을 수 있다고 제시하고 있다.

첫째, 유아가 각 발달 영역에서 어느 정도 발달하고 있는지를 알 수 있다.

둘째, 자연스러운 상황 속에서 여러 번에 걸쳐 관찰된 유아들의 행동에서 유아 개

개인의 독특한 개성을 발견할 수 있다.

셋째, 유아가 가지고 있는 문제점이 무엇인지 분석하고 진단해 볼 수 있는 기회가 된다.

넷째, 관찰에서 얻어진 자료는 교사가 환경을 구성하고, 교수방법을 선택하고, 교육프로그램을 개발하고 평가하는 모든 교육활동의 기초 자료가 된다.

다섯째, 관찰에서 얻어진 모든 자료들은 학부모와의 정기적인 면담에서 중요한 자료가 된다.

여섯째, 관찰은 교사가 자신의 수업을 평가해 보는 기초를 제공해 줄 수 있다.

일곱째, 여러 가지 관찰방법을 통하여 정기적으로 유아를 관찰했을 때 일정기간이 지나면 관찰된 유아가 어떻게 성장해 왔는지를 알 수 있으며, 또한 유아의 전체적인 발달을 볼 수 있다.

여덟째, 관찰의 결과를 토대로 교사들의 편견을 줄이고 객관적으로 유아를 볼 수 있게 해 준다.

아홉째, 유아의 성장기록에 관한 자료는 프로그램의 효과를 나타내 주는 중요한 증거자료가 된다.

2) 관찰의 목적

관찰은 일상생활 속에서 진행되는 자연스러운 행동을 연구하는 데 가장 적합한 방법이다. 넓은 의미에서의 관찰은 어떤 현상에 대한 객관적 자료를 수집하기 위한 절차이다. 그러나 좁은 의미에서 관찰은 일상생활 속에서 진행되는 자연스러운 인간의 행동을 연구하되, 연구자와 대상 사이에 미리 특별한 장치를 계획하지 않고 관찰 직후에 곧 기록하는 것을 전제로 하는 방법이다. 이와 같은 관찰을 라이트(1960)는 직접적인 관찰(direct observation)이라고 하였다(전남련 외, 2009).

아동연구에서 관찰을 적용할 때 그 목적을 라이트(1960)는 다음과 같이 네 가지로 나누어 정의하였다(전남련 외, 2009).

① 환경학적인 목적(ecological aim): 인간의 행동과 환경조건 간의 관계를 기술하기 위해서 관찰을 적용하는 경우이다(예를 들면, 아파트 지역의 유아들과 일반 주택에 사는 유아들의 놀이 유형과 또래집단 형성에 있어서 어떤 차이점이 있는가를 알아보고자 할 때 또는 다양한 크기의 유치원 교실을 선정하여 공간의 과밀현상에 따른 유아의 공격적 행동수준을 알아보고자 할 때, 이때의 연구목적은 환경학적인 목적으로 볼 수 있다).

② 규준발견적인 목적(normative aim): 관찰을 통해서 유아들의 발달적인 규준을 기술하고자 하는 경우 관찰 연구의 목적은 규준발견적인 목적이라 볼 수 있다.

③ 이론적으로 체계화하려는 목적(systematic aim): 관찰을 통해서 인간 행동의 보편적인 어떤 변인들 간의 관계를 조사함으로써 이론적으로 정리하고 이를 일반화시키려는 의도를 말한다.

④ 개체 기술적인 목적(idiographic aim): 특정한 아동을 선정하여 그를 하나의 개체로서 통합적으로 연구하고자 할 때 관찰은 개체 기술적인 목적을 갖는다(예를 들면, 액슬린(Axline)의 『딥스』에서 아동의 성격에 따라 어떻게 문제상황을 해결하고 적응해 나가는가 하는 독특한 방식을 상세히 관찰하여 기술하고 있는 것을 들 수 있다).

이상의 네 가지 목적은 일반화의 형태나 강조점에 있어서 차이가 있으므로, 실제 유아교육기관에서 관찰의 목적을 살펴보면 다음과 같다(이윤옥, 2009).

첫째, 관찰을 통해 영유아들의 능력과 흥미를 파악할 수 있다.

둘째, 관찰을 통해 개별 영유아들의 발달수준을 상세히 기록할 수 있다.

셋째, 관찰을 통해 개별 영유아의 발달 정도를 이해한 것은 학급 또는 집단의 영유아들에게 필요한 적절한 교육과정을 계획하는 데 기초가 된다.

넷째, 관찰을 통해 기록한 자료들은 교사 자신은 물론, 동료 교사 및 유아교육기관 운영자들과 의사소통하는 데 유용하게 활용될 수 있다.

다섯째, 관찰을 통해 기록된 개별 영유아에 관한 누적된 기록은 부모상담 및 부모참여 교육에 적극적으로 활용할 수 있다.

결론적으로 관찰은 유아의 성장·발달에 대한 정보를 제공해 줌으로써 발달에 적합한 활동을 계획하고 문제점을 밝혀내며, 학부모에게 필요한 정보를 제공해 준다. 뿐만 아니라 관찰은 교사들의 교수-학습 방법에 대한 효과를 평가하고 수정할 수 있는 기초 자료를 마련해 준다(전남련 외, 2000).

3 관찰의 장점 및 오류와 개선방안

1) 관찰의 장점

영유아를 평가하는 방법은 다양하지만 그중에서 관찰은 다음과 같은 장점을 가지고 있다.

첫째, 관찰은 신뢰도와 타당도는 검증되지 않았지만, 표준화 검사에서 제공할 수 없는 영유아들의 세부적인 사항을 측정할 수 있다.

둘째, 유아교육기관의 지역 및 사회적 여건을 반영한 주제로 교육과정이 운영되었을 때, 국가수준 교육과정에 입각한 표준화된 검사도구만으로 평가가 실시된다면 정확한 평가를 실시하는 데 어려움이 야기될 것이다. 따라서 "표준화된 검사"와 관찰을 병행한 평가를 한다면, 다양한 관점으로 평가를 할 수 있다는 장점을 가질 수 있다.

2) 관찰의 제 문제와 개선 방안

영유아관찰방법은 유아의 특성, 현 유아교육기관의 유아교육과정을 반영한 평가방법 등으로 많은 장점을 가지고 있지만, 관찰하는 교사의 전문성을 요구한다. 즉, 교사의 숙련되고 객관적인 관찰, 그리고 관찰결과에 대한 전문적인 해석 등이 필요하다.

유아를 관찰하는 동안 다음과 같은 오류를 범할 수 있으므로 오류를 범하는 몇 가지 요인과 오류를 최소화시킬 수 있는 방법에 대해 살펴보고자 한다.

(1) 관찰오류의 첫 번째 요인은 관찰대상 유아에게 미치는 관찰자의 영향이다.

관찰자가 관찰장면에 있다는 것 자체가 어떤 영향을 미치게 되어 관찰자가 있는 장면은 특수한 상황이 된다.

① 관찰대상 유아가 관찰자의 존재를 덜 의식하도록 충분한 시간을 두고 관찰자의 존재에 익숙해지게 하는 것이다.

② 관찰자가 관찰대상 유아의 눈에 띄지 않는 방법을 택하는 것이다. 즉, 일방경(one-way mirror)이 설치된 관찰실을 사용하거나 CCTV 카메라를 장치해 놓고 모니터를 통해 관찰 · 기록하거나 관찰행동을 녹화한 후 나중에 평정하는 방식을 택할 수 있다.

③ 관찰상황에 유아에게 친근한 사람, 부모나 교사에 의해 관찰을 수행하게 하는 방법을 사용할 수 있다.

(2) 관찰오류의 두 번째 요인은 관찰자가 범하는 오류이다.

① 관찰자의 기대: 관찰자가 관찰상황 속에서 일어나는 행동을 사실적으로 기록하는 것이 아니라 일어나기를 기대하는 방향으로 기록함으로써 오류를 범하는 것이다. 관찰자가 관찰결과에 대해 어떤 개인적인 기대를 할 때 이로 인해 편견이 생길 수 있는 것이므로 주의해야 한다.

② 과대한 일반화: 이 오류는 관찰자 개인적인 경험에 의해 생기는 지나친 일반화 문제이다. 관찰자에게 어느 정도 익숙한 경험은 어떤 현상으로 당연한 것으로 간주하게 되는 경향이 있으므로 이 같은 경향은 어떤 행동의 중요성이나 특성을 상세히 변별하는 것을 어렵게 만들 수도 있다.

③ 후광효과: 후광효과(halo effect)는 평가할 때 관찰유아 주변의 요소가 평정에 적용하는 영향을 말한다. 즉, 관찰유아에 대한 사전 정보나 호감, 인상이 평정에 영향을 주어 관찰유아를 과대, 혹은 과소평가할 수 있다. 원래 'halo'란 달이나 태양이 갓을 쓰고 있을 때 희미한 빛이 원둘레에 나타나는 현상으로 한 가지 요소가 주변까지 영향을 끼치는 것을 말한다. 예를 들면, 어떤 아이의 성적이 좋았으면 그 아이는 성격도 좋을 것이라고 생각하거나 용모나 자태가 의젓하면 지능이나 품성도 좋을 것이라고 판단하는 경우이다. 관찰자는 관찰유아의 어떤 특정한 행동 때문에 관찰유아의 전반적인 평가에 영향을 미치지 않도록 주의해야 한다.

④ 주관적 해석의 가능성: 관찰자가 범하기 쉬운 또 다른 오류는 타인의 행동에 대한 주관적 해석으로 자신의 느낌에 기초하여 행동을 해석하는 경향이다. 다른 사람의 행동도 자신의 경험내용과 같으리라는 가정은 어떤 현상에 대해 사실과는 전혀 다른 설명과 해석을 하게 한다. 그러므로 관찰자는 관찰한 행동을 사실적으로 기술하고 여러 정보들을 비교분석하여 종합적인 추론이 가능하도록 유아발달이나 문제행동에 대한 이론적 배경지식이 필요하다. 아울러 의도적으로 이 같은 요인의 개입을 최소화시키도록 노력하고 관찰 훈련을 통해 보다 객관성 있는 관찰을 할 수 있도록 기술을 발전시켜야 한다(전남련 외, 2009).

(3) 관찰오류의 세 번째 요인은 관찰도구 선택에서 나타나는 오류이다.

관찰자는 체계적인 기록을 통해 정보를 수집하기 위한 관찰도구를 선택한다. 관찰자는 관찰의도를 분명하게 한 후 무엇을 관찰하려는지, 어떤 기법을 사용하려는지, 선택한 도구는 적당한가 등을 고려하여 관찰도구와 관찰기법을 선택한다. 적절한 관찰도구를 사용한다고 해서 모든 문제가 해결되는 것은 아니지만 다음의 표에 제시되는 여러 요소들을 고려하여 관찰도구를 선정한다면 관찰한 행동에 대해 타당하게 설명할 수 있을 것이다. 관찰도구를 선택할 때 고려해야 할 사항을 제시하면 다음과 같다(김지은, 김진숙, 2006).

〈표 1-1〉 **관찰도구 선택 시 고려해야 할 사항**

<table>
<tr><th></th><th>고려 사항</th><th colspan="2">내용</th></tr>
<tr><td rowspan="3">1</td><td rowspan="3">도구는 어떤 목적으로 만들어졌는가?</td><td colspan="2">• 진술한 목적과 일치하는가?</td></tr>
<tr><td colspan="2">• 무엇을 관찰할 것인가?</td></tr>
<tr><td colspan="2">• 특별한 이론적 접근에 의해 절차가 제한되는가?</td></tr>
<tr><td rowspan="4">2</td><td rowspan="4">관찰자 신뢰도는 얻을 수 있는가?</td><td colspan="2">• 관찰하려고 하는 행동은 중복되지 않고 항목 분류가 정확한가?</td></tr>
<tr><td colspan="2">• 두 사람 이상의 관찰자가 관찰한 행동은 같은 항목으로 분류할 수 있을 만큼 항목의 범위가 좁은가?</td></tr>
<tr><td colspan="2">• 관찰자 해석은 필요한가, 혹은 필요하지 않은가?</td></tr>
<tr><td colspan="2">• 신뢰도가 제시되었는가?</td></tr>
<tr><td rowspan="2">3</td><td rowspan="2">어떤 도구가 사용되었는가?</td><td colspan="2">• 항목체계: 관찰한 모든 행동의 단위가 열거한 항목의 하나로 분류된다.</td></tr>
<tr><td colspan="2">• 부호체계: 표집된 행동목록이 일정시간 동안 관찰될 수도 있고, 관찰 안 될 수도 있다.</td></tr>
<tr><td rowspan="4">4</td><td rowspan="4">적절한 표집절차가 사용되었는가?</td><td>표집방법</td><td>• 시간표집: 정해진 시간 내에 행동이 일어났는가를 기록
• 사건표집: 사건이 일어날 때마다 기록</td></tr>
<tr><td>실행가능성</td><td>• 표집대상인 개인을 어떻게 관찰할 것인가?
• 관찰시간
• 정해진 시간과 대상 내에서 자세한 관찰이 가능한가?</td></tr>
<tr><td>기록방법</td><td>• 기록방법이 복잡한가?
• 세기표(/), 혹은 부호가 사용되었는가?
• 부호를 사용한다면 기록용지에 부호가 나타나 있는가?
• 기록용지의 작성</td></tr>
<tr><td>대표성</td><td>• 행동의 표집 크기
• 관찰시간
• 대상 크기</td></tr>
<tr><td>5</td><td>타당도는 언급되었는가?</td><td colspan="2">• 관찰한 행동이 추론이나 해석과 관련이 있는가?
• 관찰자 편견이 나타나 있는가?</td></tr>
<tr><td>6</td><td colspan="3">관찰도구를 사용하기 위해 훈련기간이 얼마나 필요한가?</td></tr>
<tr><td>7</td><td colspan="3">다른 연구에서 관찰도구를 사용해 보고된 것이 있으면 그 결과는 어떠한가?</td></tr>
<tr><td>8</td><td colspan="3">목적에 맞도록 관찰도구의 어떤 부분을 수정해야 하는가?</td></tr>
</table>

출처: 이윤옥(2009). 영유아행동 관찰 연구. 서울: 신정.

이 밖에도 관찰의 중요한 단점 중의 하나는 규준이 없다는 것이다. 표준화 검사와는 대조적으로 관찰은 개별적 영유아에 대해 수집한 자료를 비교해 볼 수 있는 규준을 가지고 있지 않다는 문제점이 있다(장휘숙, 한건환, 2005).

(4) 관찰의 오류를 줄일 수 있는 방안

관찰자가 지니고 있는 여러 가지 특성으로 기인한 관찰의 오류를 줄일 수 있는 방안을 제시하면 다음과 같다(전경원, 2001).

첫째, 관찰자가 관찰장면에 있다는 사실을 관찰대상자가 의식하고 있을 경우에는 충분한 시간을 두어 관찰자의 존재에 익숙해지도록 만든다.

둘째, 관찰자가 관찰결과에 대해 개인적인 기대를 갖고 있을 경우, 자료 수집에서의 편파성이 높아지므로 이때에는 연구자 자신이 직접 관찰하기보다는 관찰자를 훈련시켜 관찰결과에 대한 기대를 알리지 않고 자료를 수집하는 것이 좋다.

셋째, 관찰자는 자신의 익숙해진 경험에 의해 어떤 관찰현상을 당연한 것으로 여기게 되는 과대 일반화 현상을 보이게 되어 어떤 행동의 특성이나 의의를 상실케 할 수 있다. 즉, 관찰자가 다른 사람의 행동도 자신의 경험과 같으리라는 가정하에서 어떤 현상에 대해 사실과는 전혀 다르게 주관적으로 설명하고 해석하게 되는 경우가 있는데, 이런 관찰자의 영향을 최소화하기 위해서는 관찰자를 훈련하여야 한다.

마지막으로 관찰에서 흔히 제기되는 문제는 관찰자가 관심을 가진 특성이나 개념을 얼마나 관찰행동으로 잘 정의하고 범주화하느냐이다. 특히 관찰자에게 제기되는 어려움 중의 하나는 행동과 구인(구성개념) 간의 간격을 좁히는 일이다. 실제 관찰한 행동에 기초한 연구과정이 논리의 비약이 없는 과학적인 경우이어야 한다. 이러할 때만이 해당 행동특성의 설명을 적절하게 해 줄 수 있으며, 관찰결과에 대한 확신을 가질 수 있기 때문이다. 다음은 관찰범주 설정의 오류를 범하지 않기 위해 고려해야 할 사항을 제시한 것이다.

〈표 1-2〉 **관찰범주 설정 시 고려할 사항**

	내용
용어의 객관성	관찰 가능한 행동적 용어를 사용한다.
심리적 특수성	심리학적으로 명료한 용어를 사용한다.
이론적 통합성	행동의 범주들이 이론적으로 상호 관련성을 지니면서 체계적인 특성을 갖도록 한다.

출처: 이윤옥(2009). 영유아행동 관찰 연구. 서울: 신정.

3) 객관적인 관찰을 위해 요구되는 사항

객관적인 관찰을 위해 관찰에서 신뢰도, 타당도가 필요하다. 이와 관련하여 황해익, 송연숙, 정혜영(2003)의 저서를 중심으로 살펴보고자 한다.

(1) 관찰에서의 신뢰도 문제

신뢰도라 함은 관찰이 얼마나 일관적이고 안정적인가를 나타내는 지수다. 신뢰도에는 관찰자 내 신뢰도와 관찰자 간 신뢰도가 있다. 관찰자 내 신뢰도는 1명의 관찰자가 같은 장면을 두 번 이상 관찰 · 기록하였을 때 같은 결과가 나오는 것으로 자신의 관찰기록 간에 일관성을 알아보는 방법이다. 보통 관찰장면을 비디오로 녹화하여 같은 장면을 반복해 보면서 이들에 대한 기록 간의 일치 정도를 나타내는 것으로 객관적인 관찰 · 기록을 위한 훈련 과정에서 필요하다.

관찰자 간 신뢰도는 '같은 장면'을 두 명 이상의 관찰자가 독립적으로 관찰하였을 때, 관찰자 간 일치 정도를 말하며, 이는 곧 관찰 기록의 안정성, 또는 일관성을 의미한다. 관찰자 간 신뢰도는 .80 이상 나오는 것이 바람직하다. 관찰자 간 신뢰도 산출 방법은 다음과 같다.

$$\text{관찰자 간 신뢰도} = \frac{\text{관찰자 간 상호 일치한 빈도}}{\text{관찰자들의 총 관찰 빈도}} \times \text{관찰자 수}$$

(2) 관찰에서의 타당도 문제

타당도란 관찰하고자 하는 것을 실제 관찰하고 있느냐의 문제다. 우리가 관찰하고자 의도한 것과 실제 수행한 관찰이 같은 것이 아니라면 관찰은 신뢰할 수 없다.

관찰의 타당도란 실제 행동을 잘 반영하고 대표할 수 있는 행동을 관찰하는가에 달려 있다. 관찰하기 쉬운 장면 또는 관찰하기 쉬운 행동들만을 관찰한다면 처음에 의도했던 관찰목적과는 다른 행동들에 대한 관찰이 이루어지기 쉽다. 따라서 측정하고자 하는 행동을 가장 잘 관찰할 수 있는 장면, 상황, 시간을 선택하여 관찰하고자 의도했던 행동의 대표적인 표본이 관찰될 수 있도록 계획하고, 관찰·기록해야 한다.

추론과 해석을 하고 관찰자료를 근거로 일반화를 하고자 할 때 여러 가지 유형의 타당도를 고려해야 하는데 다음과 같다.

① 내용 타당도

관찰절차를 위한 가장 기본적인 형태의 타당도로서 '관찰은 관심의 대상이 되는 행동을 적절하게 표집하고 대표하는가?', '관찰의 질문은 충분하게 다듬어졌는가?', '관찰범주는 직접 관련된 문제를 모두 포함했는가?' 등의 항목에 대한 점검이다. 이러한 내용 타당도는 관찰자 자신뿐만 아니라 외부 전문가 집단에 의뢰하는 등 주관적 판단에 의존하기에 타당도 계수를 산출하지 않는다.

② 공인 타당도

관찰행동은 검사결과, 학업성취, 부모의 보고서 등과 같은 외적 준거와 일치하는지를 살펴보는 타당도이다. 관련성이 높을수록, 즉 관찰을 기초로 해서 내린 추론을 지지해 주는 증거자료가 많을수록 관찰은 더욱더 타당성을 지니게 된다.

③ 예언 타당도

관찰결과가 미래의 발달 성취와 연관되며 예측 가능한지를 살펴보는 타당도로 현재의 관찰결과가 미래의 행동이나 발달 사이에 상관이 높을수록 예언 타당도가 높다고 한다.

④ 구인 타당도

관찰도구를 개발하는 사람이 생각해야 할 가장 중요한 질문으로 실제로 관찰된 목표행동이 관찰자가 특별히 관심을 갖는 심리학적 개념이나 이론적 구성요인을 얼마나 잘 나타내는가 하는 것이다.

4) 윤리적인 문제

영유아들의 행동을 연구하는 관찰자는 영유아의 올바른 성장을 위해 관찰 시 발생할 수 있는 윤리적인 문제를 간과해서는 안 된다.

윤리적인 문제는 연구 참여를 위한 사전 동의 및 비밀보장, 심신상해 문제 등을 들 수 있다.

첫째, 연구 참여를 위한 사전 동의 및 비밀보장은 먼저 관찰하고자 하는 기관이나 장소에 가기 전에 관찰의 목적, 대상, 시간 등을 명시한 허가서를 제출하고 미리 허가를 받아야 한다.

또한, 관찰하고자 하는 유아의 부모 또는 보호자에게 관찰의 목적 및 방법, 관찰결과의 사용범위 등에 대한 설명이 우선되어야 한다. 관찰연구에 참여하게 되면서 알게 된 개인정보나 관찰결과에 나타난 제반적인 결과에 대해서는 비밀이 보장되어야 하며 조심성 있게 보관되어야 한다. 즉, 관찰결과 나타난 유아에 관한 정보는 유아, 유아의 부모나 보호자, 또는 부모가 승낙한 사람에게만 제공되어야 한다. 유아의 교육이나 양육에 대한 책임을 짐에 따라, 정보와 프라이버시에 대한 어떤 법적 요구를 받을 수도 있다는 것을 분명히 알 필요가 있다.

다음은 이런 내용이 담겨 있는 동의서 양식의 예이다.

관찰 동의서

유아의 발달 연구를 위해 관찰자, 관찰상황, 기록에 대한 동의를 구합니다. 아래의 허락 서명 없이는 귀 자녀에 대한 관찰과 연구를 하지 않을 것입니다. 귀 자녀를 관찰하고 연구하는 데 동의하신다면 아래의 항목에 서명하여 주시기 바랍니다.
대외적으로 유아의 실제 이름은 공개하지 않으며 정보 기록은 객관적으로 쓰여질 것이고, 전문적으로 다루어지며 비밀 유지를 하겠습니다.

- 유아명:
- 허락하시는 방법에 표시해 주십시오.
  관찰 · 기록(　) 사진 촬영(　) 녹음(　) 녹화(　)
- 수집된 자료에 대해 부모님이 요청하실 경우 복사본이 제공됩니다.
- 집 주소(　　　　　　　　　　　　　　　　　　　　　　)

_________년 _____월 _____일

보호자_______________인/서명

감사합니다.

출처: 황해익, 송연숙, 정혜영(2003). 유치원교육과정에 따른 유아행동 관찰법. 경기: 정민사.

둘째는 심신상해 문제이다.

영유아를 대상으로 하는 연구자는 영유아들이 성인과 달리 의사표현을 제대로 할 수 없으므로 연구에 참여하는 영유아들이 신체적 · 정신적 피해가 발생하지 않도록 유의하여야 한다. 예를 들어, 부정적인 행동이나 공격적 행동의 경험들과 관련한 연구 참여들을 들 수 있다. 즉, 이러한 연구 참여로 인하여 연구가 완료된 이후에 연구과정의 경험이 영유아의 성장 · 발달에 부정적인 영향을 미친다면 다른 연구방법을 모색해 보아야 한다.

4 관찰을 위한 지침

유아교사 및 예비교사들에게 있어 유아들을 객관적으로 관찰할 수 있는 방법에 대한 교육은 필수적인 사항이다. 유아관찰에 필요한 관찰지침을 설명하기 전 관찰의 종류에 대해서 살펴보면 다음과 같다.

1) 관찰의 종류

(1) 관찰대상자와 상황에 대한 통제 정도에 따른 구분

관찰은 관찰장면에 가해지는 통제의 유무에 따라 자연적 관찰(naturalistic observation)과 통제된 관찰(controlled observation)로 나눌 수 있다.

① 자연적 관찰(naturalistic observation)

자연적 관찰은 있는 그대로의 자연스런 상황에서 관찰이 이루어지며, 관찰장면에서 일어나는 다양한 현상을 아무 제한 없이 관찰하는 것을 뜻한다. 즉, 관찰장면에서 발생하는 행동과 사상을 있는 그대로 관찰하는 것이다. 그러나 자연관찰은 관찰하고자 했던 행동이 해당 시간 동안 나타나지 않을 수도 있는 점을 통제하지 못하기 때문에 시간이나 비용이 많이 드는 단점을 가지고 있다. 그렇지만 다양한 분야의 방대한 정보를 얻을 수 있다는 장점도 가지고 있다(최은희, 2011).

② 통제된 관찰(controlled observation)

통제된 관찰은 학자(곽금주, 2002)에 따라서 유사관찰(analogue observation)이라고도 한다. 이 관찰방법은 관찰하고자 하는 상황을 인위적으로 만들어 제시하므로 관찰하고자 하는 행동반응을 이끌어 내기는 쉬워 관찰 진행상 효율적이지만, 조작된 상황이므로 자연적인 상황과 같다고 볼 수 없다는 본질적인 한계가 있다(최은희, 2011).

(2) 관찰자의 관찰상황에 대한 개입 여부에 따른 구분

관찰자가 대상집단의 일원으로 현장에 참여하는가 하지 않는가에 따라 참여관찰과 비참여관찰로 나눈다.

① 참여관찰(participant observation)

연구자가 관찰하는 대상의 집단 속에 들어가서 그 집단의 한 구성원으로서의 역할을 갖고 행동하면서 관찰하는 방법이다. 참여관찰은 관찰의 기회가 많고 다량의 정보를 수집할 수 있으나 대체로 시간의 소비가 많고, 관찰장면에 연구자가 참여하기 때문에 객관성 유지에 문제가 있다.

② 비참여관찰(non-participant observation)

관찰자가 현장에 있으나 그 장면에서 일어나는 활동에 전혀 개입하지 않고 관찰만 하는 경우를 말한다. 가장 바람직한 비참여관찰의 예는 일방경(one-way mirror)을 통해서 관찰이 이루어질 때라고 할 수 있다. 참여관찰에서보다 관찰의 기회가 적고 정보는 제한되지만, 연구자가 객관성을 유지하기에는 더 용이하다.

2) 관찰을 위한 지침

교육현장에서의 관찰은 목적이 있어야 하며, 체계적이고 정확하며, 상세해야 한다는 것을 염두에 둔다면 무계획적이고 아무렇게나 이루어지는 관찰이 아니어야 한다는 것을 알게 된다. 관찰 계획에서부터 실제 관찰, 관찰결과의 활용 등이 유기적으로 조직되어야 한다. 실제 유아 학급에서의 관찰절차를 관찰 전 활동, 관찰 활동, 관찰 후 활동으로 나누어 살펴보자.

(1) 관찰 전 활동

유아 학급을 관찰하기 위한 관찰 전 활동은 관찰에 대한 계획을 세우는 것이다. 관찰계획은 관찰의 목적, 대상, 방법, 평가 등 실제에 대한 종합적인 설계도이므로 매우 중요하다.

① 관찰계획

첫째, 관찰목적을 설정

둘째, 관찰행동의 표집: 참여대상을 선정하여 그 대상의 행동을 범주화하고 행동단위를 결정하는 것이다. 이때 관심 있는 행동을 가장 잘 대표할 수 있는 표본을 얻도록 하는 것이 중요한데, 시간적 차원에서 대표성을 고려(황해익, 임재택, 2000)해야 한다.

셋째, 시간적 차원의 연속성: 관찰을 언제 하느냐 또는 얼마나 오랫동안 하느냐에 관한 문제다.

넷째, 공간적 차원의 대표성: 한 번 관찰할 때 대상의 어떤 행동에 초점을 두며 행동 단위를 얼마나 세분화할 것인가에 관한 문제다. 즉, 일정한 시간 내에 관찰한 유아의 모든 행동을 기록할 것인가 또는 특정 영역에 관심을 갖고 그 영역의 행동에만 초점을 맞추어 기록하는가에 관한 문제다. 예를 들어, 유아의 공격성을 관찰하면서 신체적 공격성이나 언어적 공격성 모두를 포함할 것인지, 둘 중 한 가지만 초점을 맞출 것인지, 만일 언어적 공격성에만 초점을 맞춘다면 욕설과 같은 공격적 어휘를 볼 것인지, 아니면 위협하는 듯한 어조까지 포함시킬 것인지 등을 의미하는 것이다. 이를 위해서 관찰대상의 행동에 대한 분명한 정의와 그 행동이 구체적으로 어떻게 나타나는지 그 하위 행동 범주를 설정한다.

다섯째, 관찰장면(setting) 선정: 관찰자가 보고자 하는 행동이 가장 잘 발생하는 장소와 상황을 선택하는 것이다. 예를 들어, 유아의 조력행동을 관찰하고자 한다면 조력행동이 빈번하게 발생하는 장소가 모래놀이터인지 교실의 미술 영역인지를 결정해야 하며, 미술 영역으로 결정을 하였다면 조형물을 구성하는 상황을 선택할 것인지 협동화 그리기 시간을 선택할 것인지를 결정한다.

② 관찰의 기록방법

관찰의 기록방법에는 서술형, 약호형, 기계에 의한 기록이 있다.

- 서술형: 고정된 양식 없이 행동과 사건의 전모를 그대로 이야기하듯 기록하는 방법으로 유아전기, 표본식 기록, 일화기록, 서술식 사건표집 등이 이에 해당한다. 서술형의 경우 특별한 사전 준비물이 필요 없으며, 사건이 발생한 주변 상황에 대한 정보 및 사건의 전후 관계를 파악할 수 있다는 장점이 있다.
- 약호형: 관찰 기록을 위해 사전에 특정 양식을 준비하여 기록하는 형태로 행동목록형식, 평정척도형식, 시간표집 등이 여기에 속한다. 약호형은 관찰하려는 행동에 대한 조작적 정의를 한 뒤 그러한 행동이 출현하였을 때 어떤 부호로 기록할 것인지를 사전에 결정하는 방법으로 행동의 시작과 끝이 분명한 경우에 적절하다.

그리고 최근 기술의 발달로 기계에 의한 기록이 널리 이용되고 있다. 기계에 의한 기록은 녹음기, 사진기, 비디오, 카세트, 컴퓨터 등 여러 가지 장비를 이용하여 간편하고 정확한 기록 및 장기적 보관을 위해 최근 점차로 그 사용이 증가하고 있다.

(2) 관찰활동

관찰 전 활동에서 관찰계획을 잘 수립했다면, 관찰계획에서 결정한 목적에 따라 관찰장면과 상황을 선정하여 관찰을 실제로 실시하고 기록하는 단계이다.

우선 관찰장면의 있는 그대로의 현상을 주의 깊게 살펴보는 과정이 필요하다. 관찰장면을 주의 깊게 살펴본다는 것은 시각적인 관찰이 주된 방법이겠지만 청각, 후각, 촉각, 미각 등 모든 감각기관을 이용하여 살펴볼 수 있다. 아이들이 노는 모습을 보고, 그들의 말소리를 듣고, 그들 주변에서 나는 냄새를 맡고, 유아들의 몸의 열기를 느끼고, 그들이 만든 음식물의 맛을 보는 것 모두가 관찰의 방법이다.

물론 이때 직접 관찰현장에 참여하여 관찰을 실시할 수도 있고, 녹화나 녹음을 통해 관찰을 실시할 수 있으며, 이후 단계인 기록 단계를 동시에 실시할 수도 있고, 관찰 후 기록할 수도 있다.

관찰 기록은 가능하면 행동 발생 당시에 기록하는 것이 좋다. 즉각적인 기록이 이루어지지 못해서 기억에 의존하여 기록을 할 경우 오류가 발생할 수 있다. 기억이란 특징적인 것에 몰두하여 다른 장면이나 현상을 많이 관찰했다고 하더라도 인상적이었던 장면만을 기억하게 된다. 또는 기억한 것을 기록할 때까지의 경험이 기억을 희석시키기도 한다.

기록을 할 때 도움이 되는 몇 가지 준비물들을 살펴보면 작은 수첩, 접착식 메모지, 목걸이형 펜, 주머니 달린 앞치마, 미니 녹음기 등이 있다.

관찰의 절차를 간략하게 요약하면 〈표 1-3〉과 같다.

〈표 1-3〉 **관찰의 절차**

관찰 전 활동	계획	• 관찰의 목적 • 관찰행동의 표집 (시간적 연속성, 공간적 대표성 고려) • 관찰장면의 선정 • 기록방법 선택
관찰활동	관찰	• 모든 감각기관 활용
	기록	• 관찰내용은 반드시 기록(동시, 혹은 사후) • 객관적 기록
관찰 후 활동	추론	• 행동의 동기, 원인, 목적 등을 추측
	평가	• 행동에 대한 가치부여
	결과 활용	• 교육과정에 반영, 유아 평가, 부모면담

출처: 황해익, 송연숙, 정혜영(2003). 유치원교육과정에 따른 유아행동 관찰법. 경기: 정민사.

① 영유아관찰의 원칙

관찰의 Tip

■ **하나. 객관적인 관찰 기록이어야 한다.**

〈주관적인 기록을 피하기 위한 방법〉

① 관찰대상이 실제로 행동한 것만 기록해야 한다.

『객관적인 관찰 기록: 행복한 듯 큰 소리로 웃었다. (◯) 행복해 보인다. (X)』

② 참여대상의 말을 사실 그대로 직접화법으로 기록해야 한다.

『직접화법으로 기록:
- -. 수빈이는 거북이 모양의 인형을 들고 두리번거리다 예림이 앞에 가서 "자."라고 말하자 예림이는 "나 필요 없어."라고 말한다. (◯)
- -. 수빈이는 예림이 앞에 가서 거북이 모양의 인형을 주었다. 그러나 예림이는 필요 없다고 말했다. (X)』

③ 관찰대상의 행동을 구체적으로 기록해야 한다.

『구체적으로 기록: "블록 좀 빌려줘"하며 작은 블록을 가져가자 아무 말 없이 민우의 팔을 내리쳐서 블록이 땅으로 떨어졌다. (◯) 영성이가 친구를 때린다. (X)』

④ 사물을 관찰할 때에도 눈에 보이는 그대로 묘사하여야 하며, 관찰자의 추측이나 예측을 통한 관찰은 피해야 한다.

『관찰자의 추측이나 예측을 통한 관찰은 피해야 한다.:
- -. 책장 앞에 있는 시계의 모양은 양쪽 기둥에 천하 · 지하 대장군 두 개가 서 있고 그 안에 둥근 시계가 있다. 시계 바늘은 긴 바늘은 1과 2 사이에 놓여 있고 작은 바늘은 6과 7사이에 놓여 있다. (◯)
- -. 책장 앞에 있는 시계의 모양은 양쪽 기둥에 천하 · 지하 대장군 두 개가 서 있고 그 안에 둥근 시계가 있다. 시계는 1시 35분이며, 한국적인 멋을 내기 위해 천하 · 지하 대장군을 세워 놓은 것 같다. 그리고 시계는 고장 난 것 같다. (X)』

■ **둘. 관찰 기록은 6하 원칙(5W 1H)으로 기술**

-. 6하 원칙(누가, 언제, 어디서, 무엇을, 왜, 어떻게)으로 기술 시 유의사항

◆ '왜, 어떻게'에 유의하세요.

첫째, '왜'는 현재의 행동에 대한 원인이나 이유를 기록하는 부분이다. 관찰 기록은

있는 현상을 일어난 순서대로 있는 그대로 기록하는 것이니 결국 어떠한 추론을 내릴 수 있도록 제시되어야지 관찰자가 기록을 하면서 마음대로 추론을 해서는 안 된다.

〈예〉
✿1: '민수가 정희의 머리를 때렸다. 정희가 "왜 때려!" 하며 민수의 팔을 꼬집었다' (◯)
✿2: '민수가 정희를 때렸기 때문에 정희가 민수를 꼬집었다' (×)

두 개의 기록을 비교해 보면, 앞의 기록은 있는 현상을 순서대로 기술하였을 뿐 관찰자의 의견이나 추론이 개입되어 있지 않다. 반면에 두 번째 기록은 관찰대상자가 '왜' 그런 행동을 했는지에 대한 관찰자의 추론이 개입된 기록이다.
이러한 기록은 관찰 기록을 읽게 될 다른 사람들에게 객관적 자료를 제공한다는 점에서도 필요하지만 관찰자는 관찰대상에 대해 즉각적 인상으로 판단하는 것이 아니라 많은 자료와 상세한 주변 정황을 종합하여 행동을 평가하게 된다.

둘째, 우리가 행동이나 상황을 기록한다는 것은 '어떻게' 하고 있는가에 대해 기록하는 것이다.
'누가', '언제', '어디서', '무엇을' 하는지를 기록하는 것은 명확하게 기록할 수 있는 반면에 '어떻게' 하고 있는지를 기록하는 것은 상당히 미묘한 문제다. '어떻게' 하고 있는지의 부분은 행동을 서술하는 부분으로 주로 우리가 사용하는 어휘 중 동사, 부사, 형용사를 통해 표현된다.

〈예〉
✿1: '혜영이가 천진스럽게 웃는다'
이 기록을 읽는 사람들은 쉽게 혜영이가 천진스럽다고 판단을 내리게 될 것이다. 즉, 부사의 의미에 따라 한 유아에 대한 판단을 내린 것이다. 여기서 강조하고자 하는 것은 동사의 의미를 한정시켜 주는 부사의 사용과 추론이나 판단에 영향을 미치는 부사의 사용에 민감해지라는 것이다. 동사의 의미를 명확히 해 주는 부사를 적절히 사용하고, 해석적으로 이용될 여지가 있는 부사는 피하되, 사용되었다고 해서 쉽게 판단을 내리지 말라는 것이다.
✿2: '혜영이는 천진스럽다'
이 기록은 짧은 특정 순간 유아의 행동을 보고 한 유아에 대한 판단을 내린 것이다. 판단은 많은 기록들이 모인 뒤 종합해서 내리는 것이 바람직하며, 특정 순간 유아의 한 단면으로 평가를 내리지 않아야 한다.

사람이나 사물의 상징이나 상태를 나타내는 형용사 또는 형용사구 역시 마찬가지이다. 예를 들어, '영리한 영미는 문제를 쉽게 해결했다'라고 기록하기보다는 '영미는 자신과 짝지인 지수 앞에 각각 귤을 한 개씩 놓고 남은 귤의 껍질을 까더니 두 조각으로 나누어 가졌다'라고 기록하는 것이 바람직하다는 것이다. '영리한'이라는 형용사가 사용되었다 하더라도 한 번의 기록으로 영미에 대한 판단을 내리지 말고, 영리함을 증명해 주는 다양한 기록에 근거해서 판단을 해야 한다(황해익, 송연숙, 정혜영, 2003).

■ 셋. 추론과 평가하기

추론이란 객관적 관찰 기록에서 얻어지는 2차적 자료로 기록에 제시되어 있는 것을 넘어서 행동의 원인, 그 행동을 할 때의 감정 등을 추측해 보는 것이다. 즉, 어떤 행동에 대한 객관적인 기록이 추론에는 필수적이며, 그것이 이루어지지 않았다면 후속적인 추론은 타당성을 인정받을 수 없다.

〈예〉 관찰 기록 예

찬미가 교실 문 앞에서 엄마의 옷을 잡고 울고 있다. 옷걸이에 외투를 벗어 걸고 있던 진수가 찬미에게 다가와 "야, 나랑 놀자." 하며 찬미의 손을 잡는다. 찬미는 진수의 손을 살짝 빼더니 엄마에게 안겨서 운다.

〈추론 1〉
찬미는 유치원 생활을 싫어한다.

〈추론 2〉
찬미는 신경질적인 아이이다.

〈추론 3〉
오늘 찬미는 엄마와 헤어지는 것을 싫어한다.

여러 가지 추론이 가능하겠지만 찬미가 울고 있으며 친구의 손을 뿌리쳤다는 것만을 보고 유치원 생활을 싫어한다거나 신경질적인 아이라고 추론할 수 있을까? 찬미에 대한 일회적인 기록만으로 이러한 추론을 내리기는 부족하다. 즉, 여기서 우리가 알 수 있는 것은 오늘 찬미가 엄마와 헤어지기를 싫어한다는 것 뿐이다. 흔히 교사들은 유아들의 단편적인 일화를 유아의 전체적 특성인 양 확대하는 경우가 많은데, 절대 조심해야 한다. 여기서 강조하고자 하는 것은 추론은 반드시 객관적으로 보고 들은 것에 근거해서 해야 한다는 점이다.

-. 추론을 위해서는 객관적인 기록이 선행되어야 한다.
-. 추론은 기록에 나타난 것에 근거하여 실시되어야 한다.

(황해익, 송연숙, 정혜영, 2003 참고).

■ 넷. 교육과정에 관찰 결과 반영하기

객관적이고 자세한 기록 후 교사가 할 일은 추론, 평가, 그리고 적절한 교육과정을 계획하여 실시하는 것이다. 유아 관찰의 주된 목적이 유아의 흥미, 요구, 발달수준 등을 파악하여 유아에게 적합한 교육활동 및 환경을 제공하는 것이다. 교사들은 하루 일과에서 각 유아들의 관찰을 바탕으로 개별 유아에게 적절한 교육내용을 제공함으로써 유아의 전인적 발달에 기여하게 될 것이다.

5 놀이중심 교육과정과 영유아관찰

2019 개정 누리과정에서 놀이중심 교육과정 운영에 있어 영유아관찰에서 요구되는 주요한 사항들을 살펴보면 다음과 같다.

1) 유아교육기관 일과에서 영유아관찰

유아교육기관 일과에서 영유아관찰은 김수향 등(2022)의 『예비유아교사를 위한 유아교육기관의 현장실습의 이론과 실제』의 내용을 참고하여 살펴보고자 한다.

(1) 일과 관찰

최근 유아교육에서 가장 큰 변화가 유아가 중심이 되는 놀이중심 교육과정의 실현이다. 이러한 교육과정 실현을 위해 교육부는 국정과제 구현과 출발선 평등 실현을 위해 2017년 12월 '유아교육 혁신방안'을 발표하였다. '유아교육 혁신방안'의 주요 내용은 '유아가 중심이 되는 놀이 위주의 교육과정'으로 '2019 개정 누리과정'을 고시하였다. 유아 놀이중심 교육과정은 유아의 놀이가 가지는 배움의 의미를 새롭게 이해하는 것에서 출발되었다(교육부, 보건복지부, 2019). 이에 따라 유아교사의 교육과정 운영과 관련한 전문성 요구도 달라지고 있다. 유아교사들에게 전통적 국가 수준의 교사 주도적 활동계획 전개 과정에서 유아 주도적이며 놀이를 매개로 통합적으로 유아의 경험과 연계할 수 있는 전문성을 요구하고 있다(임부연, 손연주, 2020). 유아교사에게 요구되는 핵심역량도 2019 개정 누리과정에서는 유아관찰과 평가방법을 이해하고 실행할 수 있어야 하며 나아가 유아평가를 활용(놀이지원, 가정연계, 교육계획안 반영)할 수 있는 역량을 강조하고 있다(유재경, 황지영, 박은미, 2020; 조운주, 2020).

따라서 놀이중심 교육과정 실행의 내실화를 위해 유아교사가 놀이에서 보여지는 유아의 유능성을 지각할 수 있어야 한다는 것이다. 그리고 유아의 놀이에서의 경험이 국가의 교육내용을 포함하는 배움임을 이해할 수 있음을 강조하고 있다(이진희, 2020). 즉, 2019 개정 누리과정에서 유아교사는 유아의 놀이를 관찰하여 놀이에 내재된 의미와 가치를 파악하고 이해하는 과정에서 유아에게 무엇을 지원해 줄 수 있을지를 발견할 수 있는 역량이 요구된다(교육부, 보건복지부, 2019).

이러한 점을 감안할 때 예비유아교사부터 유아 놀이 관찰을 통한 유아 놀이에 대한 이해는 중요한 과제라고 할 수 있다. 따라서 유아교육기관의 하루 일과 과정의 실내 · 외 자유놀이, 대 · 소집단 모임활동에서 유아관찰에 관련한 주요 사항들을 다루고자 한다.

유아교육기관의 일과활동 관찰에 있어 실내 · 외 자유놀이 관찰, 유아 놀이 관찰, 대소집단 모임활동 관찰로 나누어 살펴보고자 한다.

(2) 실내 · 외 자유놀이 관찰

2019 개정 누리과정은 놀이중심 · 유아중심 교육과정으로 유아에게 미치는 놀이의 개념 및 특성과 중요성을 강조하여 놀이를 통한 배움이 가능하도록 실현하는 교육과정을 의미한다(이지혜, 2021). 개별 특성을 고려하여 유아에게 필요한 놀이시간과 휴식시간을 보장하고 유아중심 · 놀이중심 교육과정을 개편하는 것을 목표로 하고 있다.

국외에서는 UN의 아동권리협약과 OECD의 2030 학습 개념 등을 통해 권리로서 유아의 놀이를 강조하게 되었다(유영의, 이미선, 송미정, 장은정, 2018). 특히 학습에 있어 어떤 목적과 목표를 가지고 배워 나가야 하는지 학습자 스스로 계획해 볼 수 있는 학습자중심 교육과정의 중요성이 대두되었다. 따라서 2019 개정 누리과정은 놀이중심을 기본 주제로 개정하면서, 교육활동에서 실내 · 외 자유놀이가 강조되고 있다. 따라서 유아교사는 유아교육기관에서 이루어지는 실내 · 외 자유놀이에서 교육환경구성 및 놀이지도, 놀이지원 등에 대한 이해가 필요하다. 이러한 관점에서 볼 때 실내 · 자유놀이에서 놀이환경 구성이나 놀이지도, 놀이지원 방법들을 관찰하는 것은 유아교사들의 유아 놀이 지도에 대한 기초가 될 것이다.

따라서 실내 · 외 자유놀이가 효과적으로 이루어지기 위해서는 교사의 역할이 중요하다. 교사는 유아의 놀이 참여를 자연스럽게 유도하여 놀이를 확장시키고 정교화하는 데 도움을 주고, 유아의 놀이 행동을 단순히 놀이로 끝나는 게 아니라 교육적으로 이끄는 역할을 한다(신은수, 2000). 교사는 유아의 놀이에 영향력을 미칠 뿐만 아니라 유아교육의 질을 결정하는 중요한 변인이 된다(류진순, 2007).

지금까지 유아 놀이에 있어 교사의 역할이 중요하게 강조되었던 이유는 다양한 역할을 수행해 오고 있기 때문이다. 먼저 다양한 교구와 재료를 제공하는 환경제공자였다가 유아의 놀이가 적절하게 이루어지는지 관찰자가 되기도 하였다가, 놀이 상황을 지켜보며 유아의 발달을 체크하는 기록자, 또 유아들과 함께 놀이에 참여하는 공동놀이자 등 많은 역할을 끊임없이 수행하고 있다.

특히 교사는 유아의 발달 특성상 유아의 흥미를 인정해 주고, 유아의 흥미로부터 놀이가 시작된다는 것을 지지해 주어야 하며, 유아의 주변과 생활 속에서 경험하는 것들을 소재로 한 놀이로 자유롭게 표현할 수 있도록 편안한 환경을 제공해야 한다(이지혜, 2021). 또한 교사는 유아의 놀이를 유심히 관찰하고 유아가 흥미 있어 하는 것들에 대해 자료를 제공하며 놀이가 확장될 수 있도록 해야 한다. 그로 인해 유아가 놀이에 몰두하고 자신을 거침없이 표현할 수 있도록 안내자, 촉진자의 역할을 해야 한다(교육부, 보건복지부, 2013)

교사의 놀이 개입유형은 내재적과 외재적으로 나눌 수 있는데 내재적 개입 유형은 공동놀이자, 놀이 지도자, 외재적 개입유형은 무대관리자와 방향전환자로 나눌 수 있다. 유아교사의 놀이 개입유형은 일반적 개입유형과 차이를 보이지만, 우선적으로 교사가 유아의 놀이에 개입하는 순간의 공통된 목적은 놀이의 흥미를 유지시키면서 재미를 북돋아 주기 위한 것이라고 나타났고, 두 번째로는 유아 스스로 해결하기 어려운 문제가 발생하였을 경우 혹은 또래와 갈등상황이 생겼을 때 해결하기 위해 교사의 도움을 필요로 하는 경우가 많았으며, 교사의 직접적인 놀이개입을 요구하지 않는 것을 알 수 있다(유한나, 엄정애, 2014). 따라서 교사는 놀이 관찰을 통해 놀이개입을 결정할 수 있는 역량이 필요하다.

실내 · 외 자유놀이가 효과적으로 이루어지기 위해서 교사의 놀이 개입 역시 중요하지만 이와 아울러 놀이지원 역시 중요하다. 특히 최근 2019 개정 누리과정의 유아중심 · 놀이중심 교육과정의 운영체계로 전환됨에 따라 유아교사의 놀이지원에 관한 관심이 증대되고 있다. 교사가 유아의 놀이를 효과적으로 지원하기 위해서는 놀이시간과 환경을 제공하고, 놀이하는 유아를 존중하며, 관찰 및 정서적 지원을 하고, 질문하고, 제안하고, 놀이 참여를 촉진하는 등과 같이 대화상대로 놀이에 참여하는 등 다양한 노력을 투입하여야 한다. 이와 관련하여 교사가 유아의 놀이를 지원하기 위한 역할과 방법에 대해 2019 개정 누리과정을 토대로 김화록(2021)은 놀이공간의 변화, 놀이자료의 변화, 상호작용, 일과의 변화, 기타 놀이지원 등으로 재구성하였다. 재구성한 내용을 살펴보면 〈표 1-4〉와 같다.

〈표 1-4〉 **교사의 놀이지원 역할 방법과 내용**

지원방법		지원내용
놀이공간의 변화	교실 외 공간 놀이 확장	유아들이 다양한 공간을 활용하여 놀이가 활발하게 이루어지도록 지원
	교실 내 공간 놀이 확장	유아가 주도하는 놀이가 확장되도록 공간을 넓히거나 영역을 통합하여 넓게 공간을 확보하고 공간의 위치와 크기를 정하도록 지원
놀이자료의 변화	유아가 발견한 자료 지원	유아의 흥미와 관심을 확장하기 위해 유아의 자료 요청을 수용하고 교사와 유아가 함께 자료실에서 찾아올 수 있도록 지원
	유아가 결정한 자료 활용 방법 지지	자료의 사용방법을 교사가 안내하거나 제한하지 않고 유아 자신의 놀이에 필요한 대로 자료를 활용하여 놀이할 수 있도록 지원

<table>
<tr><th colspan="2">지원방법</th><th>지원내용</th></tr>
<tr><td rowspan="3">일과의 변화</td><td>교사가 계획한 자료 제공</td><td>유아들의 특성에 적합한 자료나 놀잇감을 제공하고 흥미가 발현되는 것을 보고 그 놀이와 관련한 놀잇감 및 자료를 지원</td></tr>
<tr><td>놀이시간 확장</td><td>유아가 보인 관심을 즐거운 놀이로 몰입하여 이어 나갈 수 있도록 하고 일과 중 오전과 오후의 놀이를 연계하여 다음 놀이에 반영</td></tr>
<tr><td>놀이를 지원하기 위한 활동</td><td>유아의 놀이상황에서 교사의 지원을 받아들이는 것은 유아들의 결정으로 흥미, 관심 및 안전과 교육적 가치에 기반하여 새로운 놀이 자료나 놀이 방법, 규칙 만들기 등의 활동을 지원</td></tr>
<tr><td rowspan="5">상호작용</td><td>관찰하기</td><td>유아의 놀이를 이해하고 유아들이 지속적인 흥미를 관찰</td></tr>
<tr><td>정서적 지원하기</td><td>유아의 놀이 특성과 요구에 맞게 수용하고 민감하게 제공하여 유아 간 의견 차이를 교사가 일방적으로 조율하지 않고, 유아의 이야기를 듣고 해결방안을 함께 모색</td></tr>
<tr><td>질문하기</td><td>유아의 놀이를 관찰하면서 필요한 순간에 놀이에 대해 질문하고 이야기함</td></tr>
<tr><td>놀이 제안하기</td><td>새로운 놀이를 제안하고, 진행되고 있는 놀이의 확장을 위해 아이디어를 공유하고 제시</td></tr>
<tr><td>놀이 참여 촉진하기</td><td>교사는 놀이에 방해되지 않도록 유아의 요구 시 자연스럽게 참여하면서 놀이가 지속될 수 있도록 지원
유아가 놀이진행의 어려움을 보이거나 스스로 놀이를 시작하지 못할 때 교사가 함께 만들며 놀이를 지원</td></tr>
<tr><td rowspan="2">기타 놀이 지원</td><td>안전고려</td><td>놀이하는 유아들의 모습을 관찰하고 놀이에 앞서 위험한 놀이 요소가 있는지 확인하여 제거</td></tr>
<tr><td>장애 통합</td><td>장애유아와 일반유아가 함께 놀이하도록 지원</td></tr>
</table>

출처: 김화록(2021). 유아교사의 놀이지원 역량 평가척도 개발 및 타당화. 안양대학교 대학원 박사학위논문.

(3) 유아 놀이 관찰

앞에서 실내·외 자유놀이에서 놀이 관찰을 개괄적으로 소개하였다. 실제 놀이 관찰의 작성방법 및 놀이 의미 읽기의 작성방법에 대해서 구체적으로 살펴보고자 한다. 유아 놀이 관찰을 위해 요구되는 사항은 다음은 같다.

첫째, 유아중심의 진정한 놀이에 대한 이해가 우선되어야 한다.

편해문(2019)은 유아중심의 진정한 놀이를 다음과 같이 언급하고 있다.

- 유아가 하고 싶은 것을 하는 것이 놀이이다.
- 아이 안에 놀이가 있다.
- 어지럽히는 것이 놀이이다.
- 놀이는 준비하여 기획하는 것이 아니다.

하워드(Howard, 2002)와 조성연(2012)은 영유아들이 '나 지금 놀고 있어요'라고 느낄 때는 자신이 스스로 선택해서 한 활동을 할 때라고 설명하고 있다.

둘째, 유아 놀이와 배움의 관계에 대한 이해가 우선되어야 한다.

이와 관련하여 바슐라르(Bachelard, 1998: 66-67: 유혜령, 2019 재인용)가 인간의 상상력에 관하여 이성주의적 접근으로 지적한 내용을 유혜령(2019)이 놀이를 배움의 수단으로 적용한 내용을 중심으로 살펴보고자 한다.

> 우리는 꿈의 세계 속에서는 날개를 가졌기 때문에 나는 것이 아니라, 날았기 때문에 자신을 날개들(을 가진 존재)로서 믿게 된다.
>
> 유아는 배워야 할 지식이 있기 때문에 놀이를 하는 것이 아니라, 노는 과정에서 그런 지식을 깨달았기 때문에 놀이가 배움의 수단이 된다고 믿게 된다.

즉, 놀이를 '놀이답게' 하는 것은 놀이자와 놀이 내용이 한데 어우러져 흘러가는 일종의 흐름 내지는 움직임의 현상으로서, 그 어떤 절대적 기준이 되는 중심이나 기저가 없는 현상이다(Gardner, 1996: 유혜령, 2019 재인용). 마치 예술 작품 앞에 선 사람이 자신도 모르게 작품과 하나가 되는 진리적 경험, 즉 마주침의 사건을 경험하는 것과도 같다. 이와 같이 우리가 놀이를 경험하는 현상에서도, 우리는 물질과 사람과 접속하며 감응하고, 우연한 마주침으로 다양한 현상적 실재가 창조됨(유혜령, 2019)을 주목해야 한다.

셋째, 2019 개정 누리과정 해설서에서 제시한 영유아교사가 영유아의 놀이를 관찰할 때 역점을 두어야 하는 부분(교육부, 보건복지부, 2019)에 대해 인지하여야 한다.

① 영유아의 말, 몸짓, 표정 등에서 드러나는 놀이의 의미와 특성에 주목하여 기술
② 영유아의 배움이 나타나는 놀이나 일상생활 중심으로 기술
③ 영유아가 가장 즐기고 잘하는 것 중심으로 기술
④ 영유아의 흥미와 관심 중심으로 기술
⑤ 놀이에서 나타나는 친구관계 기술
⑥ 놀이에서 나타나는 영유아와 영유아, 영유아와 교사의 상호작용 기술
⑦ 놀이를 이어 가기 위한 자료의 활용 부분 기술

넷째, 관찰한 놀이에 대한 교육과정 연계성, 교육적 의미 읽기, 놀이 지원계획을 고찰하고 작성할 수 있어야 한다(김수향, 2021).

① 관찰한 놀이에 대한 교육과정 연계성
② 관찰한 놀이의 교육적 의미 읽기
- 관찰한 놀이의 교육적 의미 읽기를 위해 유아 놀이 경험과 개정 누리과정이 추구하는 인간상의 관계 분석

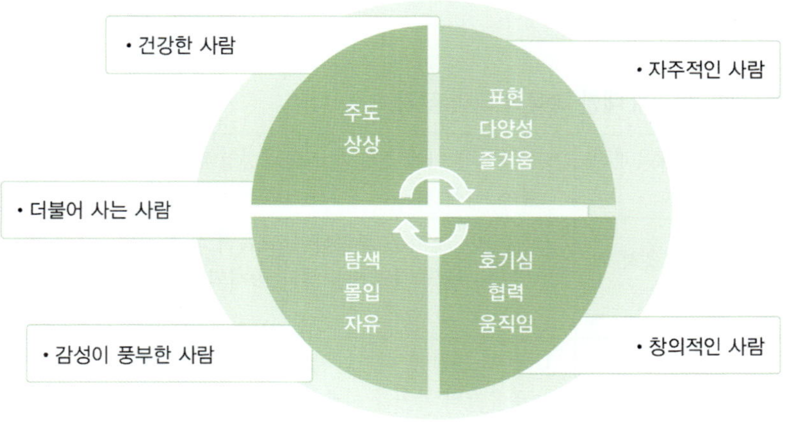

[그림 1-1] 유아 놀이 경험과 개정 누리과정이 추구하는 인간상(놀이의 의미와 특성)

놀이의 교육적 의미

놀이는 자유롭다
- 계획된 목적으로서의 자유
- 규칙으로부터의 자유
- 사실로부터의 자유(상상력과 자유)
- 시간과 공간의 경계로부터의 자유

놀이는 즐겁다
- 재미와 기쁨
- 몰입
- 상상과 호기심
- 정서적 긴장, 두려움 갈등 해소
- 따뜻함, 배려, 아름다움 심미성을 통합함을 통한 즐거움 경험
- 유머

놀이는 주도적이다
- 자발적 참여와 능동성
- 내재적 동기
- 즉흥적 전개
- 창의성

[그림 1-2] **놀이의 교육적 의미 읽기**

③ 놀이지원 계획

놀이지원 계획 tip

- 관찰한 놀이를 평가해 보자.
- 놀이 확장을 위해 지원할 수 있는 환경구성을 생각해 보자.

앞에서 설명한 관찰한 놀이에 대한 교육적 의미 찾기를 하나의 표로 요약하면 〈표 1-5〉와 같다.

〈표 1-5〉 **관찰한 놀이에 대한 교육적 의미 찾기**

① 관찰한 놀이의 교육과정 연계성	• 관찰한 놀이에 적절한 교육과정영역을 표기하고 하위항목과 세부항목 제시
② 관찰한 놀이의 교육적 의미 읽기	① 관찰한 놀이를 분석하여 교육적 의미 읽기 ② 개정 누리과정의 5개 영역 59개의 내용을 토대로 놀이 의미읽기 분석
③ 놀이지원 계획	① 놀이 관찰에 나타난 놀이에 대한 의미와 가치를 기술 ② 영유아의 놀이를 존중하고 이해하면서 영유아가 필요로 하는 놀이자료, 놀이공간, 놀이규칙과 안전성 등을 고려하여 필요한 지원을 기술

〈놀이 관찰의 실례〉

<table>
<tr><th>관찰대상</th><td>우○○, 이□□,
박△△, 서☆☆</td><th>연령</th><td colspan="3">만 3, 4세</td></tr>
<tr><th>관찰자</th><td></td><th>관찰일
(관찰시간)</th><td></td><th>관찰
장소</th><td>교실</td></tr>
<tr><th>교육과정
영역</th><td colspan="5">• 의사소통: 듣기와 말하기－자신의 경험, 느낌, 생각을 말한다.
• 신체운동 건강: 안전하게 생활하기－일상에서 안전하게 놀이하고 생활한다.
• 예술경험: 아름다움 찾아보기－예술적 요소에 관심을 갖고 찾아본다.
• 자연탐구: 탐구과정 즐기기－궁금한 것을 탐구하는 과정에 즐겁게 참여한다.</td></tr>
<tr><th colspan="4">기 록</th><th colspan="2">놀이의 교육적 의미 찾기</th></tr>
<tr><td colspan="4">  
• 지난 놀이와 연계하여 셀로판지 붙이기 놀이가 이루어짐.
• 창문에서 붙이고 놀이하던 OO이가 교사에게 다가와 “선생님, 문에도 붙여도 되요?”라고 물음. 교사가 “문 위에도 붙여 보면 너무 재미있겠는걸? 어떤 모습을 보여 줄까?”라고 말함.
• 놀이가 이루어지던 중 분무기를 이용하여 하늘 위로 뿌리며 “이거 봐, 지금 비가 내리고 있어!”라고 말함.
• 물 뿌리기 놀이가 이루어짐에 따라 바닥에 물이 떨어짐에 따라 교사가 바닥을 닦기 위해 가져다 놓은 밀대를 가리키며 △△이가 “선생님, 물 제가 닦아도 되요?”라고 교사에게 질문함.
• 교사가 “닦아도 좋아요”라고 말하자 △△이가 놀이하고 있는 유아들에게 놀이를 잠시 멈추도록 한 뒤 “잠깐만 멈춰 줘, 바닥에 물이 많아서 위험해!”라고 하며 바닥을 다 닦은 뒤 다시 놀이를 하자고 이야기함.</td><td colspan="2">• 흥미: 기존 이루어지던 셀로판지 붙이기 놀이가 확장되어 창문뿐만 아니라 문 등에 셀로판지가 붙을 수 있는 곳을 찾아 붙이기 놀이가 이루어짐.
• 주도: 분무기를 이용하여 셀로판지를 붙이던 유아가 물을 위로 뿌리면서 비 놀이로 놀이가 확장되어 다른 유아들도 놀이에 참여할 수 있도록 함.
• 표현: 물이 떨어지는 모습을 비가 내리는 모습으로 비유하여 표현하는 모습을 보여 줌.
• 문제해결: 바닥에 물이 떨어지자 물을 닦기 위해 도구인 밀대를 찾아 다른 유아들의 놀이를 멈추게 하고 물에 미끄러지지 않게 문제해결을 하는 모습을 보임.</td></tr>
<tr><th>놀이
지원계획</th><td colspan="5">셀로판지 붙이기 놀이를 통해 셀로판지 조각이 붙는 원리를 알게 되었고, 물의 양에 따라 셀로판지가 붙는 정도를 알 수 있는 놀이 환경을 구성하는 것이 필요함.
다양한 물건을 제시하여 셀로판지 붙여 보기 놀이를 확장할 수 있도록 지원함.</td></tr>
</table>

다섯째, 자가진단 루브릭에 근거한 놀이 관찰 및 놀이 의미 읽기이다.

2020년 이후 놀이중심 교육과정 운영을 하면서 놀이 관찰 방법 및 놀이 의미 읽기를 통한 놀이지원 및 놀이자료, 교육환경 구성 등이 중요하게 대두되고 있다. 이러한 측면에서 놀이 관찰에 대한 이해를 돕고자 영유아교사들이 자신의 놀이 관찰 및 놀이 의미 읽기에 대한 진단으로 '자가진단 루브릭' 방법을 소개하고자 한다.

루브릭은 분명한 기준과 잣대를 만들고 피드백의 자기평가를 촉진하기 때문이다. 따라서 영유아교사들의 놀이의 의미 읽기를 향상시킬 뿐만 아니라 글쓰기 수준과 글쓰기 효능감을 향상시킬 수 있을 것이라는 선행연구(이인영, 2014)의 논리적 근거하에 제시하고자 한다. 또한 영유아교사의 지속적인 유아 놀이의 의미 읽기 작성과 이에 대한 피드백은 반성적 사고를 향상시켜 줄 수 있을 것으로 사료된다(손미애, 김은심, 2015). 이러한 관점에서 보육교사들에게 영유아 놀이의 중요성에 대한 이해 및 영유아들의 놀이를 관찰하여 분석하고, 놀이를 지원할 수 있는 능력을 강화하고자 한다.

자가진단 루브릭에 근거한 놀이 관찰 및 놀이 의미 읽기 평가척도는 다음과 같다(김수향, 2021).

〈표 1-6〉 **자가진단 루브릭에 근거한 유아의 놀이 의미 읽기 평가척도**

요소(총 18점 만점)	
놀이 관찰 교육과정 연계성 (5점)	① 놀이 관찰에 적절한 교육과정영역을 표기하고 하위항목과 세부항목을 제시함(5점) ② 놀이 관찰에 적절한 교육과정영역을 표기하고 하위항목만 제시함(3점) ③ 놀이 관찰에 적절한 교육과정영역을 표기하고 하위항목은 제시하지 않음(1점) ④ 놀이 관찰에 교육과정영역을 표기하지 않거나 무관한 내용을 표기함(0점)
놀이 관찰 (7점)	① 영유아의 말, 몸짓, 표정 등에서 드러나는 놀이의 의미와 특성에 주목하여 기술 ② 영유아의 배움이 나타나는 놀이나 일상생활 중심으로 기술 ③ 영유아가 가장 즐기고 잘하는 것 중심으로 기술 ④ 영유아의 흥미와 관심 중심으로 기술 ⑤ 놀이에서 나타나는 친구관계 기술 ⑥ 놀이에서 나타나는 영유아와 영유아, 영유아와 교사의 상호작용 기술 ⑦ 놀이를 이어 가기 위한 자료의 활용 부분 기술

놀이 의미 읽기(2점)	① 놀이 관찰에 근거하여 의미 읽기 분석 ② 개정 누리과정의 5개 영역 59개의 내용을 토대로 놀이 의미 읽기 분석
놀이지원 계획(2점)	① 놀이 관찰에 나타난 놀이에 대한 의미와 가치를 기술 ② 영유아의 놀이를 존중하고 이해하면서 영유아가 필요로 하는 놀이자료, 놀이공간, 놀이규칙과 안정 등을 고려하여 필요한 지원을 기술
문맥에 적합한 글쓰기(2점)	① 읽었을 때 무슨 의미인지 파악이 쉽게 되도록 할 것 ② 주어와 동사를 명확하게 사용하고, ~을, 접속사, 접두사, 접미사를 정확하고 적절하게 사용할 것

(4) 대 · 소집단 모임 활동 관찰

대 · 소집단 모임 활동 관찰은 유아교사의 가장 기본적인 직무인 학급경영과 교수활동 및 수업개선(김은영, 2006)을 위한 연구 수행의 기초가 될 것이다. 교수활동 및 수업개선은 유아교사의 준비적 직무로 '교재 연구', '수업지도안 작성', 지도적 직무로 '교과지도', '생활지도' 등이 포함된다.

따라서 예비유아교사들은 만약 관찰실습을 간다면 다음과 같은 점에 역점을 두고 실습지도교사의 대소집단 모임활동을 관찰하여야 한다(김수향 외, 2015).

- 유아교사가 준비하는 수업의 매체를 파악해야 한다. 미디어자료, 그림자료, 실물자료, 모형자료 등 다양한 종류의 수업자료들을 유아교사가 어떤 방법으로 유아에게 제시하는지 살펴보고, 내가 만약 이 수업을 준비한다면 어떤 매체를 준비하고 어떤 방법으로 제시할 수 있을지 마음속으로 그려 봄으로써 효과적인 수업을 전개할 준비를 할 수 있다.
- 유아들의 경우 집중시간이 매우 짧고 수업에 집중을 하더라도 주변의 작은 자극만으로도 집중을 잃게 된다. 실습지도교사가 수업에 방해되는 행동을 하는 유아들을 어떻게 대처하는지 살펴봄으로써 수업전개 시 유아의 집중을 조절하는 방법을 익할 수 있다.

대소집단 모임 활동 관찰에 따라 교육과정을 반영하는 예를 들면 다음과 같다(고문숙 외, 2018).

〈동화 듣기 시간〉

동화 듣기 시간에 지환이는 선생님 방향으로 오른쪽 끝 파란 의자에 앉아서 선생님의 동화를 듣고 있다. 그러나 잠시 후 지환이는 오른손을 들어 검지로 시계 반대 방향으로 동그라미를 허공에 대고 그린다. 눈은 계속 책을 향한 채로 두 손으로 왼쪽 발을 잡고 올렸다가 내린 뒤 두 손으로 왼쪽 실내화를 만진다. 선생님은 동화 구연이 끝나고 "우리 친구들 오늘 동화 재미있었나요? 가장 기억에 남는 이야기 말할 수 있는 친구 있어요?"라고 질문을 한다. 그러자 아이들이 모두 "저요! 저요!" 하고 손을 든다. 지환이는 고개를 좌우로 흔들고 상하로 움직이다 다시 고개를 숙여 실내화를 바라본다.

〈이야기 나누기 시간〉

이야기 나누기 시간에 "우리가 살고 있는 세상"이라는 영상자료를 보고 있다. 지환이도 무지개 자리에 앉아서 영상자료를 보고 있다. 영상자료 보는 것을 모두 마치고 "우리가 본 것은 어떤 것들이 나왔나요?" 하고 선생님이 질문하자, 한 유아가 "택배 아저씨가 물건을 배달하고 있어요."라고 하고, 옆에 있는 친구들이 "저요! 저요!" 하고 손을 들었다. 그러나 지환이는 뒤를 돌아보다가 계속 발로 바닥을 치는 행동을 하였다. 그때 선생님이 "지환이 바르게 앉아야지, 그리고 발로 바닥을 치는 행동은 하지 마세요." 하고 주의를 주었다. 지환이는 잠깐 발로 바닥을 치는 행동을 멈추다가 다시 발로 바닥을 치는 행동을 한다.

위의 관찰 기록들을 살펴보면 지환이는 이야기 나누기 시간이나 동화 듣기 시간에 나타난 행동으로 볼 때 눈은 책을 향하고 있지만 끊임없이 몸을 움직이고 만지고 현재 하고 있는 활동과 관련 없는 다른 사물에 관심을 보이는 행동패턴을 보였다. 따라서 교사는 이야기 나누기 시간이나 동화 듣기 시간에 지환이가 관심을 가질 수 있는 좌석 배치 등에 유의해야 할 것 같다. 그리고 듣기와 관련한 활동을 할 때 지환이가 자신의 생각을 표현할 수 있는 기회를 부여하면서 수업을 진행하는 방법을 강구해야 한다. 즉, 듣는 중간중간 지환이에게 "이 다음은 어떻게 될까?", "~에 대해 어떻게 생각하니?" 등과 같은 질문 유도가 필요할 것 같다. 그리고 수업활동 중간중간 바르게 앉기 및 집중을 유도할 수 있는 손 유희나 활동들을 계획하는 것이 필요함을 알 수 있다. 나아가 지환이가 듣기나 경청에 도움을 줄 수 있는 "귓속말로 말 전달하기" 등과 관련한 재미있는 게임활동으로 듣기에 집중하는 능력을 기를 수 있도록 교육과정을 계획한다(고문숙 외, 2018).

- 수업을 마친 후 유아의 수업결과물을 어떻게 처리하는지 관찰하여야 한다. 수업결과물을 통하여 유아의 발달수준을 평가할 수 있는 도구로서 사용하는지, 교실환경에 게시함으로써 환경을 구성하는지, 가정으로 보내어 가정연계자료로 활용하는지 살펴봄으로써 적절한 수업결과물의 활용방법을 배울 수 있다.

모임 활동 관찰의 초점

- 교육내용의 사전내용과 실생활의 관련성 여부
- 교육내용의 유아 발달수준 적합 여부
- 유아들의 개인차 반영
- 목표의 명료성
- 학습목표와 관련한 교육내용 설정
- 교사의 언어사용의 적절성(지시, 설명, 모델링)
- 교사의 신체언어의 적절성(몸짓, 눈 맞춤, 고개 끄덕이기)
- 유아의 사고를 끌어내는 발문법 사용
- 유아의 반응에 따른 긍정적 교정적 피드백의 적절성
- 교수자료 표상방식의 다양성
- 교수매체 주제와의 연관성
- 수업 운영에 있어서 흐름이 끊어지지 않으며, 돌발상황에 적절한 대처방법
- 주의 집중 방법의 적절성 및 학습자의 능동적 참여 유도
- 시간 운영의 적절성

유아의 이해 정도를 다양한 방법으로 적절하게 평가
본 활동과 관련성 있는 확장활동 제공

출처: 김수향 외(2022). 예비유아교사를 위한 유아교육기관의 현장실습의 이론과 실제. 서울: 동문사.

〈일일 교육일지에서 관찰 예시〉

<table>
<tr><th colspan="3">산새소리반 교육일지 (만 4세)</th></tr>
<tr><td>날짜</td><td colspan="2">2020년 6월 10일 날씨: 미세먼지 나쁨</td></tr>
<tr><td>놀이의 목표</td><td colspan="2">우리 원에 관심을 가지고 반 친구들과 함께 지내는 것에 즐거움을 느낀다.</td></tr>
<tr><th>일과(시간)</th><th>계획 및 실행 / 관찰내용</th><th>자기 성찰</th></tr>
<tr><td>등원
(8:20 ~ 9:00)</td><td>– 유아 등원시간 및 열체크, 손 소독을 한다.
– 가방과 옷을 스스로 정리할 수 있도록 한다.
– 유아가 안전하게 차량을 이용할 수 있도록 한다.</td><td rowspan="5">오늘은 미세먼지가 많아 바깥놀이를 하지 못하여서 자유놀이의 시간을 늘리고 모임활동으로 유아들이 신체를 움직일 수 있는 활동을 하였다. 유아들이 신체를 움직이며 활동을 즐기는 모습을 볼 수 있었다.
특히 자유놀이 시간에 미용실 놀이를 하였는데, 처음에는 한 명의 유아의 시작으로 3~4명의 유아가 참여하게 되었다. 나 역시 미용실 놀이에 참여하여 유아들과 함께할 수 있는 놀이가 되었다.
특히 미용실 놀이에서 '미용사님, 저 머리를 하나로 묶어주세요', '미용사님 핑크색으로 염색을 해 보는 것은 어때요?'라는 발문으로 아이들의 놀이가 좀 더 확장될 수 있도록 하여, 놀이에 대한 단순 흥미가 몰입으로 변형될 수도 있는 계기가 되었다.
또한 다른 영역에서 이루어지는 놀이에도 적극 개입하고 상호작용할 수 있는 유연성과 민첩함을 발휘할 수 있도록 노력해야겠다고 반성해 본다.</td></tr>
<tr><td>오전 자유놀이
(9:00 ~ 10:30)</td><td>〈자유놀이〉
• 우리 동네 구성하기
• 우리 동네 안내 책자
• 스쿨버스를 타요
• 돋보기 속 우리반
〈관찰내용〉
– ○○이는 비즈그림의 삐에로를 보면서 "얘는 사탕도 뺏어 먹고 풍선도 터트려요"라고 말하였다.
– □□이는 컵 쌓기 컵 안에 사물을 넣고 3개의 컵을 돌리며 사물 찾기 놀이를 하였다.
– △△이는 실뜨기 놀이를 주고받으며 할 수 있었다.
– 미세먼지가 많아 바깥놀이 대신 자유놀이로 대체하였다.</td></tr>
<tr><td>모임활동
(10:00 ~ 10:50)</td><td>〈동대문을 열어라〉
– 대문의 의미를 알고 동대문과 남대문의 사진을 보았다.
– '동대문을 열어라' 노래를 듣고 같이 불러 보았다.
– '동대문을 열어라' 노래에 맞추어 신체를 움직이며 '동대문을 열어라' 놀이를 하였다.</td></tr>
<tr><td>화장실 및 휴식
(10:50 ~ 11:00)</td><td>– 휴식시간으로 동화 '안돼 데이빗'을 읽었다.
– 식사 전 손 씻기 및 화장실 가기를 지도한다.</td></tr>
<tr><td>점심식사
(11:00 ~ 11:40)</td><td>– 생활 속 거리두기를 하며 급식소로 이동한다.</td></tr>
</table>

	– 바른 자세로 앉아 식사하도록 지도한다. – 유아가 골고루 음식을 먹으며 즐거운 식사를 할 수 있도록 지도한다. 메뉴: 비빔밥, 미역오이냉국, 두부엿장조림, 미니핫도그, 배추김치, 유기농포도푸딩	
모임활동 및 자유놀이 (11:40 ~ 14:00)	〈동대문을 열어라〉 – '동대문을 열어라' 글씨를 따라 써 보았다. – 동대문이 그려져 있는 그림을 색연필과 사인펜으로 색칠을 하였다. 〈구슬퍼즐 & 책읽기〉 – 구슬퍼즐과 책읽기 중 유아가 하고 싶은 놀이를 하였다. 〈관찰내용〉 – △△, ㅁㅁ, ○○이는 실습교사의 머리카락을 빗으로 빗으며 미용실 놀이를 하였다. △△이는 "선생님 제가 예쁜 머리 해 줄게요", ㅁㅁ이는 "선생님 저는 머리 땋을 수 있어요", ○○이는 "우와, 선생님 머리 귀신 같다"라고 말하였다.	
모임활동 (14:00 ~ 14:40)	〈지문에 대해 알아보아요〉 – 지문에 대해 알아본 후 손가락의 지문을 관찰한다. – 열 손가락에 인주를 묻힌 후 활동지에 지문을 찍어 관찰해 보았다. – A4용지에 자신의 지문과 친구의 지문을 찍으며 비교해 보았다.	
오후간식 (14:40 ~ 15:00)	– 손을 씻고 생활 속 거리두기를 하며 오후간식을 먹는다. 메뉴 : 순살치킨	
모임활동 및 자유놀이 (15:00 ~ 16:00)	〈관찰내용〉 – ○○, ㅁㅁ, △△이는 종이벽돌 블록과 스펀지 블록을 이용하여 집을 짓는 놀이를 하였다. – ◆◆이는 정리시간에 자신이 할 놀이를 정리하지 않은 모습을 종종 보인다. – ▣▣이는 친구들이 하고 있는 놀이를 옆에서 지켜보고 있다가 ○○이에게 "같이 할까?"라고 물어본 후 놀이에 참여하였다.	

	– 놀이의 장소가 좁아지자 ○○이는 옆에 있는 책상을 치워 달라며 집의 크기를 확장하며 놀이를 하였다.	
정리정돈 및 귀가 (16:00 ~ 17:00)	– 유아들에게 동화 '다녀오겠습니다'를 읽어주었다. – 교육실 정리정돈, 유아 하원시간 및 열체크를 한다. – 가방과 옷을 스스로 착용할 수 있도록 지도한다.	

출처: 김수향 외(2022). 예비유아교사를 위한 현장실습의 이론과 실제. 서울: 동문사.

2) 관찰 후 활동

관찰 후 활동은 관찰계획에 따라 수집한 관찰자료에 대한 정리, 요약, 활용 등이 포함된 활동으로 구체적으로 관찰 기록에 대한 추론, 평가, 결과 활용을 의미한다. 추론은 객관적 서술을 넘어 관찰된 행동의 원인, 그 행동을 할 때의 감정 등을 추측해 보는 것으로 어떤 행동이나 사건의 원인, 개인적 동기, 행동의 목적을 설명하려는 시도를 말한다. 즉, 실제로 보지 못한 이면에 대해 추측하는 단계이다.

이 단계에서는 관찰자의 참여대상에 대한 사전 정보나 발달이론에 대한 지식이 영향을 미치게 된다. 추론의 단계는 관찰자의 주관이 개입될 위험이 많은 단계이므로 매우 신중하게 이루어져야 한다. 어떤 추론을 내리려면 그러한 추론이 가능한 근거 행동을 명확히 하고 가능하면 한 가지 행동이 아닌 다양한 상황에서 나타나는 행동에 근거하여 추론을 내려야 한다. 추론이 적을수록 관찰의 신뢰도는 높다고 할 수 있으며, 많은 추리가 필요한 경우 행동의 의미를 신중히 파악해야 하고, 사전에 많은 훈련이 필요하다.

평가는 객관적으로 관찰 기록한 자료의 내용이 유아의 어떤 특성을 나타내는지를 결정하는 것이다. 수집된 자료들을 각 교육과정영역별로, 그리고 시간 순서로 편집하여 유아들이 어떻게 발달하고 있는지, 그리고 그 발달의 수준이 어느 정도인지 판단한다.

이는 관찰에서 가장 주의를 기울여야 할 부분이다. 왜냐하면 이것은 행동에 어떤 가치를 부여하는 것이기 때문이다. 유아의 어떤 행동이 바람직한가 혹은 바람직하지 않은가, 긍정적인가 아니면 부정적인가, 정상적인 발달을 하고 있는가 아니면 발달이 지체되어 있는가를 판단하는 것이다.

끝으로 관찰자료는 다양한 교육활동에 피드백(feedback)되어야 하는데, 그것을 결과활용이라 명명하였다.

결과활용 단계는 관찰이라는 과정에 직접 포함된 것이라기보다 관찰자료에 근거해서 교육적 개선을 위한 추후활동을 의미한다. 즉, 관찰한 것을 바탕으로 유아에게 필요한 교육활동을 준비하거나, 교사의 교수법을 바꾸거나, 부모와의 의사소통에 이용하거나, 추후 유아를 다른 기관에 의뢰할 때 기초 자료를 제공하는 등의 방식으로 활용할 수 있다(고문숙 외, 2018).

CHAPTER 02

관찰방법

본 장에서는 표본식 기록, 일화기록, 사건표집법, 시간표집법, 행동목록법, 평정척도법의 정의 및 특징과 장단점, 관찰 기록을 위한 지침에 대해 알아보고, 각 관찰방법에 따른 예시를 제시하였다.

1 표본식 기록

1) 표본식 기록의 정의 및 특징

표본식 기록(specimen record)은 관찰자가 정해진 시간 동안 관찰대상인 영유아를 지속적으로 관찰하면서 영유아의 행동이나 사건을 시간의 흐름에 따라 자세하게 기술하는 방법이다. 표본식 기록은 관찰 장면의 모든 상황, 즉 영유아의 말과 표정과 행동, 관찰대상 영유아가 상호작용하는 상대방의 반응, 사건의 배경과 과정 및 결과 등을 있는 그대로 묘사하듯이 기술해야 한다. 묘사하듯이 기술한다는 것은 관찰 장면을 보지 않은 사람도 기록을 읽으면 마치 그 장면을 보고 있는 것처럼 떠올릴 수 있도록 자세하게 기록되어야 한다는 것을 의미한다.

표본식 기록은 관찰대상 영유아들의 모든 행동과 사건을 가능한 자세하게 기록함으로써 관찰대상 영유아에 대한 많은 정보를 얻고자 할 때 실시한다. 영유아에 대한 기본적인 정보는 발달적 측면의 이해를 도울 수 있고 영유아가 지닌 문제 행동이 무엇인지, 그리고 문제 행동의 원인이 무엇인지 찾아볼 수 있는 자료가 되며, 학기 초에 교사들이 영유아들에 대하여 알고자 할 때 많은 정보를 제공해 줄 수 있다.

2) 표본식 기록의 장단점

표본식 기록의 장점과 단점을 제시하면 다음과 같다(이정환, 박은혜, 1995; 김병선, 이윤옥, 1999; 전남련, 권경미, 김덕인, 이미순, 2005).

(1) 장점

첫째, 표본식 기록은 관찰 장면에서 일어나는 영유아의 행동이나 사건을 모두 기록하기 때문에 영유아에 대한 많은 정보를 제공해 준다.

둘째, 표본식 기록은 관찰장면의 행동과 사건을 시간의 흐름에 따라 기록하기 때문에 사건의 전후관계를 이해하는 데 도움을 준다.

셋째, 표본식 기록은 학기 초에 영유아에 대한 정보를 얻거나 영유아들이 지닌 행동의 특성 등을 파악하는 데 도움이 된다.

넷째, 표본식 기록은 최소한의 필기도구만을 필요로 하기 때문에 부호식 기록방법에 비해 관찰 전에 준비할 사항이 적다.

(2) 단점

첫째, 표본식 기록은 관찰장면의 모든 행동과 사건을 기록하기 때문에 기록하고 평가하는 데 시간이 많이 걸린다.

둘째, 관찰대상 영유아에 대한 가능한 많은 정보를 제공해 주는 표본식 기록은 수집된 자료의 양이 많기 때문에 자료를 분류하고 분석하는 데 많은 시간과 노력, 교사의 평가 능력이 필요하다.

셋째, 표본식 기록은 최대한 객관성을 유지하면서 관찰장면을 기술 · 해석 · 평가해야 하지만 관찰자의 주관이 개입될 가능성이 있다.

넷째, 표본식 기록은 관찰대상의 모든 행동을 시간의 흐름을 따라가면서 기록해야 하기 때문에 한꺼번에 여러 명을 관찰하기 어렵다.

3) 표본식 기록을 위한 지침

관찰대상과 장면, 관찰시간을 미리 정한 후 관찰대상의 모든 행동과 말, 상황 등을 일어난 순서대로 기록하는 표본식 기록을 할 때 유의해야 할 점이 있다(Brandt, 1972: 이정환, 박은혜, 1995 재인용; 황해익, 송연숙, 정혜영, 2011).

첫째, 표본식 기록은 보통 10~30분 정도로 한다.

둘째, 관찰 날짜, 시간, 관찰대상, 관찰자의 이름을 반드시 기록한다.

셋째, 영유아의 행동이 관찰된 장소 및 장면을 표시한다.

넷째, 보고들은 것을 그대로 기록한다. 즉, 객관적인 사실만 기록하며 관찰자의 해석이나 주관적인 판단, 혹은 추론은 포함시키지 않는다.

다섯째, 관찰대상 영유아뿐만 아니라 영유아와 상호작용하고 있는 사람들의 말과 행동도 함께 기록한다.

여섯째, 현재형으로 기술하며 영유아의 대화는 인용부호(“ ”)에 넣어 직접화법으로 기록한다.

일곱째, 사건이 일어난 순서대로 기록한다.

여덟째, 기록지의 왼쪽 여백에 10분 동안의 기록이면 매 1분마다, 30분 동안의 기록이면 매 5분마다 시간을 표시하거나 장면이 바뀔 때마다 시간을 표시해 둔다.

아홉째, 마지막에 발달 영역별로 간단하게 관찰의 내용을 요약해 둔다.

4) 표본식 기록의 예

표본식 기록의 양식에는 관찰지침에 제시되어 있는 바와 같이 관찰대상인 영유아의 이름과 성별, 연령, 관찰 날짜, 관찰자의 이름, 관찰시간과 장소, 교육과정영역 등이 기록되어야 한다.

〈표 2-1〉 **표본식 기록의 예**

<table>
<tr><td>관찰대상</td><td>김빨강</td><td>연 령</td><td>2세</td><td>성 별</td><td>여</td></tr>
<tr><td>관 찰 자</td><td>김은주</td><td>관 찰 일</td><td>20**년 *월 *일</td><td>관찰장소</td><td>역할영역</td></tr>
<tr><td>관찰시간</td><td>09:15~09:30</td><td>교육과정 영역</td><td colspan="3">• 의사소통: 듣기와 말하기－자신의 요구와 느낌을 말한다.
• 자연탐구: 탐구과정 즐기기－사물과 자연을 반복하여 탐색하기를 즐긴다.</td></tr>
<tr><td>시 간</td><td colspan="5">기 록</td></tr>
<tr><td>09:15</td><td colspan="5">빨강이는 역할영역에서 배추모형을 도마 위에 올려놓고 장난감 칼로 써는 시늉을 한다. 키위 모형을 주전자에 넣더니 컵에 따르는 시늉을 하고 세은이에게 내밀며 “이거”라고 한다. 세은이는 “고마워” 하며 컵을 들고 마시는 척하고 컵을 빨강이에게 돌려 주자 다시 따르는 시늉을 하고 컵을 세은이에게 내민다. 세은이는 또 “고마워” 하고 마시는 시늉을 하고 돌려 주자 컵과 주전자를 책상 위에 내려놓는다.</td></tr>
<tr><td>09:20</td><td colspan="5">빨강이는 오른손엔 검은색 핸드백, 왼손에는 하얀 휴대폰을 들고 교사에게 보여 주며 “고장났네”라고 한다. 그리고 휴대폰을 교사의 귀에 대 주더니 “엄마”라고 한다. 교사가 “엄마 전화야?” 묻자, 또 “엄마” 하며 전화를 계속 교사의 귀에 대 준다.</td></tr>
<tr><td>09:23</td><td colspan="5">핸드백 지퍼를 열고 바닥에 떨어져 있던 배추모형을 주워서 담은 후, 싱크대 밑 음식통 안에 담겨 있던 포도, 피망, 감 모형을 꺼내 핸드백에 넣고 지퍼를 잠근다. 그리고 교사에게 오더니 핸드백을 보여 주며, “이거 간식이야”라고 한다. 미끄럼틀 매트로 가서 핸드백 안에 있던 과일 모형들을 매트 위에 쏟아 놓자 아이들이 몰려와서 매트 주위에 둘러앉는다. 빨강이는 매트에 앉아 포도모형을 들고 “냠냠” 소리를 내며 먹는 시늉을 한다. 주위에 앉아 있던 승우가 역할영역 싱크대로 가서 컵에 물을 떠오는 시늉을 하며 컵을 가져오자, 빨강이는 피망 모형을 들고 입에 대더니 “아, 매워” 하며 승우가 가져온 컵을 받아 마시는 시늉을 한다.</td></tr>
<tr><td>발 달 적 요 약</td><td colspan="5">• 물 따라 마시기, 전화하기, 음식 먹기와 같은 일상생활과 관련된 상징놀이(symbolic play)를 할 수 있다(인지발달).
• 사물(칼, 핸드백, 휴대폰, 컵)을 용도에 맞게 사용할 수 있다(인지발달).
• 지퍼를 열고 닫을 수 있는 눈과 손의 협응력, 소근육이 발달되어 있다(신체발달).
• “이거”, “엄마” 한 단어를 주로 사용하며 의사소통한다(언어발달).</td></tr>
<tr><td>교수지원</td><td colspan="5">• 일상생활과 관련된 다양한 상징놀이 경험을 제공한다.
• 상징놀이를 하면서 상호작용을 통해 문장으로 의사를 표현할 수 있도록 지도한다.</td></tr>
</table>

출처: 고문숙, 김수향, 이경하, 이용주, 임영심(2018). 아동관찰 및 행동연구. 경기: 양성원.

2 일화기록

1) 일화기록의 정의 및 특징

일화기록(anecdotal record)은 관찰대상이나 장소, 시간을 미리 정해 두고 관찰하는 표본식 기록과는 달리, 일과 중에 일어나는 여러 가지 사건들 가운데 영유아들의 발달과정을 이해하는 데 도움이 되거나 문제행동을 파악할 수 있는 행동이나 사건을 간단하게 기록하는 방법이다. 또한, 일화기록은 정해진 관찰시간 동안 일어나는 모든 행동과 사건을 기록하는 표본식 기록과는 달리 하나의 사건을 누가, 언제, 어디서, 무엇을, 어떻게 했는지 기록하는 것이다. 일화기록은 시간과 장소의 구애 없이 언제, 어디서든지 관찰자가 기록할 만한 이유나 흥미가 있는 사건이라고 생각되는 일화들을 간단하게 기록하는 것이기 때문에 현장에서 가장 많이 사용되는 관찰기록 방법 가운데 하나이다.

특정 사건만을 단편적으로 기록하는 일화기록에 반해, 연속기록(running record)은 시간의 흐름에 따른 사건의 순차성을 보여 주는, 즉 목표로 하는 어떤 행동의 변화에 초점을 맞춘 추적기록이라는 점에서 일화기록과 차이가 있다. 클레이(Clay, 1993)에 의해 표준화된 연속기록은, 예를 들면 시간의 흐름에 따라 소리 내어 읽는 행동에 어떠한 변화가 있는지에 초점을 맞추어 연속적으로 기록하는 것이다.

2) 일화기록의 장단점

일화기록의 장점과 단점을 제시하면 다음과 같다(이정환, 박은혜, 1995; 김병선, 이윤옥, 1998; 전남련 외, 2005; 황해익 외, 2011).

(1) 장점

첫째, 영유아의 말이나 행동을 보다 집중적으로 관찰하기 때문에 좀 더 명확하고 분명하게 관찰 상황을 기록으로 남길 수 있다.

둘째, 사전 준비물이나 관찰장면의 통제 등 별도의 계획 없이도 진행될 수 있기 때문에 다른 관찰 기록방법에 비해 가장 간편하게 실시할 수 있다.

셋째, 일화기록은 아주 간결하게 기록되기 때문에 표본식 기록에 비해 시간이 적게 소요된다.

넷째, 여러 번에 걸쳐 누적된 일화기록은 영유아의 독특한 발달 패턴, 행동 변화, 흥미, 능력, 필요 등을 정확하게 이해하는 데 도움을 준다.

(2) 단점

첫째, 관찰자의 판단에 따라 관찰 기록으로 남길 것인지 아닌지가 결정되기 때문에 관찰자의 주관이 개입될 수 있다.

둘째, 시간이 지난 후에 기록할 경우에 관찰 당시의 상황을 정확하게 기억하지 못하거나 관찰자의 편견이 들어갈 수 있다.

셋째, 표본식 기록에 비해 상황묘사가 적지만 부호식 기록방법보다는 훨씬 많은 시간이 요구된다.

넷째, 일화기록은 영유아의 모든 행동에 대한 기록이 아니라 일부만을 기록한 것임에도 불구하고 해석할 때 마치 기록이 영유아의 모든 것을 대표하는 것으로 판단하는 오류를 범할 가능성이 있다.

3) 일화기록을 위한 지침

일화기록은 누가, 언제, 어디서, 무엇을, 어떻게 했는지를 신문기사를 쓰듯이 객관적으로 기록하는 것이다. 일화기록을 할 때 관찰 행동을 크게 세 가지 수준으로 나누어 기록할 필요가 있는데, 첫 번째는 행동의 전반적인 측면이나 주요행동을 기술하고, 두 번째는 주요행동의 하위행동을 기술하고, 세 번째는 하위행동의 진행 상황을 기술하는 것이다(황해익 외, 2011). 일화기록에서 유의해야 할 점을 살펴보면 다음과 같다(Brandt, 1972; 이정환, 박은혜, 1995; 전남련 외, 2005 재인용).

첫째, 관찰장면에서 여러 영유아가 관련된 여러 가지 사건이 동시에 관찰되었다고 하더라도 일화기록은 관찰대상 영유아별로 한 번에 한 가지 사건만을 기록한다.

둘째, 기록으로 남길 만한 가치가 있다고 판단되는 사건이나 행동이 관찰되었을 경우에 될 수 있는 대로 관찰 즉시 기록으로 남긴다.

셋째, 관찰대상 영유아의 행동과 말을 구별해서 기록하고, 행동을 진술하는 용어는 일관성이 있어야 하며, 영유아가 한 말은 인용부호(“ ”)를 사용하여 직접화법으로 기술하다.

넷째, 일화기록에는 관찰날짜, 관찰시간, 관찰장소, 관찰장면, 관찰영유아의 이름과 생년월일, 성별, 관찰자의 이름 등을 반드시 기록한다.

다섯째, 관찰대상인 영유아와 상호작용하고 있는 다른 사람들의 말과 행동도 직접화법을 사용하여 있는 그대로 기술한다.

여섯째, 행동의 맥락을 이해할 수 있도록 일화가 일어난 순서대로 기록한다.

일곱째, 관찰자의 주관적인 관점이나 편견을 배제하고 객관적이고 사실적으로 기록한다. 개별 일화에 대한 관찰자의 해석이 없는 일화들이 누적되었을 때 보다 객관적인 해석이 이루어질 수 있다.

4) 일화기록의 예

일화기록의 양식에는 관찰지침에 제시되어 있는 바와 같이 관찰대상인 영유아의 이름과 성별, 연령, 관찰날짜, 관찰자의 이름, 관찰시간과 장소, 교육과정영역 등이 기록되어야 한다.

〈표 2-2〉 **일화기록의 예**

관찰대상	이주황	연 령	1세	성 별	남
관 찰 자	권혜수	관 찰 일	20**년 *월 *일	관찰장소	쌓기영역
관찰시간	09:50~09:55	교육과정 영 역	• 사회관계: 나를 알고 존중하기－나의 욕구와 감정을 나타낸다. • 사회관계: 더불어 생활하기－다른 사람의 감정과 행동에 관심을 가진다.		
기 록	자유놀이 시간에 쌓기영역 앞에서 병훈이가 벽돌블록 두 개를 세로로 쌓고 있는데, 주황이가 와서 병훈이가 쌓은 블록을 오른손으로 툭 밀쳐 무너뜨린다. 병훈이는 찡그린 얼굴로 주황이를 한번 쳐다보더니 다시 블록을 집어 세로로 쌓으려고 한다. 병훈이가 쌓고 있는 블록을 주황이가 빼앗자 병훈이는 주황이를 쳐다보며 "야~!" 하고 소리를 지르고, 주황이는 교구장 안의 블록을 모두 빼내기 시작한다. 주황이가 빼낸 블록은 교구장 앞으로 우르르 떨어지고, 그 앞에 앉아 있던 병훈이가 쌓고 있는 블록 위에 떨어진다. 병훈이는 찡그린 얼굴로 일어나서 역할영역으로 가 버린다. 주황이는 병훈이가 가고 나서도 블록을 모두 다 빼서 바닥에 떨어뜨린 후 쌓기영역을 나간다.				
발 달 적 요 약	• 친구에게 관심은 있지만 함께 놀이하지는 않는다(사회성 발달). • 블록을 바닥에 떨어뜨리는 것으로 부정적 감정을 표현한다(정서발달).				
교수지원	• 친구의 놀이를 방해하는 행동을 하면 안된다는 것을 지도한다. • 친구와 함께 놀이하는 기회를 제공한다. • 가지고 논 장난감을 스스로 정리할 수 있도록 지도한다.				

출처: 고문숙, 김수향, 이경하, 이용주, 임영심(2018). 아동관찰 및 행동연구. 경기: 양성원.

3 사건표집법

사건표집법(event sampling)은 관찰자가 알아보고자 하는 특정행동이나 사건이 발생했을 때 사건의 전후 관계를 자세하게 기록하는 방법이다. 일화기록이 행동이나 사건 자체의 특성을 알아보기 위한 기록이라면 사건표집법은 행동이나 사건이 발생하게 된 원인과 결과를 발견하기 위한 목적으로 사용된다. 즉, 사건표집법은 관찰되는 행동의 동기가 무엇인지, 행동이 얼마나 지속되는지, 표집된 행동의 원인이나 행동의 심각성에 대한 정보를 제공해 주는(황해익 외, 2011) 관찰기록 방법이다. 사건표집법은 특정행동의 발생 원인이나 지속시간, 빈도에 따라 ABC 서술식 사건표집법과 빈도 사건표집법이 있다.

1) ABC 서술식 사건표집법

(1) ABC 서술식 사건표집법의 정의 및 특징

대표적인 사건표집법의 기록방법은 벨과 로우(Bell & Low, 1977)가 고안한 ABC 서술식 사건표집법이다. ABC 서술식 사건표집법에서 A는 관찰하고자 하는 표집행동이 일어나기 전의 상황(antecedent event), B는 관찰하고자 하는 행동 자체(behavior), C는 사건이나 행동이 일어난 후의 결과(consequent event)를 의미한다. 사건의 발생 전, 사건, 결과를 시간의 흐름에 따라 순서대로 기록하기 때문에 영유아들이 보이는 행동의 원인을 파악하고자 할 때 가장 적절한 방법이다.

(2) ABC 서술식 사건표집법의 장단점

일과 중에 일어나는 여러 가지 사건들 가운데 영유아들의 발달과정을 이해하는 데 도움이 되거나 문제행동을 파악할 수 있는 행동이나 사건을 간단하게 기록하는 방법인 일화기록과 달리 ABC 서술식 사건표집법은 관찰하고자 하는 행동 또는 사건이 미리 정해져 있다는 점에서 차이가 있다. ABC 서술식 사건표집법의 장점과 단점은 다음과 같다(이정환, 박은혜, 1995; 전남련 외, 2005).

① 장점

첫째, ABC 서술식 사건표집법은 관찰의 대상이 된 사건이나 행동의 전후 관계를 있는 그대로 기록한 것이기 때문에 행동의 원인을 파악할 수 있다.

둘째, 사건이 발생할 때만 기록하는 것이기 때문에 자주 발생하지 않는 행동을 연구하는 데 적합한 관찰기록 방법이다.

셋째, 관찰대상 영유아의 다양한 행동을 관찰하고 기록하기 때문에 개별 영유아를 이해하는 데 도움을 준다.

넷째, 특정 사건이 발생할 경우에만 관찰이 이루어지기 때문에 관찰, 기록하는 데 시간이 적게 소요된다.

② 단점

첫째, 서술식 기록이기 때문에 부호식 기록 방법에 비해 시간과 노력이 많이 든다.

둘째, ABC 서술식 사건기록법은 자료를 수량화하는 데 어려움이 있으며, 수량화되지 않은 자료이기 때문에 신뢰도에 의문이 제기될 수 있다.

셋째, 비정기적으로 발생하는 사건에 대한 기록이므로 관찰시간이나 장소를 예측하기 어렵다.

(3) ABC 서술식 사건표집법을 위한 지침

ABC 서술식 사건표집법을 이용하여 관찰 기록을 하고자 할 때 다음과 같은 사항에 유의해야 한다(이정환, 박은혜, 1995; 전남련 외, 2005; 황해익 외, 2011).

첫째, 보다 정확한 관찰기록을 위해서는 관찰하고자 하는 행동이나 사건을 명확히 규정할 수 있는 조작적 정의를 내릴 필요가 있다.

둘째, 관찰을 위한 적합한 시간과 장소를 결정하기 위해 관찰자는 관찰하고자 하는 행동이나 사건에 대하여 충분히 이해하고 있어야 한다.

셋째, 관찰 기록의 방법이 결정되면 가능한 관찰자가 쉽고 편리하게 사용할 수 있는 관찰기록지를 만들어 둔다.

(4) ABC 서술식 사건표집법의 예

〈표 2-3〉 ABC 서술식 사건표집법의 예

<table>
<tr><td>관찰대상</td><td>김노랑</td><td>연 령</td><td>3세</td><td>성 별</td><td>여</td></tr>
<tr><td>관 찰 자</td><td>조아람</td><td>관 찰 일</td><td>20**년 *월 *일</td><td>관찰장소</td><td>쌓기영역</td></tr>
<tr><td>관찰시간</td><td>09:40~09:55</td><td>교육과정 영 역</td><td colspan="3">• 사회관계: 더불어 생활하기
– 친구와 서로 도우며 사이좋게 지낸다.
– 서로 다른 감정, 생각, 행동을 존중한다.
• 자연탐구: 탐구과정 즐기기–주변 세계와 자연에 대해 지속적으로 호기심을 가진다.</td></tr>
<tr><td>시 간</td><td colspan="2">사 건 전
(Antecedent Event: A)</td><td>사 건
(Behavior: B)</td><td colspan="2">사 건 후
(Consequence: C)</td></tr>
<tr><td>09:40
~09:44</td><td colspan="2">노랑이는 쌓기영역에서 블록을 쌓다가 진하가 울면서 등원하자 진하를 쳐다본다.</td><td>노랑이는 울고 있는 진하에게 다가가 두 팔로 진하를 안아준다. 노랑이는 진하의 손을 잡고 언어영역에 있는 소파에 앉아 "엄마랑 떨어져도 괜찮아. 나도 안 울잖아. 울지 마."라고 한다.</td><td colspan="2">진하가 울음을 그치자 노랑이는 진하가 가방 정리하는 것을 도와준다.</td></tr>
<tr><td>09:50
~09:55</td><td colspan="2">노랑이는 블록으로 집을 만들면서 교실 문이 열릴 때마다 교실 입구를 쳐다본다. 보민이가 등원한다.</td><td>노랑이는 보민이에게 다가가 가방을 벗겨 주려고 한다.</td><td colspan="2">보민이 옆에 있던 교사가 노랑이에게 "보민이 가방은 선생님이 도와줄게. 노랑이는 하던 놀이 계속 하세요."라고 하자 노랑이는 말없이 보민이를 바라본다.</td></tr>
<tr><td>발 달 적
요 약</td><td colspan="5">• 친구의 감정을 이해하고 공감하는 능력이 있다(정서발달).
• 친구의 가방 정리를 자발적으로 도와준다(사회성 발달).
• 자신의 놀이에 집중하기 어렵다(인지발달).</td></tr>
<tr><td>교수지원</td><td colspan="5">• 노랑이가 좋아하는 놀이를 제공하여 자신의 놀이에 집중할 수 있도록 지도한다.</td></tr>
</table>

출처: 고문숙, 김수향, 이경하, 이용주, 임영심(2018). 아동관찰 및 행동연구. 경기: 양성원.

2) 빈도 사건표집법

(1) 빈도 사건표집법의 정의 및 특징

사건표집법의 또 다른 기록방법은 빈도 사건표집법이다. 빈도 사건표집법은 관찰의 표적이 된 행동을 미리 규정하고 범주화한 후 그 행동이 일어날 때마다 체크하는 방법이다. ABC 서술식 사건표집법이 행동의 원인이 무엇인지 알아볼 수 있는 질적인 정보를 제공해 주는 반면, 빈도 사건표집법은 표집이 된 행동이 얼마나 자주 일어나는지 알 수 있는 양적인 정보를 제공해 준다(전남련 외, 2005).

(2) 빈도 사건표집법의 장단점

빈도 사건표집법의 장점과 단점은 다음과 같다(이정환, 박은혜, 1995; 전남련 외, 2005).

① 장점

첫째, 미리 정해진 행동 범주를 기준으로 제작된 관찰용지를 사용하여 행동이 관찰되었을 때 체크만 하면 되기 때문에 간편하게 기록할 수 있다.

둘째, 자료를 쉽게 수량화하고 통계적으로 분석할 수 있다.

셋째, 정해진 범주의 행동이 관찰될 때에만 기록하기 때문에 시간이 적게 소요된다.

넷째, 관찰하고자 하는 행동이나 사건을 명확하게 조작적 정의를 내리고 하위 범주의 상호배타성이 확보된다면 다양한 영역에서 광범위하게 사용할 수 있다.

② 단점

첫째, 빈도 사건표집법은 관찰하고자 하는 행동이나 사건이 일어나는 빈도는 알 수 있으나 원인을 파악할 수 없다.

둘째, 빈도 사건표집법은 행동이나 사건의 양적인 정보는 제공해 주지만 개별 영유아에 대한 질적인 정보를 제공해 주지 못한다.

셋째, 관찰하고자 하는 행동이나 사건에 대한 조작적 정의의 객관성을 확보하고 하위 범주의 상호 배타성을 확보하는 데 어려움이 있다.

(3) 빈도 사건표집법의 예

〈표 2-4〉 빈도 사건표집법의 예

<table>
<tr><td>관찰대상</td><td>강초록</td><td>연 령</td><td>5세</td><td>성 별</td><td>여</td></tr>
<tr><td>관 찰 자</td><td>곽혜미</td><td>관 찰 일</td><td>20**년 *월 *일</td><td>교육과정 영 역</td><td>• 사회관계: 더불어 생활하기
– 친구와의 갈등을 긍정적인 방법으로 해결한다.</td></tr>
<tr><td>관찰시간</td><td>자유선택 활동</td><td>관찰행동</td><td colspan="3">놀이 중에 나타나는 부적응 행동
(놀림, 도중 포기, 던지기, 장난감 뺏기)</td></tr>
<tr><td>지 침</td><td colspan="5">① 영유아가 아래의 활동영역에 해당되는 행동을 보였을 때 해당 난에 ∨로 표시한다.
② 관찰하고 싶은 영역을 중심으로 영역을 더 줄이거나 늘일 수 있다.</td></tr>
<tr><td>빈도 표집</td><td colspan="5"><table>
<tr><th>영역</th><th>놀림</th><th>도중 포기</th><th>던지기</th><th>장난감 뺏기</th></tr>
<tr><td>쌓기영역</td><td>∨</td><td></td><td>∨</td><td>∨</td></tr>
<tr><td>역할영역</td><td>∨</td><td></td><td></td><td></td></tr>
<tr><td>언어영역</td><td></td><td></td><td></td><td></td></tr>
<tr><td>수조작영역</td><td></td><td>∨</td><td></td><td></td></tr>
<tr><td>과학영역</td><td></td><td></td><td></td><td></td></tr>
<tr><td>미술영역</td><td></td><td></td><td></td><td></td></tr>
<tr><td>음률영역</td><td></td><td></td><td></td><td></td></tr>
</table></td></tr>
<tr><td>발 달 적 요 약</td><td colspan="5">• 쌓기영역에서 놀림, 던지기, 장난감 뺏기 행동이 주로 나타난다(사회정서발달).
• 수조작영역에서 활동을 끝까지 하기보다는 중도에 포기한다(인지발달).</td></tr>
<tr><td>교수지원</td><td colspan="5">• 친구와 함께 놀이할 수 있는 쌓기놀이 활동자료를 제공한다.
• 자신의 행동에 따른 친구의 기분을 이해할 수 있도록 돕고, 친사회적 행동을 보일 때 칭찬과 격려를 통해 사회적 행동을 강화한다.
• 수조작영역 놀이의 수준을 고려하여 제공하고 놀이에 집중할 수 있도록 지도한다.</td></tr>
</table>

출처: 고문숙, 김수향, 이경하, 이용주, 임영심(2018). 아동관찰 및 행동연구. 경기: 양성원.

4 시간표집법

1) 시간표집법의 정의 및 특징

시간표집법은 관찰하고자 하는 행동이 일정한 기간 동안 얼마나 자주 일어나는지를 알아보기 위한 기록방법이다. 짧은 시간 동안 일정한 시간 간격으로 반복하여 관찰하고자 하는 행동의 발생 유무를 기록하기 때문에 자주 발생하지 않는 행동의 관찰에는 적절하지 않은 방법이다. 애링턴(Arrington, 1943)은 평균 15분에 한 번 정도 발생하지 않는 행동에는 시간표집법을 사용하기 어렵다고 하였다.

시간표집법을 사용하기 위해서는 먼저 관찰하고자 하는 행동이나 사건을 명확하게 하여야 하고, 행동을 관찰할 시간과 간격과 관찰 횟수를 정하고, 관찰의 결과를 기록할 때 사용할 부호체계 등을 결정하여야 한다. 시간표집법을 이용하여 관찰의 결과를 기록하는 방법에는 세 가지가 있다. 첫째는 행동의 출현 유무만을 기록하는 방법과, 둘째는 행동의 빈도뿐만 아니라 강도를 함께 표시하는 방법, 세 번째는 행동의 빈도와 지속시간을 표시하는 방법이다(조윤경, 김경혜, 2010).

2) 시간표집법의 장단점

일정한 시간 동안 관찰하고자 하는 행동의 발생 유무와 빈도를 기록하는 시간표집법은 다음과 같은 장점과 단점이 있다(이은해, 1995; 전남련 외, 2005; 황해익 외, 2011).

(1) 장점

첫째, 관찰하려는 행동에 대한 조작적 정의가 분명하기 때문에 다른 관찰기록 방법에 비해 객관성과 신뢰도가 높다.

둘째, 짧은 시간 내에 부호를 이용하여 기록하기 때문에 서술식 기록방법에 비해 시간과 노력이 절약된다.

셋째, 시간표집법은 행동이나 사건의 발생 빈도를 부호화하여 나타내기 때문에 수량화하기 쉽다.

넷째, 동시에 여러 명의 영유아를 관찰, 기록할 수 있기 때문에 자료의 수집이 용이하다.

(2) 단점

첫째, 시간표집법은 비교적 자주 발생하는 행동이나 사건에 관한 자료를 수집하는 데 용이한 방법이기 때문에 빈번하게 일어나지 않는 행동일 경우에는 적용하기 어렵다.

둘째, 행동 그 자체의 출현 유무와 빈도만을 보여 주기 때문에 행동이나 사건의 전후 맥락이나 영유아들 간의 상호작용 유형과 같은 행동의 질적인 측면의 정보를 얻을 수 없다.

셋째, 시간표집법은 관찰 가능한 행동에만 관심이 있으므로 서술식 기록방법과 달리 영유아들의 내면적 생각이나 감정 등을 이해할 수 있는 정보는 제공해 주지 못한다.

넷째, 관찰하고자 하는 행동에 대한 조작적 정의와 관찰기록 방법의 결정에 따라 미리 관찰기록지를 제작하여야 하는 어려움이 있다.

다섯째, 타당성 있는 조작적 정의가 이루어지지 않을 경우에는 관찰자의 주관이 개입될 가능성이 높다.

3) 시간표집법을 위한 지침

미리 표집된 행동을 정해진 시간 동안 반복적으로 관찰 기록하는 시간표집법을 사용하고자 할 때 다음과 같은 점을 유의해야 한다(이정환, 박은혜, 1996; 전남련 외,

2005; 황해익 외, 2011).

첫째, 관찰하고자 하는 행동에 대한 조작적 정의를 분명히 함으로써 관찰 행동의 범주를 구체화해야 한다. 조작적 정의를 통해 행동의 범주화가 제대로 이루어지지 않을 경우에 관찰의 결과에 대한 타당도를 확보하기 어렵다.

둘째, 시간표집법을 사용하여 관찰기록하기 위해서는 짧은 시간 내에 빈번하게 발생하는 행동인가를 확인해야 한다.

셋째, 관찰하려는 행동의 특성과 발생 빈도에 따라 시간 간격을 결정하고, 시간 간격이 결정되면 관찰시간과 기록시간, 관찰의 전체 횟수를 결정한다.

넷째, 관찰된 행동을 어떠한 부호체계를 이용하여 기록할 것인지 결정한 후 관찰 기록지를 사전에 만들어 둔다.

4) 시간표집법의 예

〈표 2-5〉 시간표집법의 예(놀이행동 분석)

관찰대상	김파랑	연 령	3세	성 별	여
관 찰 자	김보미	관 찰 일	20**년 *월 *일	관찰장소	역할영역, 쌓기영역
관찰시간	10:00~10:05	교육과정 영 역	• 사회관계: 더불어 생활하기－친구와 서로 도우며 사이좋게 지낸다.		

초 (15초)	비놀이 활동		사회적 놀이				메모 (Memo)
	몰입하지 않는 행동	쳐다 보는 행동	혼자 놀이	평행 놀이	연합 놀이	협동 놀이	
15초				V			벽돌을 쌓음
15초					V		그릇을 친구에게 줌
15초					V		"물" 하며 친구를 먹여 줌
15초(1분)				V			칼로 자르는 시늉
15초				V			그릇 들고 싱크대로 감
15초					V		"불 껐어." 하며 가스레인지를 봄
15초					V		냉장고에 음식을 넣으며 "여기" 한다.
15초(2분)				V			그릇을 정리함
15초					V		"나도 줘." 하며 그릇 챙김
15초		V					지혜를 쳐다봄
15초				V			음식 자르는 시늉
15초(3분)					V		"엄마" 하며 친구를 흔듦
합계	0	1	0	5	6	0	
발 달 적 요 약	• 파랑이는 평행놀이와 연합놀이를 주로 한다(사회성 발달). • '~하는 척' 하는 놀이를 할 수 있다(인지발달). • 친구에게 물을 먹여 주는 사회적 행동을 보인다(사회성 발달).						
교수지원	• 다양한 자료를 제시하여 역할놀이 경험이 확장될 수 있도록 돕는다. • 교사는 유아의 상호작용을 지원한다.						

출처: 전남련, 권경미, 김덕일, 이미순(2005). 영유아교육 현장 적용을 위한 영유아관찰평가의 이론과 실제. 경기: 양서원.

5 행동목록법

1) 행동목록법의 정의 및 특징

행동목록법은 관찰하고자 하는 행동의 목록을 미리 만들어 놓고 그 행동이 나타나는지 아닌지를 기록하는 방법이다. 관찰 시점에 행동 목록에 제시되어 있는 행동이 출현하면 "예", 그렇지 않으면 "아니요"가 표시된 난에 체크(check)하는 방식으로 기록되기 때문에 사전에 영유아의 발달이나 행동 특성의 목록을 계열성 있게 작성해 두어야 한다. 영유아를 평가하기 위한 목적으로 만들어진 각 연령이나 발달수준에 따른 영역별 행동목록(check list)은 영유아의 발달을 이해하기 위한 목적뿐만 아니라 교육과정을 개발할 때 지침으로 사용되기도 한다.

행동목록법은 관찰을 통해 가시적인 외현적 행동의 출현 유무를 확인하고자 할 때 사용하는 방법이기 때문에 행동의 빈도나 지속시간, 행동의 원인 등에 대한 정보를 얻을 수는 없다. 그러나 같은 행동목록을 시간의 차이를 두고 반복해서 사용할 경우에 행동의 변화를 알 수 있다.

2) 행동목록법의 장단점

행동목록법의 장점과 단점은 다음과 같다(이은해, 1995; 김병선, 이윤옥, 1999; 전남련 외, 2005; 황해익 외, 2011).

(1) 장점

첫째, 만들어진 목록에 제시되어 있는 행동의 출현 유무만을 기록하면 되기 때문에 편리하게 사용할 수 있다. 서술식 기록과 비교하면 객관적인 기록을 위한 사전 훈련이 필요 없고 자료를 해석하는 데 시간이 적게 소요되기 때문에 손쉽게 사용할 수 있다는 것이다.

둘째, '예/아니요'의 형태로 기록되기 때문에 자료에 대한 기초적인 통계적 분석이 가능하다.

셋째, 같은 행동목록을 일정한 시간 간격을 두고 반복적으로 사용할 경우에 행동의 변화 여부와 정도를 알 수 있다.

넷째, 행동목록은 영유아의 발달을 이해하기 위한 평가의 도구이기도 하지만 교육과정을 개발하는 지침으로도 사용할 수 있다.

(2) 단점

첫째, 행동목록에 제시되어 있는 행동의 출현 유무에만 관심이 있기 때문에 서술식 기록에서 보여 주는 행동의 자세한 특징이나 전후 맥락과 같은 행동의 질적인 측면의 정보를 얻을 수 없다.

둘째, 행동목록의 각 범주에 들어갈 내용을 규정하고 목록 간의 배타성을 지니면서 계열성 있게 행동목록을 작성하는 것이 어렵다.

3) 행동목록법을 위한 지침

행동목록법을 사용하여 관찰기록을 하는 데 있어서 다음과 같은 점을 유의해야 한다(홍순정, 1993; 전남련 외, 2005; 황해익 외, 2011).

첫째, 관찰을 하기 전에 미리 행동목록이 준비되어야 한다.

둘째, 행동목록에 제시되어 있는 항목은 관찰 가능한 외현적 행동을 기술한 것이어야 한다.

셋째, 각각의 항목들은 관찰하고자 하는 행동의 범주에 포함되면서 항목 간의 배타성을 지니고 있어야 한다. 즉, 항목 간에 의미가 중복되는 문항이 없어야 한다는 것이다.

넷째, 항목은 난이도나 복잡성의 순서에 따라 계열성 있게 구성되어야 관찰기록하기가 편리하다.

4) 행동목록법의 예

〈표 2-6〉 **행동목록의 예(워섬(Wortham)의 행동발달목록, 6~12개월 영아기 및 걸음마기)**

관찰대상		연 령		성 별		
관 찰 자		관 찰 일		교육과정영역		
신체-언어발달				예	아니오	메모
1. 혼자 앉는다.						
2. 한 손에서 다른 손으로 물체를 옮긴다.						
3. 컵으로 마신다.						
4. 엄지와 검지로 작은 물체를 잡는다.						
5. 숨겨 놓은 장난감을 찾아낸다.						
6. 그림책을 본다.						
7. 두 개의 장난감을 잡는다.						
8. 이야기 소리를 모방한다.						
9. 한 지점에서 다른 지점으로 기어간다.						
10. 독자적으로 앉기 자세를 취한다.						
11. 무엇인가에 지탱하여 선다.						
12. 무엇인가에 지탱하여 걷는다.						
13. 상자 속에 물체를 떨어뜨리거나 놓는다.						
14. 물체를 조작한다.						
15. '엄마', '아빠' 같은 간단한 단어를 말한다.						
16. 행동을 모방하여 따라 한다.						
17. 컵과 숟가락, 혹은 손가락으로 스스로 먹으려는 시도를 한다.						
발달적 요약						
교수지원						

출처: Wortham, S. C. (2006). Early childhood curriculum: Developmental bases for learning and teaching (4th ed.) p.82. Upper Saddle River, NJ: Merill/Prentice Hall.

6 평정척도법

1) 평정척도법의 정의 및 특징

평정척도법은 연속성 있는 단계로 나누어진 척도를 이용하여 관찰된 행동의 질적인 측면에 가치를 부여하는 방법이다. 행동목록법과 마찬가지로 관찰하고자 하는 행동에 대한 조작적 정의와 그에 따른 행동의 목록이 필요하다. 행동목록법이 행동의 출현 유무에 관심이 있는 반면 평정척도법은 행동의 출현 유무뿐만 아니라 행동의 질적인 수준도 함께 알아볼 수 있는 방법이다.

평정척도를 제작할 때는 평정의 단위를 몇 개로 할 것인지, 그리고 단계를 홀수로 할 것이지 짝수로 할 것인지를 결정해야 한다. 적은 수의 분할은 평정자의 평정 기회를 제한하는 반면, 많은 수의 분할은 단계 간의 구별이 명확하지 않아 평정을 어렵게 하는 단점이 있다. 홀수형 단계는 보통 내지 평균의 가운데 지점이 있어 판단을 내리기가 쉬운 반면, 행동의 질적인 수준을 평정하기 어려운 경우에 가운데를 표시하는 경향으로 인해 성실하지 못한 평정이 될 가능성이 있다. 짝수형 단계는 긍정적 또는 부정적인 방향성을 결정해야 하기 때문에 분명한 방향성을 파악하고자 할 때는 짝수형 단계를 사용할 수 있다.

평정척도법을 이용하여 관찰할 때 다음과 같은 오류에 주의해야 한다.

첫째, 기준의 오류이다. 관찰자의 기준이 관대한가 아니면 엄격한가에 따라 같은 행동이라도 다르게 평정할 수 있다. 관대한 기준을 적용할 경우에는 관용의 오류, 엄격한 기준을 적용할 경우에는 엄격의 오류라고 한다.

둘째, 중심화의 오류이다. 관찰자가 잘 모르는 특성을 판단할 때나 극단적인 판단을 피하기 위하여 중간 정도로 평가해 버리는 경향을 의미한다.

셋째, 인상의 오류이다. 관찰대상에 대하여 기존에 가지고 있는 다른 정보들이 현재의 특성을 판단하는 데 영향을 미치는 것으로 '후광효과'라고도 한다.

넷째, 논리의 오류이다. 전혀 다른 두 가지 행동의 특성을 서로 비슷한 것으로 판단하여 같은 평정을 하게 되는 것을 말한다. 예를 들면, 어휘력이 풍부한 것과 문장력이 뛰어난 것은 다른 특성임에도 불구하고 논리적으로 관계가 있다고 생각하여 유사하게 평정하는 것을 의미한다.

다섯째, 근접의 오류이다. 떨어져 있는 문항 간의 평정보다 연달아 있는 문항의 평정 간에 훨씬 유사함을 의미한다.

여섯째, 대비의 오류이다. 관찰자가 지니고 있는 특성을 관찰대상이 갖고 있으면 낮게 평가하고 관찰자에게 없는 행동 특성인 경우에는 높게 평가한다는 것이다.

2) 평정척도법의 장단점

평정척도법의 장점과 단점은 다음과 같다(이정환, 박은혜, 1996; 김병선, 이윤옥, 1999; 전남련 외, 2005; 황해익 외, 2011).

(1) 장점

첫째, 평정척도법은 관찰하면서 기록하지 않아도 되며, 교사가 편한 시간에 사용할 수 있기 때문에 시간이 많이 소요되지 않는다.

둘째, 동시에 여러 발달 영역을 평가할 수 있기 때문에 효율적이다.

셋째, 평정척도법은 행동의 질적 수준을 평가할 수 있다.

넷째, 서술식 기록방법에 비해 사용방법이 간단하여 사전 훈련 없이도 손쉽게 사용할 수 있다.

(2) 단점

첫째, 관찰자가 평가하고자 하는 행동의 범주를 잘 반영한 정확하고 객관적인 항목으로 구성된 평정척도를 만드는 것이 쉽지 않다.

둘째, 관찰장면에서 바로 기록하는 방법이 아니라 관찰자의 기억에 의존하여 평정이 이루어지기 때문에 관찰자의 주관이 개입될 가능성이 높다.

셋째, 서술식 기록과는 달리 관찰장면에서 일어나는 행동의 전후 사정을 알 수 없기 때문에 행동의 원인을 파악하기 어렵다.

3) 평정척도법을 위한 지침

평정척도법을 이용하여 관찰한 바를 기록할 경우 다음과 같은 사항을 유의해야 한다(홍순정, 1993; 이정환, 박은혜, 1996; 전남련 외, 2005; 황해익 외, 2011).

첫째, 평정의 목록 또는 기술형 척도의 항목은 가능한 명확하고 간결해야 하며 관찰 가능한 행동용어로 기술해야 한다.

둘째, 평정척도의 항목 간 의미의 중복이 없어야 한다.

셋째, 여러 가지 발달 영역에 관한 평정을 동시에 실시할 경우에 한 가지 특성에 대하여 모든 관찰대상 영유아를 평정한 후에 다른 영역의 특성을 평정하여 평정자의 기준이 일관성 있게 유지되도록 한다.

넷째, 행동특성의 질적인 수준을 평정하기 때문에 개인적인 편견이 개입될 여지가 많으므로 관찰자가 범할 수 있는 오류를 줄이기 위해 노력해야 한다.

4) 평정척도법의 예

(1) 기술 평정척도법의 예

〈표 2-7〉 기술 평정척도의 예(표현생활기술)

관찰대상		연 령		성 별	
관 찰 자		관 찰 일		교육과정영역	
지 침	① 영유아의 행동을 가장 잘 진술한 범주에 ∨표시를 한다. ② 문항 내의 진술문 중 어느 하나도 현재 영유아의 행동을 설명하지 못하거나 덧붙일 내용이 있으면 기타 난에 적는다.				
기 록	1. 신체 협응은 어느 정도 발달되어 있는가? ( ) 몸 동작이 전혀 협응되어 있지 않다. ( ) 걷기, 오르기 등에 협응을 보인다. ( ) 사물을 조작하면서 동시에 몸을 움직일 수 있다. ( ) 복잡한 움직임을 한다.(예: 스키핑을 하면서 뛰기) 기타: 2. 손 협응은 어느 정도 발달되어 있는가? ( ) 눈과 손의 협응이 잘 되어 있지 않다. ( ) 손 전체를 사용하여 작은 물건을 잡거나 접을 수 있다. ( ) 적절한 손가락과 손동작을 이용하여 작은 사물을 조작하거나 접는다. ( ) 두 손을 같이 사용하여 정교한 동작을 한다.(예: 단추 잠그기, 지퍼 올리기) 기타: 3. 리듬에 맞춰 몸동작을 어느 정도 할 수 있는가? ( ) 박자나 리듬에 맞춰 몸동작을 전혀 하지 않는다. ( ) 한 번에 한 가지씩 제시되는 단순한 동작을 따라 한다.(예: 손을 머리에 올리기) ( ) 노래나 연주곡의 박자에 맞춰 보다 복잡한 동작으로 반응한다. ( ) 박자에 맞춰 일련의 동작을 하면서 흥얼거리거나 노래를 부른다. 기타: 4. 음악과 동작의 지시에 어느 정도 따를 수 있는가? ( ) 음악과 몸동작에 대해 교사가 말로 지시했을 때 전혀 따르지 않는다. ( ) 지시에 따라 단순한 동작을 한다. ( ) 지시에 따라 두 가지 부분적 동작을 한다. ( ) 지시에 따라 보다 복잡한 연쇄동작을 한다. 기타: 5. 가상하기 행동 발달은 어느 정도인가? ( ) 가상 행동을 전혀 하지 못한다. ( ) 어떤 사물을 다른 것으로 상징하거나 소리, 혹은 행동을 이용하여 가상한다. ( ) 다른 유아들과 협동적인 가상 놀이에 참여한다. ( ) 다른 유아에게 어떤 가상적인 행동을 지시한다.(예: 너는 엄마처럼 해야 돼!) 기타:				
발 달 적 요 약					
교수지원					

출처: 전남련, 황연옥, 이혜배, 강은숙, 권경미(2009). 아동관찰 및 행동연구. 경기: 양서원.

(2) 숫자 평정척도법의 예

〈표 2-8〉 숫자 평정척도의 예(기본생활습관, 4, 5세용)

관찰대상		연 령		성 별	
관 찰 자		관 찰 일		교육과정영역	

기본생활습관	아주 못함	못함	보통	잘함	아주 잘함
1. 장난감을 정리, 정돈할 수 있다.	1	2	3	4	5
2. 미술작업 후 책상 정리를 한다.	1	2	3	4	5
3. 간식, 점심식사 후 주변을 정리한다.	1	2	3	4	5
4. 간식, 점심식사 전에 손을 씻는다.	1	2	3	4	5
5. 음식을 골고루 먹는다.	1	2	3	4	5
6. 식사 후 혼자 양치질을 할 수 있다.	1	2	3	4	5
7. 혼자서 신발을 신고 벗을 수 있다.	1	2	3	4	5
8. 좌우를 구별하여 신발을 바르게 신고 벗을 수 있다.	1	2	3	4	5
9. 혼자서 옷을 입고 벗을 수 있다.	1	2	3	4	5
10. 낮잠을 잔다.	1	2	3	4	5
11. 자신의 이부자리를 정리, 정돈한다.	1	2	3	4	5
12. 물건을 소중히 다루고 아껴 쓴다.	1	2	3	4	5
13. 화장실 사용 후 뒤처리를 혼자 한다.	1	2	3	4	5
14. 교사나 웃어른에게 존댓말을 사용한다.	1	2	3	4	5
15. 교사의 지시를 잘 이해하고 따른다.	1	2	3	4	5
16. 자신의 의사를 표현할 수 있다.	1	2	3	4	5
17. 고마워, 괜찮아, 미안해 등의 말을 적절하게 사용한다.	1	2	3	4	5
18. 놀이활동을 스스로 선택할 수 있다.	1	2	3	4	5
19. 놀이시간, 활동시간 중 친구에게 양보를 구할 수 있다.	1	2	3	4	5
20. 자신이 실수한 일은 스스로 해결하려고 노력한다.	1	2	3	4	5

발달적 요약	
교수지원	

출처: 전남련, 권경미, 김덕일, 이미순(2005). 영유아교육 현장 적용을 위한 영유아관찰평가의 이론과 실제. 경기: 양서원.

(3) 도식 평정척도법의 예

〈표 2-9〉 도식 평정척도의 예

관찰대상		연 령		성 별	
관 찰 자		관 찰 일		교육과정영역	
지 침	관찰영유아를 선택하고 각 항목에 알맞은 평점을 준다.				

1. 다양한 놀이에 참여한다.	1├---┼---┼---┼---┤5	1. 다양한 놀이에 참여하지 않는다.
2. 친구들과 함께 놀이를 한다.	1├---┼---┼---┼---┤5	2. 혼자서 논다.
3. 친구에게 놀이를 하자고 제안하거나 먼저 시작하는 경우가 많다.	1├---┼---┼---┼---┤5	3. 친구에게 놀이 제의를 못한다.
4. 친하게 지내는 친구가 많다.	1├---┼---┼---┼---┤5	4. 친하게 지내는 친구가 없다.
5. 새로운 환경이나 교구에 흥미를 보인다.	1├---┼---┼---┼---┤5	5. 새로운 환경이나 교구에 흥미가 없다.
6. 이미 진행되고 있는 놀이에 자연스럽게 끼어든다.	1├---┼---┼---┼---┤5	6. 놀이 중간에 끼어들지 못한다.
7. 문제 상황이 생겼을 때 친구를 때리거나 밀지 않고 말로 해결한다.	1├---┼---┼---┼---┤5	7. 문제 상황이 생겼을 때 말로 해결 하지 못한다.
8. 친구의 놀이나 활동을 방해하지 않는다.	1├---┼---┼---┼---┤5	8. 친구의 놀이나 활동을 방해한다.
9. 다른 친구의 물건을 사용할 때 친구의 허락을 구한다.	1├---┼---┼---┼---┤5	9. 다른 친구의 물건을 사용할 때 허락을 구하지 못한다.
10. 친구가 도와주면 고맙다고 말한다.	1├---┼---┼---┼---┤5	10. 친구의 도움에 고맙다는 말을 못한다.
11. 자기보다 약한 친구를 도와주며 친구들이 좋아한다.	1├---┼---┼---┼---┤5	11. 친구들이 좋아하지 않으며 남을 돕지 않는다.
12. 집단생활에서 여러 친구들과 협동한다.	1├---┼---┼---┼---┤5	12. 여러 친구와 협동하지 않는다.
13. 친구와 약속을 지킨다.	1├---┼---┼---┼---┤5	13. 친구와 약속을 지키지 않는다.
14. 집단생활에서의 규칙을 알고 지킨다.	1├---┼---┼---┼---┤5	14. 집단생활에서 규칙을 지키지 않는다.
15. 새로운 활동에 적극적으로 참여한다.	1├---┼---┼---┼---┤5	15. 새로운 활동에 참여하지 않는다.

16. 내 물건과 다른 사람의 물건을 구별하여 사용한다.	1├---┼---┼---┼---┤5	16. 내 물건과 다른 사람의 물건을 구별하여 사용하지 않는다.
17. 차례를 잘 지키고 잘 기다리는 편이다.	1├---┼---┼---┼---┤5	17. 차례를 지키고 기다리지 못한다.
18. 어떤 활동을 할 때 자신감을 갖고 한다.	1├---┼---┼---┼---┤5	18. 어떤 활동에도 자신감이 없다.
19. 교사와의 관계가 능동적이고 친밀하며 상호작용을 잘 한다.	1├---┼---┼---┼---┤5	19. 교사와의 관계가 소극적이고 상호작용을 잘 못한다.
20. 친구들의 이름을 알며 가끔 친구에 대해 이야기한다.	1├---┼---┼---┼---┤5	20. 친구들의 이름을 모르며 친구에 대해 말하지 않는다.
21. 다른 영유아와의 문제를 해결하기 위해 교사나 다른 성인의 도움을 요청한다.	1├---┼---┼---┼---┤5	21. 다른 영유아와 문제해결을 위해 교사, 성인의 도움을 요청하지 않는다.
발달적 요약		
교수지원		

출처: 전남련, 권경미, 김덕일, 이미순(2005). 영유아교육 현장 적용을 위한 영유아관찰평가의 이론과 실제. 경기: 양서원.

PART 2

아동관찰 평가의 활용

CHAPTER 03

포트폴리오 평가

포트폴리오 평가는 구성주의의 출현과 전통적인 평가방식인 표준화 검사의 문제점을 보완할 수 있는 대안적 평가로 인식되면서 최근 유아교육 현장에서 많이 활용되고 있는 평가이다.

본 장에서는 포트폴리오 평가에 대한 이해를 돕기 위해 먼저 포트폴리오 평가의 개념, 특성과 목적, 그리고 장점과 단점을 알아보고자 한다. 다음으로 포트폴리오 평가의 유형과 구성요소를 파악하고, 유아교육 현장에서 적용할 수 있는 포트폴리오 평가 실제에 대해 살펴보고자 한다.

1 포트폴리오 평가의 개념

1990년대 이후 유아교육계에서는 형식적 평가의 한계점을 인식하고, 이를 극복하기 위한 연구를 실시하였다. 그 결과 포트폴리오 평가가 대안으로 관심을 받게 되었다. 즉, 형식적 평가인 표준화 검사나 각종 테스트들을 통해 인위적 상황에서 유아의 발달과 학습을 평가하는 것은 유아의 발달특성에 적합하지 않으며, 각 유아의 다양한 생활과 문화를 반영하지 못한다는 문제점이 대두된다. 이에 대한 대안으로 제시된 포트폴리오 평가는 자연스러운 교수-학습 상황에서 개별 유아의 발달과 학습을 지속적으로 평가하는 실제평가이다.

포트폴리오(portfolio)란 새롭게 등장한 개념은 아니며, 각 분야별로 많이 활용되는 개념이다. 사전적 의미에서 포트폴리오(portfolio)는 "보관, 유지가 가능한 서류철로서 그림, 작품 등의 진술증거를 수반하는 용기이며, 공무원, 정부관리, 관료들의 문서목록이다. 또 상업적인 문서나 은행의 투신을 위한 안전보장에 관한 문서목록"(Webster, 박영충, 1997에서 재인용)이다. 즉, 경제계에 종사하는 사람에게는 자신이 소유하고 있는 주식이나 채권 등의 거래목록을 모은 것이며, 예술가 입장에서는 최고의 작품을 선정하여 모아 둔 것을 뜻하며, 교육자에게는 학습자의 성장이나 발달을 보여 주는 작품이나 기록물들을 모은 것을 의미한다.

포트폴리오의 의미를 좀 더 자세히 이해하기 위해 여러 학자들이 포트폴리오에 대해 정의한 내용을 다음에 제시하였다.

> 특정 분야에서 학습자가 나타낸 성취, 진보, 노력 등을 보여 줄 수 있는 작품을 의도적으로 수집한 것(Arter, 1990)
>
> 포트폴리오 수집과 포트폴리오 평가는 구분되어져야 한다. 포트폴리오 수집은 개인 파일에 유아의 작품이나 기록물들을 모으는 것이며, 포트폴리오 평가란 수집된 기록물들을 기초로 유아들의 학습과 수행력을 증진시키거나 모니터하기 위해 고안된 것(Shaklee et al., 1997)

물리적으로는 폴더, 파일, 박스, 디스크, 학생이 학습한 증거를 포함하는 용기라는 의미가 있고, 유아의 지속적인 발달과 학습을 기록하는 조직화되고 의도적으로 수집한 것이며, 개별 유아의 변화와 발달과정을 단편적, 일회성으로 평가하지 않고 전체적, 지속적으로 평가하기 위한 방법 (McAfee & Leong, 2007)

유아의 발달과 학습을 평가하기 위해 비형식적인 수행평가로부터 나온 교사 자료와 유아의 작품을 수집한 것으로, 유아에 의해 만들어진 유아 포트폴리오, 교사에 의해 조직화된 교사 포트폴리오, 그리고 유아와 교사 공동으로 만든 포트폴리오 모두를 포함하는 개념(Wortham, 2008)

포트폴리오를 유아 평가도구로 이용한다는 것은 유아의 활동과정 및 결과를 증명해 줄 자료들을 장기간에 걸쳐 수집하여 시간의 흐름에 따라 유아의 어떤 변화를 보이는지, 개인 내적으로 어떤 발달영역이 우수한지 등을 살펴보고 평가한다는 것(황해익 외, 2009)

앞에서 제시한 여러 학자들의 개념을 살펴볼 때 포트폴리오는 의도성, 장기성, 협동성의 요소를 포함하고 있음을 알 수 있다. 즉, 포트폴리오 평가는 단순히 자료를 모으는 것이 아니라 목적을 정하고 그에 따른 수집이 이루어져야 한다. 그리고 단기간이 아닌 장기간 지속적으로 수집된 것이어야 하며, 유아와 교사가 함께 협력하여 수집하는 것에 의미를 두고 있으며, 그리고 조직화 주체를 유아와 교사 모두를 포괄적으로 포함하고 있음을 알 수 있다.

앞에서 살펴본 포트폴리오의 개념을 중심으로 포트폴리오 평가의 개념 정의를 하고자 한다. 포트폴리오 평가란 정해진 목적에 따라 장기간에 걸쳐서 개별 유아의 작품, 교사의 자료, 그리고 유아와 교사의 공동자료를 모두 수집하여 교사와 유아가 협력하여 평가하는 방법이다(고문숙 외, 2018).

2 포트폴리오 평가의 특성과 목적

포트폴리오의 특성을 이해하는 것은 개념을 더 잘 파악하는 데 도움이 된다. 포트폴리오의 특성에 대한 여러 논의 중 대표적인 견해를 다음과 같이 서술하였다.

먼저 우스터호프(Oosterhof, 1994)와 바튼과 콜린스(Barton & Collins, 1997)가 제시하고 있는 특성들을 살펴보면서 포트폴리오에 대한 이해를 돕고자 한다.

우스터호프(1994)는 다음과 같이 포트폴리오의 특성을 설명하였다.

첫째, 개별화 수업에 쉽게 적용할 수 있는 평가이다.

둘째, 학습 결과물인 작품 위주로 구성되므로 활동 성과물 중심의 평가이다. 또한 포트폴리오 자료 내부에는 변화과정과 결과가 모두 나타나 있다.

셋째, 학습자의 단점보다는 장점을 발견하기 위한 평가이다.

넷째, 평가과정에 학습자를 적극적으로 참여하도록 하는 평가이다.

다섯째, 학습결과물을 통해 다른 학습자들과 의사소통을 촉진하는 평가이다.

다음으로 바튼과 콜린스(1997)가 제시한 포트폴리오 특성의 내용이다.

첫째, 유아에 대해 다양한 정보제공을 하며, 교수와 학습과정과 평가를 직접 연결해 준다.

둘째, 유아의 변화과정을 보여 주며, 분명한 목적이 포함되어 있어야 한다.

셋째, 유아의 자기반성과 자기 평가가 포함되어야 하며, 이를 통해 유아는 자기주도적 학습을 할 수 있다.

앞에서 살펴볼 때 바튼과 콜린스(1997)는 유아 개인을 중심으로 포트폴리오의 특성에 초점을 맞추고 있으나 우스터호프(1994)는 개별 유아뿐만 아니라 타인과의 관계도 중요시하고 있다.

요약하면, 포트폴리오 활동은 교사뿐만 아니라 유아를 적극적으로 참여시키고, 서로 간의 의사소통을 촉진시키며, 변화과정을 파악할 수 있다는 특성이 있음을 알 수 있다.

그리고 포트폴리오의 내용은 목적에 따라 달라질 수 있으므로 포트폴리오를 실시할 경우에는 목적을 명확하게 정해야 한다. 포트폴리오의 목적은 학자에 따라 달라지는데, 여기서는 메이셀즈와 스틸(Meisels & Steele, 1991), 하트(Hart, 1994), 그리고 황해익(2009)을 중심으로 알아보고자 한다.

먼저 메이셀즈와 스틸(1991)은 포트폴리오의 목적을 네 가지 측면에서 설명하고 있다.

첫째, 평가활동이 교수활동에 통합될 수 있다.

둘째, 유아와 교사뿐만 아니라 부모 등에게도 유아교육기관에서 이루어지는 활동 전반에 대한 이해를 돕는다.

셋째, 유아가 직접 참여할 수 있는 기회가 마련된다.

넷째, 다양한 방법으로 유아의 모든 활동을 평가할 기회가 제공된다.

다음은 하트(1994)가 제시한 포트폴리오의 목적에 대한 내용이다.

첫째, 교사는 유아의 발달과 성취에 대해 평가한다.

둘째, 부모와 교사는 유아의 활동에 대해 효과적으로 의사소통한다.

셋째, 교사와 기관 운영자는 교수 프로그램을 평가한다.

넷째, 유아는 평가과정에서 교사와 동반자적 역할을 담당한다.

그리고 황해익(2009)은 다음과 같이 포트폴리오의 목적을 제시하고 있다.

첫째, 유아의 진보 및 발전을 확인한다.

둘째, 교수 계획의 도구가 된다.

셋째, 가족 및 행정가와의 의사소통에 유용하다.

넷째, 유아의 학습동기 증진 및 자율성을 향상시킨다.

다섯째, 연계성 있는 교육을 위한 정보를 제공한다.

이와 같이 포트폴리오의 목적에 대한 여러 학자들의 견해를 살펴볼 때 포트폴리오는 교사 입장에서는 유아에 대한 이해와 교수학습활동의 기초자료를 제공받아 평가할 수 있으며, 유아 입장에서는 적극적인 참여를 통해 정서적 발달이 기대되고, 부모와 교육 관계자들에게도 의사소통 증진에 목적이 있음을 알 수 있다.

3 포트폴리오 평가의 장점 및 단점

포트폴리오 평가는 유아의 활동 결과물을 단순히 수집하는 것은 아니다. 유아와 관련된 모든 자료를 수집하는 총체적 평가이다. 이러한 평가방법은 유아, 교사, 그리고 부모에게도 긍정적 효과를 주는 장점이 있는 반면 한계점도 포함하고 있다(박영충, 1997; 정혜영, 2001; 배예경, 2008; 권미희, 2006; Worthen, 1993; Wortham, 2008).

1) 장점

먼저 포트폴리오 평가를 실시할 경우 긍정적인 측면에 대해 살펴보고자 한다.

(1) 유아 입장

- 유아는 포트폴리오 평가과정에 참여하면서 자신의 변화과정을 알 수 있으며, 자신에 대한 반성적 사고 및 통찰력을 증진시킨다.
- 유아는 포트폴리오 평가에 적극적으로 참여하면서 자신감, 성취감, 그리고 자아존중감이 증진되어 정서발달을 돕는다.
- 유아의 소속감이 강화되면서 또래와의 협력을 통해 사회성 발달에도 긍정적 영향을 미친다.

(2) 교사 입장

- 자연스런 상황에서 장기간 이루어지므로 광범위한 평가가 가능하다.
- 교사는 포트폴리오의 내용을 유아에게 보여 주면서 유아의 개별적 요구에 부합하는 교수학습 활동이 가능하게 된다.
- 포트폴리오 평가를 실시함으로써 교사의 전문성이 향상된다.

(3) 기타

- 부모는 포트폴리오를 통해 유아의 전반적 발달 변화를 이해하고, 교사와의 상호 작용이 촉진된다.
- 부모나 행정가에게 가치로운 정보자료가 된다.

2) 단점

다음으로는 포트폴리오 평가를 실시할 경우 나타나는 한계점에 대해 제시하였다.

① 포트폴리오를 실시하기 위해서는 많은 시간과 노력이 필요하며, 표준화 검사에 비해 비용이 많이 든다.
② 포트폴리오 평가에서 신뢰도와 타당도가 결여되어 있다.
③ 교사가 포트폴리오를 실시하는 과정에서 성, 인종 등에 대한 편견이 작용될 수 있다.
④ 교사의 능력에 따라 평가의 질적 차이가 있다. 포트폴리오 평가의 경험 여부와 신임교사와 경력교사 간의 경력 차이로 인해 질적 수준의 차이가 있게 된다.

4 포트폴리오 평가의 구성

다음에서는 포트폴리오 평가를 구성하는 유형과 구성요소에 대해 살펴보고자 한다. 포트폴리오의 목적이 정해지면 이를 가장 잘 수행할 수 있는 유형을 결정하게 된다. 포트폴리오의 유형은 목적이 무엇인지, 어떤 형태가 조직되는지, 누구에게 제시되는지에 따라 다양하게 구분된다. 그리고 포트폴리오의 구성요소에는 다양한 항목이 있으나 개념, 특성 그리고 목적 등을 고려하여 신중하게 선정하여야 한다.

1) 포트폴리오의 유형

맥밀런(McMillan, 1997)은 전시, 기록 그리고 평가 포트폴리오로 구분하고 있으며, 쇼어스와 그레이스(Shores & Grace, 1998)는 개인, 학습, 인수 포트폴리오로 제시하고 있다. 그리고 워섬(2008)은 작업, 평가, 쇼 케이스, 그리고 기록 포트폴리오로 네 가지 유형으로 구분하였다. 이 중에서 쇼어스와 그레이스(1998)와 워섬(2008)이 제시한 유형을 중심으로 살펴보고자 한다.

먼저 쇼어스와 그레이스(1998)가 구분한 유형은 다음과 같다.

(1) 개인 포트폴리오(private portfolio)

이것은 유아와 부모의 사적인 정보를 수집한 포트폴리오를 의미한다. 예를 들면, 유아의 의료기록이나 전화번호이다. 그리고 자료수집의 주체는 교사로, 교사의 일화기록, 부모면담기록, 가정환경조사서 등이 포함된다. 이러한 자료들은 시간적 흐름에 따른 유아의 개인적 정보가 담겨 있으므로 특히 비밀보장이 되도록 유의해야 한다.

(2) 학습 포트폴리오(learning portfolio)

이 유형에서는 유아가 자료수집의 주체이다. 현재 교수학습과정에서 이루어지고 있는 활동에 대한 기록, 초안, 작업표본, 유아의 학습일지 등이 포함된다.

(3) 인수 포트폴리오(pass-along portfolio)

이 포트폴리오는 학년 말에 1년 동안 유아의 활동을 정리하여 내년 담임교사에게 자료를 전하기 위한 것으로, 유아의 뚜렷한 변화나 문제를 보이는 자료 중심으로 구성된다. 그리고 이 포트폴리오는 교사, 유아 그리고 부모가 함께 협의하여 대표적인 작품을 선정하여 구성하는 것이다.

다음으로 워섬(2008)은 포트폴리오 유형을 작업, 평가, 쇼케이스 그리고 기록 포트폴리오로 구분하여 제시하였다.

① 작업 포트폴리오(working portfolio)

이 유형은 평가를 위해 일정 기간 동안 유아 작품을 모두 수집하는 것이다. 다음 작품을 위한 계획하기와 진행노트는 중요한 구성요소이다. 이 포트폴리오의 항목들이 다른 포트폴리오 형태의 부분이 될 수 있다.

② 평가 포트폴리오(evaluative portfolio)

교사가 형성적인 자료와 종합적인 자료를 바탕으로 유아의 성장을 평가하기 위해 수집하는 가장 보편적인 포트폴리오이다. 유아의 발달적 진보와 필요로 하는 사항을 평가하는 데 사용하며, 부모와 행정가에게 보고하고, 교육과정과 교수를 계획하는 데 사용하는 포트폴리오이다.

③ 쇼케이스 포트폴리오(showcase portfolio)

이것은 전시를 할 목적으로 유아의 가장 대표적인 작품을 선정하는 것이다. 부모와 함께 유아의 성취를 공유하거나, 특별한 행사를 기획하거나, 또래 친구들과 학습내용이나 결과물들을 공유할 수 있다.

④ 기록 포트폴리오(archival portfolio)

유아의 내년 담임교사에게 정보를 제공할 목적으로 구성되는 것이다.

앞에서 제시한 내용을 살펴볼 때 유아교육기관에서 포트폴리오의 유형은 목적에 따라 달라진다. 즉, 포트폴리오의 목적이 유아 개인의 자료수집, 평가, 인수 그리고 전시 목적인지에 따라 구분하여 선정되는 것이 바람직할 것이다.

2) 포트폴리오의 구성요소

일반적으로 포트폴리오의 구성요소에는 유아의 작업표본뿐만 아니라 교사의 관찰 기록, 부모상담 결과, 그리고 표준화 검사 결과를 포함하는 경우도 있다.

다음으로 포트폴리오에 공통적으로 포함할 수 있는 내용을 살펴보고자 한다(정혜영, 2001; 황해익 외, 2008).

(1) 내용목차

이것은 수집될 내용물들을 미리 표로 만들어 내용물이 첨가될 때 날짜와 영역을 표시하는 일종의 요약표이다. 보통 포트폴리오의 가장 앞부분에 넣고 타인들에게 작업표본에 대한 정보를 제공하여 이해를 돕는다.

(2) 날짜

포트폴리오에 작업표본으로 선정된 자료에는 반드시 날짜를 적어야 한다. 특히 오랜 기간 동안의 작업일 경우, 최종 완성작품이 만들어지기 전에 작업일정들을 기록하여 유아들의 변화과정을 알 수 있도록 해야 한다.

(3) 작업표본

작업표본들은 포트폴리오의 유형과 목적에 따라 결정된다. 일반적으로 유아 포트폴리오의 경우 시간의 흐름에 따른 유아의 변화과정을 살펴보는 것을 목적으로 한다. 여기에는 글이나 그림 등의 평면적인 작품, 활동과정을 촬영한 비디오 자료나 사진자료, 대화나 노래 등의 녹음, 유아가 읽은 책의 목록 등 다양한 자료가 포함된다.

(4) 자기 평가

유아가 자신의 활동에 대해 목표에 비추어 반성하거나 느낀 점, 새로 알게 된 것, 다음의 목표 등을 스스로 정리하고 확인하는 것으로, 유아 포트폴리오 활동의 핵심이라고 할 수 있다.

(5) 학습일지

이것은 유아들이 활동과정에서 경험한 것을 기록한 것이다. 유아의 경우 기록능력이 부족하므로 교사가 유아-교사 면담을 통해 함께할 수 있다. 이 구성요소는 유아의 사고에 초점을 맞추어 배우고 있는 것과 다음에 배울 것에 대한 반응을 적을 수 있으며, 그 외에도 활동 진행과정이나 상황에 대한 설명 어려움, 실수, 의문점, 그리고 좋은 점 등을 포함할 수 있다.

(6) 관찰 기록

관찰 기록이란 교사가 유아의 활동과 그 결과물을 지켜보고 남긴 기록이다. 유아는 자신의 활동에 대해 표현하는 능력이 제한적이므로 교사의 관찰기록은 포트폴리오 평가에서 중요하다. 관찰 기록을 할 경우 일화기록, 표본기록, 평정척도 그리고 체크리스트 등의 다양한 기법을 사용할 수 있다.

(7) 조언

조언이란 교사, 부모, 그리고 또래가 유아의 활동에 대한 개인적 의견을 기록하는 것이다. 이는 협동적 평가의 산물로 유아에게 새로운 목표 및 준거의 지침이 된다.

5 포트폴리오 평가의 실제

유아교육 현장에서 포트폴리오 평가를 실행할 때 단일화된 절차가 있는 것은 아니며, 현장의 상황에 따라 다양한 방식으로 융통성 있게 접근되어야 한다.

다음에서는 유아교육 현장에서 일반적으로 이루어지는 절차를 중심으로 살펴보고자 한다(김지은 외, 2006; 황해익 외, 2008; 황해익, 2009). 포트폴리오를 실시할 경우에는 교육기관의 상황, 교사의 실행여건, 그리고 유아의 발달 정도를 고려하여 적절히 변형하여 사용할 수 있다.

1) 계획단계

포트폴리오 평가의 실제에서 계획은 가장 핵심적인 단계이다. 만일 충분한 계획 없이 포트폴리오 평가가 이루어진다면 단순한 자료수집으로 이어질 가능성이 높으므로, 구체적으로 계획되어야 한다.

포트폴리오 평가의 계획단계에서는 먼저 규정을 정하고, 관련된 참여자들의 이해를 돕기 위해 유아, 교사, 부모에게 포트폴리오 평가에 대한 연수 및 안내를 해야 한다.

(1) 규정 설정하기

규정이란 포트폴리오 평가를 실시하기 위한 계획, 혹은 약정을 말하는 것으로, 포트폴리오 평가를 실시하는 목적, 수집될 내용물, 채점준거, 실시방법과 포트폴리오의 활용방법 등을 결정하는 것이다. 일단 규정이 정해지면 평가가 지속되는 동안 지침이 되므로 신중하게 결정되어야 하며, 내용은 아주 구체적이고 세부적으로 작성되어야 한다.

그리고 규정을 정할 때에는 유아와 부모의 참여를 최대한 보장할 수 있는 방향으로 작성되어야 한다. 이는 의사소통을 원활하게 진행하여 유아에 대한 이해와 학습을 촉진시키기 위함이다.

규정 설정의 예

1. 포트폴리오 평가는 개별 유아에 대해서 다양한 방법으로 자료를 수집하여 발달적으로 적합한 실제를 제공하기 위함이다.
2. 포트폴리오에 수집될 항목은 교육과정영역(신체운동 · 건강, 의사소통, 사회관계, 예술경험, 자연탐구)별로 필수 항목을 연 3회(학년 초, 1학기 말, 2학기 말)에 걸쳐 수집하고, 개별화된 포트폴리오 항목은 연중 수시로 첨가한다.
3. 유아 포트폴리오에 넣은 작품은 유아가 선정하는 것을 원칙으로 한다.
4. 유아의 작품에 유아, 교사, 학부모의 논평을 첨가한다.
5. 포트폴리오 협의회는 연 4회를 기본으로 하여, 부모들의 편의에 따라 시간과 장소를 변경할 수 있다.
6. 다음 해로 인수인계할 포트폴리오에 넣을 항목은 유아, 교사, 부모가 함께 결정한다.
7. 교사들은 각 학기 말에 포트폴리오의 내용물을 서술적으로 요약하여 가정으로 보낸다.
8. 학기 말에 유아의 학습활동 포트폴리오는 가정에, 인수 포트폴리오는 유치원에 보관한다.
9. 유아의 개인적 정보들은 공개되지 않으며, 이는 유아의 학습활동 포트폴리오와 분리해서 보관한다.

(2) 참여자에 대한 연수 및 안내하기

유아를 대상으로 한 포트폴리오 평가에서는 유아, 교사, 그리고 부모의 이해와 도움이 많은 영향을 미치므로 이들에게 포트폴리오 평가에 대한 연수와 안내를 해야 한다.

포트폴리오 평가에서는 다양한 자료수집을 하게 된다. 교사는 유아의 활동 결과물뿐만 아니라 활동과정을 제시하기 위하여 촬영, 녹음, 녹화기술을 익혀야 한다.

또한 포트폴리오 평가에서는 교사의 관찰 기록도 중요한 자료이므로 다양한 관찰 기법과 기록화 능력을 길러 주는 연수도 필요하다.

그리고 포트폴리오 평가는 유아와 교사 그리고 부모가 협동적으로 참여하는 평가이므로 유아와 부모에게도 이에 대한 소개를 해야 할 필요가 있다.

유아에게는 일상생활 속에서 수집된 자료들이 유아의 발달변화를 나타냄을 보여 주어 유아들의 자기반성, 자기평가, 그리고 또래평가 등 다양한 활동을 경험하는 기회를 주는 것이 바람직하다.

부모에게는 기존의 평가방법과의 비교를 통해 새로운 포트폴리오 평가의 목적, 가치, 장점, 유아에게 미치는 영향, 그리고 규정 등을 안내해야 한다. 그리고 평가과정에서 부모들이 참여해야 할 부분을 충분히 설명하여 가정에서도 유아의 활동에 관심을 갖고 적극적으로 참여하도록 한다. 예를 들면, 유아의 활동 결과물의 중요성과 활동 결과물에 대한 반응 방법 등을 알려 주는 것이다.

부모들에게 포트폴리오 평가를 안내하는 방법은 부모교육 모임이나 가정통신문, 워크숍, 학부모 면담 등의 공식적인 절차를 통해 이루어질 수도 있고, 일상적인 전화면담이나 개별면담, 그리고 등·하원 지도를 할 때 이루어질 수 있다.

가정통신문의 예

알려드립니다.

본 유치원에서는 유아의 발달변화 과정을 쉽게 판단할 수 있는 포트폴리오 평가를 실시하고자 합니다.

포트폴리오 평가는 유치원에서 실제 생활하고 있는 유아의 기록물들(글쓰기 자료, 그림 자료, 사진 자료 등)과 유아의 행동을 관찰한 관찰 기록물들을 수집하여 변화과정을 평가하고자 하는 방법입니다.

포트폴리오의 교육적 효과를 높이기 위해서는 부모님의 견해가 중요합니다. 가정에서 생활하시면서 특별한 유아의 행동이나 발달상황을 알려 주시고, 주기적으로 집으로 보내드리는 자료에 대한 의견을 보내 주신다면 유치원에서 실시하는 포트폴리오의 계획과 실시에 도움이 될 것입니다. 부모님들의 많은 관심과 참여가 있길 부탁드립니다.

20◯◯년 월 일

◯◯유치원장

2) 실행 단계

이 단계는 다양한 자료를 수집하는 것과 동시에 그에 대한 평가활동이 함께 이루어진다. 유아교육기관에서 유아의 활동들과 그 결과물, 유아에 대한 교사의 관찰기록물,

가정에서 보내 준 유아에 대한 정보들, 그리고 다양한 활동 결과물에 대한 교사, 부모, 유아 자신의 평가자료가 필요하다.

유아 포트폴리오 평가 관련 자료

- ✤ 배경 정보: 가정환경 조사서, 건강기록물, 가족 질문지, 발달검사 자료 등
- ✤ 시간의 흐름에 따른 작업표본: 도표나 그래프 복사한 것, 그림, 도서일지, 유아가 읽은 도서 목록, 수학활동 자료, 사진, 유아의 활동과정을 녹화한 것, 노래나 대화를 녹음한 것, 유아가 이야기한 것, 유아가 직접 쓰거나 교사가 받아쓴 것, 협동 작품 등
- ✤ 유아의 활동 계획표 및 평가표
- ✤ 면접 자료: 유아-교사, 유아-교사-부모 협의회를 녹음·녹화한 자료

출처: 황해익(2009). 유아교육평가의 이해. 경기: 정민사.

〈표 3-1〉 **유아 포트폴리오 자료의 영역별 항목**

영역	핵심 항목의 예	수집활동의 예
신체·운동 건강영역	• 신체인식·조절·활동 참여에 대한 기록 • 기본운동능력에 대한 기록 • 기본적인 생활습관에 대한 기록	• 체격 검사 기록표 • 기본운동 활동 결과물 • 대·소근육 발달보고서 • 실내·외 활동 관찰기록 • 기본생활습관 관찰기록
의사소통 영역	• 문장이나 이야기를 듣고 이해하며 표현한 기록 • 자신의 느낌이나 생각을 말하는 기록물 • 책에 관심을 가지고 읽거나 글자를 적은 기록물	• 도서계획표 • 영유아 말하기 녹음자료 • 자신의 이름과 친숙한 물건의 명칭을 쓴 자료 • 의사소통 평정척도 기록
사회관계 영역	• 나·가족·다른사람·지역사회에 관심을 갖고 표현한 기록물 • 사회적 관계를 나타내 주는 기록물	• 적응일지 작성표 • 교우관계도 기록 • 가족과 이웃에 관한 활동자료 기록물 (예: 가족 역할놀이, 시장놀이 등)
예술경험 영역	• 음악·미술·움직임에 관심을 탐구하려는 태도 • 자신의 생각과 느낌을 표현하는 결과물 • 다양한 예술을 감상하려는 태도	• 다양한 소리, 움직임, 색과 모양 등을 탐색하고 표현한 기록 • 자신의 느낌과 생각을 표현한 작품이나 활동자료 • 다양한 재료나 도구를 활용한 기록 • 예술활동에 참여하여 표현한 과정이나 결과에 대한 기록

영역	핵심 항목의 예	수집활동의 예
자연탐구 영역	• 주변 자연과 사물에 대한 관심을 표현한 기록 • 수학에 관심을 갖고 문제를 해결하는 기록 • 생명체와 자연환경에 관심을 갖고, 자신의 생각과 질문을 나타낸 기록 • 생활 속 도구와 기계에 대한 활용 기록	• 자료의 비교나 순서 짓기에 관련된 수학활동 사진이나 자료 • 자료를 분류하고 그래프로 나타낸 기록물 • 요리활동 결과표 • 식물의 성장기록표 • 도구와 기계의 장단점 기록물

(1) 보관함 준비하기

포트폴리오 평가에서 자료를 수집하기 이전에 보관할 장소를 먼저 결정해야 한다. 여기에서는 유아 개인별로 다양한 작품 및 활동 결과물들을 수집하고 보관하기 위해서 보관함이 필요한데, 3공 바인더, 아코디언 파일, 서류봉투, 뚜껑이 있는 상자, 스크랩 북 등 기관의 상황을 고려하여 적절하게 준비한다.

포트폴리오 보관함을 구성할 때 참고해야 할 사항을 아래와 같이 제시하고자 한다(김지은 외, 2006에서 재인용).

- 보관함은 몇 부분으로 나누어 특정 시기 동안 수집한 자료들을 구분할 수 있어야 한다. 예로 일 년을 한 달이나 두 달 간격으로 나누어 정리하는 것이다.
- 보관함은 최소의 공간을 차지해야 한다.
- 유아교육기관에서 보내는 동안 유아들이 활동한 모든 결과물들을 보관함 속에 포함할 수 있도록 해야 한다.
- 보관함은 저렴해야 한다.
- 파일이나 바인더의 경우 내용물이 증가할 때마다 내용물 보관 속지를 보충할 수 있는 첨가형이 좋다

(2) 내용목차 작성하기

이것은 포트폴리오 내용물에 대한 예상 목록으로 포트폴리오에 자료가 첨가될 때

마다 표시함으로써 포트폴리오 내용물을 쉽게 파악할 수 있다. 이때 날짜와 함께 자료와 형태를 함께 기록해 두면 자료가 원본인지, 복사물인지, 녹음자료인지, 사진인지 등을 쉽게 파악할 수 있다.

〈표 3-2〉 **포트폴리오 내용 목차**

번호	영역	세부내용	날짜 (형태)	날짜 (형태)	날짜 (형태)	날짜 (형태)	날짜 (형태)	날짜 (형태)
1	신체운동건강	신체 인식하기						
		신체조절과 기본운동하기						
		신체활동에 참여하기						
		건강하게 생활하기						
		안전하게 생활하기						
2	의사소통	듣기와 말하기						
		읽기와 쓰기에 관심 갖기	5/4 (녹음)					
		책과 이야기 즐기기						
3	사회관계	나를 알고 존중하기						
		나와 다른 사람의 감정 알고 조절하기						
		가족을 소중히 여기기						
		더불어 생활하기						
		사회에 관심 갖기						
4	예술경험	아름다움 찾아보기						
		창의적으로 표현하기						
		예술 감상하기	4/9 (사진)					
5	자연탐구	탐구과정 즐기기						
		생활 속에서 탐구하기						
		자연과 더불어 살기						
6	기타							

(3) 시간에 따른 다양한 작업표본 수집하기

작업표본은 유아의 활동과정 및 결과를 나타내는 증거물로서 이 활동은 포트폴리오 평가에서 가장 중요한 요소라고 볼 수 있다.

그리고 개별 유아가 유아교육기관에서 새롭게 적응하기 시작한 시점에서 수집된 작업표본은 기준 작품으로서 이후 발달의 기준이 되므로 영역별로 세심한 수집이 필요하다.

또한 포트폴리오 평가는 개인 간 비교가 아니라 개인 내 비교라는 점을 기억해야 한다. 따라서 작업표본을 수집할 때 유아의 특정 발달상황을 평가하기 위해서 인위적으로 수행과제를 주지 말아야 하며, 다른 유아들과 비교하여 특정 영역의 작품이 부족할 경우 그 영역의 활동을 강요하지 않아야 한다.

예를 들면 다음과 같다.

〈표 3-3〉 **포트폴리오 평가 실제 예**

<table>
<tr><th>유아명</th><td>○○○</td><th>연 령</th><td>만 4세</td><th>성 별</th><td>여</td></tr>
<tr><th>교육과정영역</th><td colspan="5">예술 경험</td></tr>
<tr><th colspan="4" rowspan="2">창의적 표현하기 · 감상</th><th>학기 초</th><th>학기 말</th></tr>
<tr><th>우리가족</th><th>오리가족 나들이</th></tr>
<tr><th>구분</th><td colspan="3">내용</td><td></td><td></td></tr>
<tr><th rowspan="2">탐색</th><td colspan="3">재료의 특성을 탐색한다.</td><td>○</td><td>○</td></tr>
<tr><td colspan="3">재료를 다루는 방법을 안다.</td><td></td><td>○</td></tr>
<tr><th rowspan="2">표현</th><td colspan="3">창의적으로 모양을 그리거나 만든다</td><td>○</td><td>○</td></tr>
<tr><td colspan="3">자신의 생각과 느낌을 다양한 미술재료를 활용하여 표현한다.</td><td></td><td>○</td></tr>
<tr><th rowspan="2">감상</th><td colspan="3">작품결과에 대해 관심이 있다.</td><td>○</td><td>○</td></tr>
<tr><td colspan="3">자신의 작품 내용과 제작과정에 대해 설명할 수 있다.</td><td>○</td><td>○</td></tr>
<tr><th>총평</th><td>학기 초</td><td colspan="4">재료의 특성을 탐색하고, 창의적으로 모양을 그리거나 만들 수 있으며, 자신의 작품결과에 대해 관심을 보이고, 자신이 만든 작품을 설명할 수 있다.</td></tr>
<tr><th>발달적 요약</th><td>학기 말</td><td colspan="4">재료의 특성 및 다루는 방법을 알고, 창의적으로 모양을 그리거나 만들 수 있으면, 자신의 작품결과에 대한 관심뿐만 아니라 작품의 내용과 제작과정에 대해 설명할 수 있다.</td></tr>
<tr><th colspan="6">작품사진</th></tr>
<tr><td></td><td colspan="2"></td><td colspan="3"></td></tr>
<tr><th>작품명</th><td colspan="2">우리가족</td><td colspan="3">오리가족 나들이</td></tr>
</table>

그리고 작업표본이 사회성 발달의 경우와 같이 직접적인 결과물로 남지 않거나, 크고 작은 입체물이어서 보관하기 힘든 경우이거나, 혹은 유아가 작품을 집으로 가지고 갈 경우에는 사진이나 비디오로 촬영하여 보관할 수 있다. 촬영한 내용에 대해서는 사건의 전후 상황, 목적, 일시, 장소, 참여 유아의 이름, 각 장면의 의미를 기록해 두는 것이 좋다. 이를 위한 포트폴리오 양식을 다음과 같이 제시하였다.

〈표 3-4〉 **사진 포트폴리오 양식**

<table>
<tr><td>관찰대상</td><td>○○○</td><td>연 령</td><td>년 개월</td><td>성 별</td><td></td></tr>
<tr><td>관 찰 자</td><td></td><td>관 찰 일</td><td>20**년 *월 *일</td><td>관찰장소</td><td></td></tr>
<tr><td>관찰시간</td><td></td><td>교육과정영역</td><td colspan="3"></td></tr>
<tr><td></td><td colspan="5">기 록</td></tr>
<tr><td>사 진
기 록</td><td colspan="5">〈사진첨부〉</td></tr>
<tr><td>장면설명</td><td colspan="5"></td></tr>
<tr><td>발달적 요약</td><td colspan="5"></td></tr>
<tr><td>교수계획</td><td colspan="5"></td></tr>
</table>

(4) 활동일지 기록하기

활동일지는 유아가 계획된 활동에 참여한 이후에 활동의 과정이나 결과, 소감, 계획 등을 기록하는 것으로 현재의 활동상황에 대한 평가와 함께 미래에 대한 계획을 포함한다. 문해능력이 부족한 유아의 경우에는 교사와 유아가 면담이나 협의회 등으로 정기적으로 만나서 교사가 기록을 하다가 이후 유아가 글을 쓸 수 있으면 유아가 쓰도록 하면 된다. 그런데 교사가 여러 명의 유아를 맡고 있을 경우에는 개별 유아마다 1~2주 동안 진행된 내용에 대해 일지를 기록하는 것이 가능하다.

활동일지 양식의 예를 다음과 같이 제시하였다.

〈표 3-5〉 **활동일지 양식**

관찰대상	○○○	연 령	년 개월	성 별	
관 찰 자		관 찰 일	20**년 *월 *일	관찰장소	
관찰시간		활 동 명			
	기 록				
질문내용	• 무엇을 알게 되었나요? • 무엇을 더 알고 싶어요? • ○○을 알아보기 위해 어떤 계획을 세웠어요?				
교사의 의견					

(5) 관찰 기록하기

포트폴리오 평가에서는 유아의 작업표본뿐만 아니라 교사의 관찰기록 자료도 포함한다. 교사는 자연스런 상황에서 유아를 관찰하여 다양한 정보를 얻게 된다. 일반적으로 많이 사용하는 관찰기법에는 일화기록, 체크리스트, 평정척도 등이 있다.

여러 관찰기법을 이용하여 수집한 자료는 개인정보를 수집하는 별도의 파일에 각 유아마다 정리하여 교사가 보관하는 것이 좋다.

(6) 자기반성 및 조언자료 수집하기

포트폴리오 평가에서는 활동자료의 수집과 함께 그 활동에 대한 반성자료, 조언자료 그리고 평가자료의 수집도 병행되어진다. 즉, 유아의 활동자료에 대해 유아 자신, 교사, 부모, 그리고 또래 친구들도 칭찬하고 싶은 점, 새로운 점, 진보한 점에 관해 의견을 제시할 수 있다. 부모의 조언을 얻기 위해서 별도의 양식지를 작성하여 가정으로 보낼 수 있다. 이러한 조언자료를 기초로 유아의 새로운 활동을 계획할 수 있다는 이점이 있다.

〈표 3-6〉 **유아용 반성자료의 예**

관찰대상	○○○	연 령	년 개월	성 별	
관 찰 자		관 찰 일	20**년 *월 *일	관찰장소	
관찰시간		작 품 명			
	기 록				
유아의 자기 작품 평가	• 무엇을 그렸는지(꾸몄는지, 만들었는지) 이야기해 주겠니? • 네가 그린 것 중에서(꾸민 것, 만든 것) 다르게 하고 싶은 것이 있니? 만약 있다면 어떻게 하겠니? • 왜 그렇게 생각하니?				

〈표 3-7〉 또래용 조언기록지의 예

관찰대상	○○○	연 령	년 개월	성 별	
관 찰 자		관 찰 일	20**년 *월 *일	관찰장소	
관찰시간		작품명			
	기 록				
또래 조언	• 친구의 작품 중에서 마음에 드는 부분은 무엇인가요? • 친구 작품을 보면서 칭찬해 주고 싶은 것은? • 만약 친구와 함께 작품을 만든다면 어떤 부분을 바꾸고 싶나요?				

〈표 3-8〉 부모용 조언기록지의 예

관찰대상	○○○	연 령	년 개월	성 별	
관 찰 자		관 찰 일	20**년 *월 *일	관찰장소	
관찰시간		작 품 명			
	기 록				
부모 평가	• 작품에서 좋은 부분을 유아에게 이야기하고 기록하세요. • 이 작품에서 추가하면 좋은 부분에 대해 유아에게 이야기하고 기록하세요. • 유아의 작품과 관련하여 유치원에서 추가적으로 필요한 활동이 있다면 기록하세요. 학부모: ○○○ (인)				

〈표 3-9〉 교사용 조언기록지의 예

<table>
<tr><td>관찰대상</td><td>○○○</td><td>연 령</td><td>년 개월</td><td>성 별</td><td></td></tr>
<tr><td>관 찰 자</td><td></td><td>관 찰 일</td><td>20**년 *월 *일</td><td>관찰장소</td><td></td></tr>
<tr><td>관찰시간</td><td></td><td>작 품 명</td><td colspan="3"></td></tr>
<tr><td></td><td colspan="5">기 록</td></tr>
<tr><td>교사
평가</td><td colspan="5">• 유아의 작품은 유아가 주도한 것인가? 혹은 교사가 주도한 것인가?

• 이 작품에서 좋은 부분을 유아에게 알려 주고 기록하세요.

• 유아의 발달수준을 고려하여 평가하고, 다음 활동을 제공할 때 유의할 점에 대해 기록하세요.</td></tr>
</table>

3) 평가 및 활용 단계

이 단계에서는 실행단계에서 수집한 자료들을 기초로 포트폴리오 요약서를 마련하고, 포트폴리오 협의회를 실시하며, 유아의 활동과 발달상황에 대한 정보 공유를 위해 전시회를 개최할 수 있다. 이러한 과정을 통해 한 해 동안 유아의 발달을 총정리하고 다음 해 새로운 담임에게 인계할 인수 포트폴리오를 준비한다.

(1) 포트폴리오 요약서 준비하기

이것은 한 학기 또는 한 해 동안 수집한 개별 유아의 많은 정보들을 요약하는 서술문이다.

이를 작성하기 위해서 교사는 발달영역별, 혹은 생활영역별로 편집하여 시간의 흐름에 따라 작품들을 정리해야 한다. 또한 기준 작업 표본과 비교할 때 어떤 변화가 있었는지를 정리한다. 그리고 가정으로 포트폴리오 요약서를 보내어 부모의 의견을 알아보기도 한다. 이렇게 작성된 포트폴리오 요약서는 다시 유아의 부모에게 보내기도 하며, 교사가 생활기록부를 기재할 때 참고자료로 활용하기도 한다.

포트폴리오 요약서의 예를 다음의 양식에 제시하고 있다.

〈표 3-10〉 **포트폴리오 요약서의 예**

유아명		연령(성별)	세(남, 여)	기록일	년 월 일
발달영역					
신체					
인지					
언어					
사회성					
정서					
총평					
부모님 의견					

(2) 포트폴리오 협의회 실시하기

유아-교사-부모 협의회는 유아, 부모, 그리고 교사가 만나서 포트폴리오 자료를 활용하는 것을 의미하는데, 이는 포트폴리오 평가의 공식과정으로 유아의 장단점, 발달상황, 유아에 대한 정보를 공유하는 기회가 된다. 이것은 주기적 혹은 비주기적으로 실시할 수 있으며, 생활주제가 바뀔 때 또는 장기 프로젝트 전시회를 마친 후 실시할 수 있으며, 1년에 3~4회 형식적 협의회를 실시할 수도 있다.

학년 말 포트폴리오 협의회에서 교사와 부모는 포트폴리오 요약서를 기초로 유아에 대한 정보를 공유하고 요약서의 내용을 수정할 수도 있으며, 인수 포트폴리오에 넣을 항목들을 유아, 교사, 그리고 부모가 협의하여 선정할 수도 있다.

(3) 포트폴리오 전시회 개최하기

포트폴리오 전시회는 모든 유아의 개별 포트폴리오를 전시할 수도 있고, 혹은 유아가 소개하고 싶은 대표 작품들을 전시할 수도 있다. 유아의 부모, 가족, 동료교사, 그리고 전문가들과 공유하기 위한 것으로 전시회를 단독으로 개최해도 되고, 부모참여 수업을 할 때 한 코너에 전시할 수도 있다.

전시회를 준비하기 위해 유아들과 함께 초대할 사람을 선정하고, 초대장을 발송하고, 전시장을 꾸미고, 자신의 작품을 배치하는 과정을 통해 유아는 주도적인 역할을 함으로써 긍정적 영향을 주게 된다.

(4) 인수 포트폴리오 준비하기

인수 포트폴리오는 교사, 유아, 부모 또는 교사와 유아가 협의하여 대표적인 작업 표본을 정하고, 포트폴리오 요약서 및 기타 평가기록들을 모아 둔 얇은 수집물로서 내년 담임교사에게 전달하며, 계속 유아교육기관에 보관한다.

인수 포트폴리오에 넣을 항목은 포트폴리오 평가 계획 단계에서 규정을 설정할 때 결정해야 한다.

인수 포트폴리오를 구성할 때 고려할 사항은 다음과 같다.

- 포트폴리오 협의회에서 인수 포트폴리오에 넣을 항목을 결정할 수 있다.
- 유아에게 다음 교사에게 보이고 싶은 항목을 생각해 보게 한다.
- 부모, 유아, 교사의 선택에 있어 균형을 맞추도록 하며, 가능한 한 원본은 유아의 개인 포트폴리오에 넣어서 가정으로 보내도록 한다.
- 반드시 유아의 이름, 날짜, 어떤 중요성이 있는지 간략하게 기록한다.
- 인수 포트폴리오를 유아교육기관에 보관한다.

CHAPTER 04

영유아 발달 이해

본 장에서는 영유아 발달과업, 관찰의 실제와 영유아 발달의 이해를 돕는 관찰의 실제에 대해 살펴보고자 한다.

1 영유아 발달의 원리와 아동관찰

관찰은 자연스럽게 나타나는 행동을 기술 또는 기록함으로써 특정현상에 대한 객관적 자료를 수집하는 방법을 말한다(김정환, 2005). 관찰을 통해 유아의 자연스럽고 자발적인 행동을 평가할 수 있다. 따라서 관찰은 영유아의 행동을 이해하기 위한 필수적인 방법으로 관찰의 결과는 모든 영유아 교육활동의 성과를 재는 출발점이 된다.

본 장에서는 관찰을 통해 영유아기의 신체 · 운동발달, 인지발달, 언어발달, 정서발달, 사회성 발달에 대한 이해를 돕고자 한다. 우선적으로 영유아의 발달에 대한 일반적인 원리를 숙지하면서 관찰이 이루어져야 한다.

〈아동 발달의 원리〉

발달이란 난자와 정자가 수정되는 순간, 즉 수태에서부터 시작되는 계속적인 과정을 말한다. 수태하는 순간부터 세포분열이 시작되는데, 하나의 세포인 수정란은 수백만 개 세포가 형성될 때까지 아주 빠른 속도로 분열을 계속한다. 새로 형성된 세포들은 세분화된 역할을 맡아 신체의 여러 기관을 형성하게 된다. 성장과정은 태내기나 출생 후나 매우 복잡한 것이지만, 아동발달에는 몇 가지 일반적인 원칙이 있다(정옥분, 2006).

첫째, 발달에는 일정한 순서가 있다.
예를 들면, 신체발달의 경우에 앉기, 서기, 걷기의 순으로 발달하고, 언어발달의 경우에는 옹알이, 한 단어로 말하기, 간단한 문장으로 말하기, 복잡한 문장으로 말하기 순으로 발달한다.

둘째, 발달은 일정한 방향으로 진행된다.

① 두미(cephalocaudal) 발달 원칙
머리에서 발 방향으로 발달이 진행된다. 즉, 머리 부분이 몸통이나 사지보다 일찍 발달한다는 것이다.

② 근원(proximodistal) 발달 원칙
안에서 바깥쪽으로 발달이 진행된다. 즉, 중심부가 말초신경보다 먼저 발달한다는 것이다. 팔, 손목, 손, 손가락의 순서대로 발달이 이루어진다.

③ 세분화(general to specific) 발달 원칙
일반적인 것에서 특수한 것으로 발달이 진행된다. 유아 초기의 행동은 몸 전체를 사용하는

거칠고 산만하고 분화되지 않은 것이지만 점차적으로 분화되고 정밀한 행동으로 대체된다.

셋째, 발달은 계속적인 과정이지만 발달의 속도는 일정하지 않다.
신체가 급속도로 성장하는 기간이 있는가 하면, 심리적 발달이 급속도로 이루어지는 기간이 있다. 예를 들면, 출생 후 첫돌까지는 신장과 체중이 크게 증가한다. 생식기관은 아동기에는 그 발달이 매우 느리지만, 사춘기에는 급속도로 발달한다.

넷째, 발달에는 개인차가 있다.
모든 아동들의 발달은 일정한 순서대로 이루어지지만, 발달의 속도와 양상은 영유아마다 개인차가 있다. 특히 사춘기와 같은 성적 성숙의 시기에는 상당한 개인차가 있다.

다섯째, 발달의 각 영역은 상호밀접한 연관이 있다.
생물학적 발달, 인지적 발달, 사회정서적 발달은 서로 상호작용을 한다. 사회정서적 과정이 인지적 과정에 영향을 미치고, 인지적 과정은 사회정서적 과정에 영향을 미치며, 생물학적 과정은 또 인지적 과정에 영향을 미친다.

영유아의 발달 평가는 유아교사들에게 영유아의 발달에 적합한 교수학습 방법을 계획하고 실행하는 주요한 자료로 활용된다. 영유아의 발달 평가는 다음과 같은 교육적 의미가 있다.

첫째, 영유아의 현재 발달수준을 파악하여 영유아의 최적의 발달을 도울 수 있다. 특히 영유아기는 다른 어느 시기보다 발달이 급속도로 이루어지는 시기로서 영아의 자조기술, 대·소근육, 언어, 사회정서, 인지 발달에서의 현재의 조건이나 상황에 따라 발달이 적합한 수준에 와 있는지, 발달영역마다의 수준 차이는 어떤 양상을 보이고 있는지를 파악할 수 있다. 또한 영유아기의 경험과 할 수 있는 것을 파악하고 영유아의 장점, 흥미, 태도 성향을 파악하여 실제 상황에서 자신의 지식을 적용할 수 있는 능력을 발견할 수 있다.
중요한 것은 영유아 발달 평가 결과는 영유아의 발달패턴과 개인의 강점 및 약점을 발견하여 영유아의 건전한 성장발육을 도모하는 데 도움을 줄 수 있도록 활용될 수 있으며, 개별 영유아의 흥미와 관심을 반영한 교육 계획 및 경험을 제공할 수 있다는 것이다.

둘째, 영유아에게 제공하는 경험의 적절성을 평가할 수 있다. 영유아 교육 프로그램은 초기에는 일반적으로 제시되는 연령별 발달 지표에 의해 계획되어 운영되며, 프로그램 운영과정에서 관찰에 의해 영유아의 발달 정도가 평가된다. 이러한 평가결과는 다음 영유아 프로그램 계획에 반영된다. 또한 영유아의 발달 평가에 기초하여 구성한 프로그램의 효과를 판단하기 위해서도 프로그램 투입 후 영유아 발달이 평가될 수 있다(이영자 외, 2001).

2 영유아 발달의 이해

영유아관찰 후 영유아의 발달수준을 이해하기 위해 영유아의 발달에 대한 이해가 필요하다. 따라서 본 장에서는 영유아 발달과업은 고문숙 등(2018)의 『아동관찰 및 행동연구』 및 성민경(2021)의 「영유아의 발달을 지원하는 부모-자녀 놀이 상호작용 척도의 개발 및 타당화 연구」를 참고하여 각 발달 범주별 하위내용을 살펴보고자 한다.

1) 대 · 소근육 발달

(1) 영유아의 대 · 소근육 발달에 대한 이해

영유아의 대 · 소근육 발달은 연령에 따라 신체 운동능력의 발달 과정을 3단계로 나눌 수 있다.

신체 운동능력 발달 과정

✤ 1단계: 반사적 동작 발달기는 태아와 신생아기에 나타나는 운동능력으로 반사적인 움직임 및 자신의 신변 보호를 위한 본능적인 움직임을 의미한다.
✤ 2단계: 초보적 동작 발달기는 보통 만 2세까지를 포함하며 직립 운동이 가능해지면서 이를 통해 이동하며 사물의 탐색이 시작되는 시기이다.
✤ 3단계: 기본적 동작 발달기는 만 2세부터 만 7세까지를 아우르며, 사물의 탐색뿐 아니라 직접 사물을 움직여 가며 실험까지 해 볼 수 있는 단계이다.

① 1단계: 반사적 동작 발달기(0~12개월)

신생아는 여러 형태의 선천적인 반사기능을 가지고 태어난다. 이들 반사기능은 인간의 생존에 필요하며 지속적으로 유지되는 생존반사와 종 특유의 반사기능이면서도 생후 일정기간이 지나면 사라지는 원시반사로 구분된다(Shaffer, 1993: 송명자, 1996).

- 생존반사(생존에 필요한 것 반사): 호흡반사, 눈깜박거리기 반사, 빨기 반사, 삼키기 반사, 근원반사 등이 있음
- 원시반사(신생아의 생존과 관계 없는 반사): 모로반사, 바빈스키반사, 수영반사, 잡기반사, 걸음마 반사 등이 있음

원시반사는 수개월 이내에 사라지는데, 이는 대뇌피질이 발달함에 따라 신생아의 반사운동이 점차적으로 의식적이고 자발적인 행동으로 대체되기 때문이다.

원시반사의 출현과 소멸시기 특징은 다음과 같다.

〈표 4-1〉 영아의 반사운동 발달시기

반사행동 \ 개월		0	1	2	3	4	5	6	7	관찰의 초점
원시반사	모로반사									갑작스런 큰 소리, 머리위치의 변화에 대해 팔과 다리를 벌리고 손가락을 펴며 몸쪽으로 팔과 다리를 움추림(생후 6~7개월경에 사라짐)
	바빈스킨반사									발바닥을 긁으면 처음에는 다리를 움츠리고, 다음 발가락을 쫙 펴는 반사작용(생후 8개월에서 1년 사이에 사라짐)
	수영반사									아기를 물속에 놓으면 물위에 뜨기 위해 적절한 팔다리 운동과 호흡을 함
	잡기반사									손바닥에 물체를 대며 꼭 쥐는 반사로서 3~4개월에 의도적으로 잡는 행동이 대치되면서 사라짐
	걸음마 반사									신생아의 겨드랑이를 잡고 살짝 들어 올려 바닥에 발을 닿게 하면, 걸어가듯이 무릎을 구부려 발을 번갈아 땅에 내려놓는 반사운동

출처: 송명자(1996). 발달심리학. 서울: 학지사; 정옥분(2006). 아동발달의 이해. 서울: 학지사.

위와 같은 반사기능뿐만 아니라 영아들은 보통 생후 4개월 정도 되면 부모가 지지해 주는 상황에서 앉을 수 있으며, 6~7개월이 되면 혼자서 앉을 수 있게 된다. 생후 7~8개월이 되면 기기 시작하면서 한 곳에서 다른 곳으로 이동할 수 있게 되며, 8개월이 되면 가구에 몸을 지탱해서 설 수 있으며, 11개월이 되면 혼자서 서는 게 가능해지고 12개월이 되면 홀로 걸을 수 있게 되면서 기본적인 보행능력을 습득하게 된다.

또한 대근육 운동기술에 대하여 영아기의 주요한 발달은 손을 능숙하게 사용하게 되는 것이다. 생후 4개월경의 영아는 사물을 인지하였을 때 사물을 향해 손을 뻗어 사물에 닿을 수 있을 정도의 발달을 보인다. 다만 영아는 손을 뻗을 때 성인과 같이 부드럽게 움직이지 못하기 때문에 짧은 거리를 느리게 움직인 다음 다른 방향으로 움직이면서 사물에 손이 닿을 때까지의 과정을 반복한다.

이러한 과정은 영아가 성장함에 따라 점점 더 적어지게 된다. 사물에 손을 뻗어 닿을 수 있게 되었다면 두 번째 단계는 사물을 잡는 것이다. 이를 위해선 각 손가락의 움직임을 협응할 수 있어야 한다. 영아는 생후 5~6개월이 되었을 때 양손의 움직임을 다르게 할 수 있으며, 생후 7~8개월이 되었을 때 엄지손가락을 사용하기 시작하며, 결과적으로 만 1세가 되면 사물을 한 손을 뻗어서 잡을 수 있을 만큼 대소근육이 발달한다(성민경, 2021).

12개월 미만 영아의 신체발달에 대한 발달과업은 다음과 같다.

〈표 4-2〉 **12개월 미만 영아의 신체발달에 대한 발달과업**

영역	발달과업
신체발달	1. 몸을 받쳐 주면 머리를 자유롭게 움직인다.
	2. 누워서 몸을 좌우로 뒤집는다.
	3. 도움을 받아 앉을 수 있게 되면 손으로 잡지 않고 앉는다.
	4. 붙잡고 일어서며 양손을 떼고 서 있게 된다. 혼자 설 수 있다.
	5. 아무렇게나 물건을 던진다.
	6. 입, 눈, 손가락을 사용하여 사물의 성질을 이해하기 시작한다.
	7. 최소한의 도움을 받고 걷게 되며 두 발로 걷기 시작한다.
	8. 물건을 입속에 넣을 수 있다.
	9. 간단한 악기를 칠 수 있다(단지 두드리는 수준이다).
	10. 한 번에 그림책을 여러 장 넘긴다.
	11. 줄을 잡아당길 수 있다.
	12. 한 손으로 물건을 잡으며 물건을 한 손에서 다른 손으로 옮길 수 있다. 그러나 한 손에 하나를 쥐고 있는 상태에서 다른 것을 주면 쥐고 있던 것을 떨어뜨리고 새 것을 잡는다.
	13. 엄지와 검지로 물건을 잡는다.
	14. 나무토막을 얹는 정도의 활동을 할 수 있으며 블록을 2개 쌓는다.
	15. 소리에 대한 관심이 높아지면서 입으로 소리를 내고 듣는다.
	16. 손뼉을 친다.
	17. 그릇 속에 작은 물건을 넣으며 서서히 바구니에서 물건을 꺼낼 수도 있게 된다.
	18. 움직이는 물체를 시각적으로 추적한다.
	19. 소리 나는 쪽으로 고개를 돌린다.
	20. 단맛과 단맛이 아닌 것을 구별한다.

출처: 고문숙, 김수향, 이경하, 이용주, 임영심(2018). 아동관찰 및 행동연구. 경기: 양성원.

② 2단계: 초보적 동작 발달기(12~24개월)

12개월 이후 보행기술과 관련이 있는 대근육 운동기술은 생후 1년 이후 큰 변화가 발생하게 된다. 보행기술의 경우 균형 유지, 사지 움직이기, 환경 지각하기 등의 기술들이 조합되면서 발달한다(Spencer, Perone, & Buss, 2011: 성민경, 2021 재인용). 영아는 앉기, 기기, 걷기에 따라 서로 다른 부위의 근육을 사용하고 조절하는 법을 익히면서 균형 잡는 법을 배워야 한다. 이에 더하여 영아가 걸을 수 있게 되더라도, 두 팔을 이용해 사물을 옮길 경우 균형이 영향을 받으므로 넘어지지 않기 위해서 추가적으로 균형을 유지하는 법 또한 익혀야 한다.

사지 움직이기의 기본은 몸의 무게를 한쪽 다리에서 다른 쪽 다리로 이동하는 것이며, 영유아가 똑바로 서는 법을 배우기 전에도 팔과 다리를 움직여서 무게중심을 이동하는 것은 가능하다는 것이 연구를 통해 밝혀졌다(Thelen & Ulrich, 1991: 성민경, 2021 재인용). 그렇지만 혼자서 걷기 위해선 몸의 무게중심을 움직이는 것을 배우기 전에 두 다리로 지탱해서 똑바로 서는 법을 배워야 한다.

마지막으로 환경 지각하기는 영아가 경험을 통해 걷기 적합한 지면을 인지하고 각 지면의 경사를 파악하는 것으로, 이에 맞춰 균형 유지 및 사지 움직이기를 통해 넘어지지 않고 혼자서 걸을 수 있게 된다.

동적 시스템 이론에 따르면 균형 유지, 사지 움직이기, 환경 지각 등의 기초 기술들이 숙달된 분화(differentiation) 상태에서 더 복잡한 동작으로 가기 위해선 숙달된 기술들을 적절한 순서로 조합하는 통합(integration)이 전제되어야 하며, 기술들이 충분히 협응할 수 있게 되는 생후 9~15개월경에 도움 없이 혼자 걷는 보행기술을 습득하게 된다. 이후 반복된 훈련을 통해 영유아는 달리거나 한 발로 깡충깡충 뛰는 것과 같이 대근육 운동기술 및 균형에 대하여 심화된 동작을 할 수 있게 된다.

소근육 운동기술에 대하여 영아기의 주요한 발달은 손을 능숙하게 사용하게 되는 것이다. 생후 4개월경의 영아는 사물을 인지하였을 때 사물을 향해 손을 뻗어 사물에 닿을 수 있을 정도의 발달에서 생후 5~6개월이 되었을 때 양손의 움직임을 다르게 할 수 있으며, 생후 7~8개월이 되었을 때 엄지손가락을 사용하기 시작하며, 만 1세가 되면 사물을 한 손을 뻗어서 잡을 수 있게 된다.

이러한 과정은 손을 포함한 소근육 운동기술의 발달로 더 정교하게 손을 움직이게 되면서 가능해진다. 손과 손가락의 움직임이 충분히 발달함에 따라 만 2세부터는 간단한 옷을 입을 정도로 발전하게 된다(성민경, 2021).

〈표 4-3〉 12개월~24개월 미만 영아의 신체발달과업

영역	발달과업
신체발달	1. 혼자 걷는다.
	2. 손이나 난간 등을 잡고 계단을 오른다.
	3. 서 있는 자세에서 몸을 굽혀 물건을 집어 올릴 수 있다.
	4. 공을 굴리거나 차려고 하거나 던질 수 있다.
	5. 무릎을 구부리고 쭈그리고 웅크리고 앉았다가 일어선다.
	6. 기어 올라가기를 즐기며 계단을 기어오른다.
	7. 미숙하게 뛰기 시작한다.
	8. 작은 의자에 혼자 앉는다. 목마나 흔들의자에서 몸을 앞뒤로 흔든다.
	9. 근육의 발달로 들기, 밀기, 당기기, 두드리기, 오르기 등 운동 기능 연습을 즐긴다. 모퉁이 돌기나 가다가 멈추기 등의 근육조절 능력이 생긴다.
	10. 한 발로 몸의 균형을 잡을 수 있다.
	11. 장난감을 밀고 당길 수 있어 끈에 매달린 장난감을 끌면서 달린다.
	12. 손가락을 사용하며 손의 조작능력이 발달한다.
	13. 뒷걸음질을 할 수 있다.
	14. 나무토막 2개를 잘 쌓을 수 있다.
	15. 한 번에 두세 장씩 책장을 넘긴다.
	16. 1~3조각 그림 맞추기가 가능하다.
	17. 상자 안에 물건을 넣었다가 꺼낼 수 있다.
	18. 손가락으로 그림을 그린다.
	19. 낙서를 한다.
	20. 가로 긋기가 가능하다.
	21. 크레용이나 연필을 손으로 쥐고 긁적거린다.
	22. 신문지나 종이를 손으로 찢는 것을 좋아한다.
	23. 소리를 듣고 소리 나는 물체를 찾아낸다.
	24. 먼 거리에서 아는 사람을 알아볼 수 있다.
	25. 따뜻한 것과 높은 곳을 식별할 수 있다.

출처: 고문숙, 김수향, 이경하, 이용주, 임영심(2018). 아동관찰 및 행동연구. 경기: 양성원.

③ 3단계: 기본적 동작 발달기(25 ~ 60개월)

사물의 탐색뿐 아니라 직접 사물을 움직여 가며 실험까지 해 볼 수 있는 단계로 대근육과 소근육이 발달하여, 만 3~4세가 되면 단추를 끼우거나 옷을 벗을 수 있게 된다.

이 시기가 되면 대근육 운동기술의 발달과 몸을 자유롭게 움직일 수 있는 기능들이 발달된다. 먼저 동작을 위한 소근육 운동 발달이 별개로 이루어진 뒤 동적으로 움직일 수 있는 기술들이 하나의 전체적인 행동을 이루도록 조합되어 하나의 자연스러운 신체적 움직임으로 나타나게 되는 것이다.

tip

이 시기에 중요한 것은 신체활동이 유아의 본성인 움직임을 최대한 이끌어 내는 활동이며, 신체활동을 통해 유아가 자신의 생각과 행동을 자유롭게 표현할 수 있다는 것이다. 그리고 신체활동이 건강과 체력증진, 운동능력 발달에 도움이 되며, 긍정적인 자아 개념 형성에 도움이 된다는 것을 지각해야 한다.

따라서 유아기에 실내 · 외 활동에서 자신의 생각과 행동을 신체활동으로 표현할 수 있는 기회 부여 및 시간과 환경제공이 필요하다.

〈표 4-4〉 **25개월 ~ 36개월 유아의 신체발달과업**

영역	발달과업
신체발달	1. 어른의 손이나 난간을 붙잡고 계단을 잘 올라가며 곧 어른의 도움 없이 난간을 붙잡지 않고 계단을 올라간다.
	2. 넘어지지 않고 잘 달린다.
	3. 양발을 모으고 제자리에서 높이 점프한다.
	4. 바닥에 있는 공을 앞으로 찬다.
	5. 발끝으로 걷게 되며 서서히 뒤로도 걸을 수 있게 된다.
	6. 1.5m 떨어진 곳에 있는 어른에게 공을 던진다.
	7. 5~6개 블록으로 담을 쌓는다.
	8. 그림책을 한 장씩 넘긴다.
	9. 옷에 달린 똑딱 단추를 푼다.
	10. 방문 손잡이나 꼭지를 돌린다.

	11. 사탕이나 바나나의 껍질을 벗길 수 있다.
	12. 종이 반접기를 모방한다.
	13. 빨대 없이 음료수를 마신다.
	14. 수도꼭지를 돌릴 수 있다.
	15. 엄지 · 중지 · 집게손가락을 이용하여 연필을 잡는다.
	16. 단추나 벨트를 풀어 주면 혼자서 옷을 입는다.
	17. 무거운 것과 가벼운 것을 구별할 수 있다.
	18. 밝고 어두운 것을 구별할 수 있다.
	19. 단맛과 짠맛을 구별할 수 있다.

연령	3세 발달과업	4세 발달과업	5세 발달과업
신체발달	• 앞으로 달리기를 할 수 있으며 달리는 속도를 조절할 수 있다. • 옆으로 혹은 뒤로도 걸을 수 있다. • 두 발을 모아 제자리에서 높이뛰기를 할 수 있다. • 발뒤꿈치를 들고 걸을 수 있다. • 세발자전거를 탈 수 있다. • 방향이나 목표를 정하지 않고 공을 던질 수 있다. • 공을 발로 찰 수 있다. • 겉옷을 입고 벗을 수 있다. • 흘리지 않고 숟가락을 사용할 수 있다. • 네 개의 구슬을 끼울 수 있다. • 책장을 한 장씩 넘길 수 있다. • 크레용을 잡을 수 있다. • 곡선과 직선을 그을 수 있다.	• 선 위로 걸을 수 있다. • 한 발을 들고 잠시 서 있을 수 있다. • 한 발로 깡충뛰기를 할 수 있다. • 높은 곳에 올라가기를 좋아한다. • 15㎝ 정도의 높이에서 뛰어내려 두 발을 모으고 설 수 있다. • 자전거 타기가 매우 익숙해져서 시합을 할 수 있다. • 원하는 방향으로 공을 던질 수 있다. • 주전자에서 물을 흘리지 않고 따를 수 있다. • 커다란 단추를 채울 수 있다.	• 대부분의 대근육 발달이 완성되어 달리기, 점프하기, 높은 곳에 오르기 등이 매우 숙달되어 있다. • 70~80%의 영유아가 깡충뛰기, 말처럼 달리기, 스키핑 등도 할 수 있게 된다. • 줄넘기나 두발자전거 타기를 시도해 본다. • 양발을 바꾸어 가면 계단을 오르내릴 수 있다. • 도움 없이 이를 닦을 수 있다. • 세모를 그릴 수 있다. • 글자 쓰기를 시작하는데 아직까지 글자의 크기가 일정하지 않다.

출처: 고문숙, 김수향, 이경하, 이용주, 임영심(2018). 아동관찰 및 행동연구. 경기: 양성원.

2) 인지발달

(1) 영유아의 인지발달에 대한 이해

영유아의 인지발달은 피아제의 인지발달 단계로 나누어 살펴보면 다음과 같다.

① 영아기 – 감각운동기(sensorimotor stage: 0세~2세)

감각운동기는 인생의 첫 2년 동안의 지능이 행동으로 표현되는 시기로 감각과 운동을 사용하여 지각한 활동으로 세상을 이해할 수 있다. 영아들은 출생 직후에 반사적으로 엄마의 젖을 빠는 행위로부터 시작하여 단순 반복 행동, 복수 도식의 협응 등을 거쳐 18개월경에 이르면 자신이 접하는 상황에 대해 사고하기 시작한다. 즉, 영아가 문제 상황에 놓였을 때, 그 문제를 해결하기 위하여 초보적인 지적 행동을 취하게 되는 것이다. 이것은 영아가 주위의 직접적인 환경에 적응할 수 있게 되었음을 뜻한다. 피아제는 이러한 행동적 수준의 지능을 감각적 지능이라 부르며, 이것이 후에 발달하는 개념적 지능의 기초가 된다고 주장한다. 대표적 사고의 특징은 '대상영속성의 개념'이다.

대상영속성: 0~2세 주요 인지 발달

- 우리 자신을 포함하는 모든 대상들이 독립적인 실체로서, 그 대상이 사라지더라도 다른 장소에 계속해서 존재한다는 사실에 대한 지식

대상영속성이 발달하면 분리불안에서 상호관계 형성 단계로 전환
대상영속성의 미발달로 부모와 헤어지는 것에 대한 불안감으로 분리불안이 생기는데 만 2세에 '대상영속성'의 발달로 부모와 헤어지지만 다시 만날 수 있다는 것에 대한 확신으로 상호관계 형성이 이루어짐

〈표 4-5〉 12개월 미만 영아의 인지발달과업

영역	발달과업
인지발달	1. 새로운 물건을 바라보며, TV 화면에 관심을 보이고 사람의 얼굴에 관심을 보인다.
	2. 주변에 대한 호기심이 나타난다. 가까이에 있는 물건에 손을 뻗친다. 사물을 바라봄으로써 외부세계를 이해한다.
	3. 가지고 놀던 물건이 사라지면 사라진 쪽을 바라본다.
	4. 자신의 몸을 이해하기 시작한다.
	5. 사람, 사물, 사건에 있어서 신기한 것과 이상한 것을 깨닫기 시작한다.
	6. 간단한 몸짓을 따라 한다.
	7. 시행착오의 반복을 통해 지식을 얻는다.
	8. 무슨 일이 일어나는지를 알려고 의도적으로 실험을 한다. 장난감을 떨어뜨리고 집어 올린다.
	9. 보이지 않는 물건에 대한 대상영속성 개념이 생긴다. 숨겨진 장난감을 찾는다.
	10. 무슨 일이 일어나려고 하는지 일상적인 일을 예측할 수 있다.
	11. 책에 나와 있는 그림이나 사진 등에 관심을 보인다.
	12. 가전제품, 장난감의 소리, 동물소리를 흉내 낸다.
	13. 놀이에서 다른 영아의 소리를 흉내 낸다.

〈표 4-6〉 12개월~24개월 미만 영아의 인지발달과업

영역	발달과업
인지발달	1. 신체의 한 부분을 가리킨다.
	2. 새로운 것을 탐색하려고 한다. 호기심을 갖고 사물을 계속 탐색한다.
	3. 숨겨진 놀잇감에 흥미를 갖는다. 놀이하고 있는 장난감이 없어졌을 때 찾아낸다.
	4. 갖고자 하는 물건에 다가가기 위해 방해물을 치울 줄 안다. 원인과 결과를 이해하기 시작한다.
	5. 어떤 행동을 보고 그 행동을 재현하는 지연모방이 가능하다.
	6. "누구는 어디 있니?"라고 물을 때 자신을 가리킨다.
	7. 자신의 가족을 알게 된다.
	8. 매일매일 달라지는 것에 관심을 갖는다.
	9. 그림을 그릴 수 있는 것과 없는 것을 구분할 수 있다.
	10. 수를 세기 시작하며 둘(2)은 정확히 안다.

	11. 같은 물건을 짝 짓는다.
	12. 종이에 끄적거리고 표시한다. 크레용이나 색연필로 아무렇게나 선을 긋는다.
	13. 책에 나오는 물건을 알아보며 이름을 불러 주면 그림을 찾는다.
	14. 약병을 들고 도망가거나 교사의 출입 시 따라 나서려는 행동을 보인다.

출처: 고문숙, 김수향, 이경하, 이용주, 임영심(2018). 아동관찰 및 행동연구. 경기: 양성원.

(2) 전조작기(preoperational stage: 2세~7세)

약 2세부터 7세까지의 인지발달 단계를 전조작기라 한다. 이 시기의 영유아들은 아직 개념적인 조작능력이 충분히 발달하지는 않지만, 정신적 표상에 의한 사고가 가능해진다. 전체적인 파악보다는 특수한 부분적 상황에 관심을 두는 경향이 있으며 편협한 사고를 한다. 언어가 점차적으로 발달하며 상상력이 풍부해져서, 가상적 놀이 및 상징적인 형태로 사고하기 시작한다. 그러나 아직 판단의 직관성이나 보존 능력 및 가역능력 등이 부족하고, 모든 사고가 자기중심성을 벗어나지 못하며, 물활론적 사고에 의해 지배받는다.

전조작기 유아의 자기중심적 사고 특징

물활론: 모두 사물은 살아 있고 생명력을 가지고 있다고 믿음.
인공론: 인간이 자연현상을 창조했다고 생각함.
실재론: 눈에 보이지 않는 모든 것이 존재한다고 믿음.

〈표 4-7〉 25개월 ~ 36개월 영아의 인지발달과업

영역	발달과업
인지발달	1. 동물의 소리와 사물의 소리를 흉내 낼 수 있다.
	2. 소리를 듣고 그 대상이나 물건의 명칭을 안다.
	3. 줄 긋기를 할 수 있으며, 점차 십자 긋기를 모방한다.
	4. 물어볼 때 큰 것과 작은 것을 가리킨다.
	5. 지시할 때 물건을 "위"나 "아래"에 놓는다.
	6. 외출 시간 및 실외 놀이 시간을 안다.
	7. 양이 많고 적음을 구별할 수 있다.

연령	3세 발달과업	4세 발달과업	5세 발달과업
인지발달	• 호기심이 많고 탐구심이 강하기 때문에 끊임없이 질문하고 관찰하고 조작한다. • 항목을 조직, 분류, 추론할 수 있는 능력이 증가한다. • 물건을 분류하기, 시작하고 양, 수에 대해 아주 제한적인 아이디어가 발달하기 시작한다. • 물건을 둘까지 셀 수 있다. • 놀이에서 상징을 사용하기 시작한다.(즉, 베개를 아기라고 한다.) • 안, 밖 등의 간단한 공간개념을 이해한다. • 두 가지 사물을 비교할 수 있다.	• 원과 십자가를 그릴 수 있다. • 기본 색깔을 안다. • 5가지 셀 수 있다. • 자신의 성별과 나이를 안다. • 과거와 미래 시제를 사용한다. • 극화놀이와 상상놀이에 참여한다. • 옆, 사이, 멀리, 가까이, 앞, 뒤 등의 공간개념을 이해한다.	• 사물을 그 공통되는 특성에 따라 분류할 수 있다. • 사물과 숫자의 일대일 대응이 가능해진다. • 3~5가지 사물을 크기 순서대로 늘어놓을 수 있다. • 오른쪽, 왼쪽의 개념이 생긴다. • 그림을 보며 이야기를 꾸밀 수 있다. • 사람을 그릴 때 3~6가지 신체 부위를 포함시켜 그린다. • 실제와 가깝게 극화놀이를 한다. • 적목으로 복잡한 구성물을 만들 수 있다.

출처: 고문숙, 김수향, 이경하, 이용주, 임영심(2018). 아동관찰 및 행동연구. 경기: 양성원.

(3) 구체적 조작기(concreteoperational stage: 7세~11세)

약 7세부터 11세까지의 단계이다. 이 시기는 집단화를 알게 되는 시기로 사회성이 발달하는 시기이다. 이에 초보적이지만 논리적인 사고는 물론 논리적인 행동을 통해 요인 간의 관계를 인지하는 능력이 발달하는 시기이다. 길이나 크기, 양, 수뿐 아니라 무게와 넓이, 부피 등을 인식하고 두 개 이상의 요인을 비교하고 통합하며 서열화한다. 가역성에 대한 이해는 이 단계의 아동이 양방적인 사고를 습득했다는 것을 의미한다. 가역성이 획득됨에 따라 역사를 시대 순으로 나열하는 식의 서열조작 등이 가능해지며 자기중심적 사고와 언어는 타인에 대한 관심으로 전환되면서 탈중심화가 가능해지고 서열화와 유목화도 가능해지며 공간, 속도 등의 개념도 형성된다(송명자, 1996).

(4) 형식적 조작기(formaloperational stage: 11세~)

약 11세부터 15세까지의 인지발달단계를 형식적 조작기라 하며 이 시기에는 추상적인 생각과 가설을 검증하며 한 가지 문제를 해결하기 위하여 여러 가지 가설과 추리 과정을 통한 논리적인 검증을 할 수 있다. 피아제에 의하면, 이 시기의 아동의 인지적 구조는 거의 완전한 성숙의 수준에 이르게 되고, 사고의 논리적 조작이 자유로워져서 거의 모든 부류의 문제를 해결할 수 있게 된다. 그들은 논리적 조작을 폭넓게 적용할 수 있고, 가설적 언어 문제를 다룰 수 있으며, 과학적 추리와 가설 선정, 검증 등을 할 수 있다는 것이다. 또한 문제를 해결하기 위해 체계적으로 문제를 검토하거나 필요한 전략을 세울 수 있으며, 현 상태에 초점을 맞추는 데 머무르는 것이 아니라 미래를 가상할 수도 있다(정옥분, 2006).

tip

영유아의 인지발달은 언어발달 이후의 정서 및 행동발달에 중요한 영향을 미치고, 이후의 전반적인 학습과 사회적 적응에도 영향을 미치는 것으로 나타났다. 영유아기에 인지발달의 지연이나 결핍이 일어날 경우 사회적 능력의 발달을 저해할 가능성이 높아서 또래에게 수용되지 못하거나 교사와의 상호작용에 부정적인 영향을 미치게 되어 사회적 부적응을 초래할 가능성도 높다. 이처럼 영유아의 인지발달은 다른 영역의 발달에 영향을 미칠 뿐 아니라 이후의 전반적인 발달에도 영향을 미치므로 상당히 중요하다.

3) 언어발달

(1) 영유아의 언어발달에 대한 이해

언어는 말하는 사람과 듣는 사람의 협업으로 소통되는 것이며 소리에 따라 뜻이 달라지고, 일정한 규칙에 의하여 낱말이 배열되어 생각과 아이디어를 표현하는 상징체계이다.

영유아들의 언어발달은 두 돌쯤 영아들은 자신이 원하는 것, 하고 싶은 것과 하기

싫은 것에 대하여 의사표시를 할 수 있는 능력이 생긴다. 이 시기쯤이면 두 단어 이상을 조합하여 말할 수 있다. 영아는 시간이 흐를수록 단어와 일정한 규칙으로 이루어진 의사소통 체계인 언어를 구사할 수 있는 능력이 증가하게 된다.

일단 소리어를 알게 되면 사물, 생각 및 사건을 지칭하는 것으로 사용할 수 있다. 뿐만 아니라 사람에 대해서, 장소에 대해서 혹은 사물에 대하여 언어를 가지고 생각할 수 있게 되며 자신의 욕구, 감정 및 생각을 외부세계에 알릴 수 있게 된다.

언어발달과정은 신체적, 인지적, 정서적 및 사회적 능력을 포함하는 다양한 영역 간의 상호작용에 의해 이루어진다. 즉, 소리어를 발음할 수 있는 정도로 성대기관 등이 성숙하게 되면 소리와 의미를 연결 짓는 인지적 성숙이 이루어지며, 성인과의 사회적 상호작용은 영아가 상황과 맥락에 따라서 말할 수 있도록 안내한다.

(2) 영아기 언어발달

영아기의 초기 언어발달의 일반적 발달과정을 살펴보면 다음과 같다(권민균 외, 2021).

월 령	언 어 발 달
출생	소리언어를 지각할 수 있다. 운다. 소리에 대하여 반응을 보인다.
1 1/2 ~ 3	목울림(coos)을 한다. 웃는다.
3	말 소리를 내며 논다.
5 ~ 6	자음과 비슷한 소리, 들리는 소리에 근접한 소리를 내려고 한다.
6 ~ 10	자음과 모음을 연결하여 옹알이를 한다.
9	의사전달을 위하여 제스처를 사용한다. 제스처 게임을 한다.
9 ~ 10	단어를 이해하기 시작한다(주로 "아니야"와 영아 자신의 이름). 소리의 모방이 시작된다. 모국어에 없는 소리를 구분할 수 있는 능력을 상실한다.
9 ~ 12	사회적 의미를 나타내는 제스처를 사용한다.
10 ~ 14	최초의 단어를 사용한다(대개 사물을 지칭하는 것). 소리를 모방한다.
13	이름 짓기의 상징적 기능을 이해한다. 좀 더 정교한 제스처를 사용한다.
14	상징적 제스처를 사용한다.

월 령	언 어 발 달
16 ~ 24	새로운 단어습득이 빨라져서 어휘수가 급속히 증가한다(어휘 폭발기). 50 ~ 400개의 어휘수를 갖는다. 동사 및 형용사를 사용할 수 있다.
18 ~ 24	두 단어로 이루어진 문장으로 이야기할 수 있다.
20	제스처에 대한 의존도는 낮아지고 사물을 이름으로 지칭한다.
20 ~ 22	이해도가 급속히 증가한다(comprehension spurt).
24	두 단어로 이야기하는 것이 증가한다. 옹알이는 없어진다. 이야기를 많이 하고 싶어 한다.
30	매일 새로운 단어를 습득한다. 세 개 이상의 단어를 사용하여 이야기한다. 구사력에 비해 이해력은 좋다. 문법적 오류를 범한다.
36	어휘가 1,000개에 이르는데, 80%가 이해할 수 있는 것들이다. 문법적인 실수를 한다.

영아 언어발달에서 주목해야 할 부분인 어휘폭발기는 16~20개월이다.

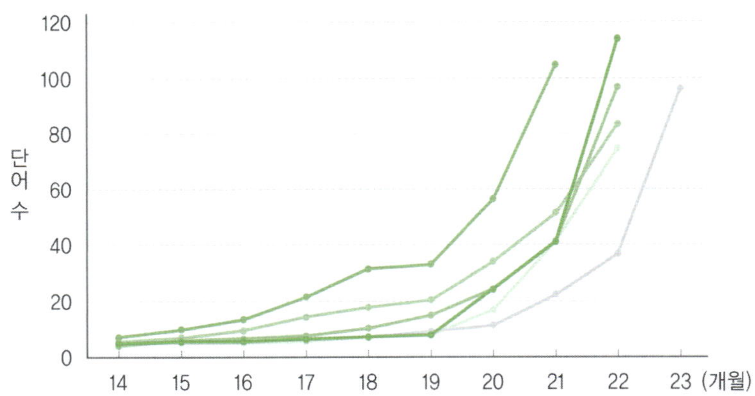

[그림 4-1] **어휘 습득의 폭발적 증가 - 명명폭발기(16~20개월)**

출처: 권민균 외(2021). 영유아를 위한 언어지도. 경기: 양서원.

이 시기에 약 50개의 단어를 습득하고, 30개월이 되면 평균 총 600단어를 습득한다. 학령기까지 계속하여 두 시간에 한 단어를 습득하는 속도로 언어를 습득한다.

〈표 4-8〉 12개월 미만

영역	발달과업
언어발달	1. 혼자 옹알이를 하며 '이어, 우우, 무' 등의 소리를 낸다.
	2. 우는 소리와 울지 않는 소리를 낸다.
	3. 말하는 사람 쪽으로 고개를 돌리고 쳐다본다.
	4. 소리의 모방이 시작된다(예: 맘마, 싫어).
	5. 단어를 사용하기 시작한다(예: 엄마, 아빠, 맘마).
	6. 선별적으로 단어를 구분한다.
	7. 한 단어를 상황에 맞춰 여러 가지 뜻으로 표현한다.
	8. 물건 혹은 사람에게 명칭을 붙이는데 의미 있게 한 단어를 사용한다.
	9. 소리를 모방하고 싶지만 발음이 잘 나오지 않는다.
	10. 간단한 명령을 이해한다.
	11. 안녕하며 손을 흔들 수 있다.

〈표 4-9〉 12개월~24개월 미만 영아의 발달과업

영역	발달과업
언어발달	1. 특정한 음에는 특정한 의미가 있다는 것을 알게 된다.
	2. 혼자서 중얼거린다.
	3. 사물의 명칭에 관심이 많으며 친숙한 것을 가리키며 이름을 말할 수 있다.
	4. 자신을 가리킬 때 자신의 이름을 사용한다.
	5. 단어와 소리의 이해력이 향상된다. 단어를 듣고 그 말을 반복할 수 있다.
	6. 말을 연결시켜 문장을 만들려고 시도한다. 동사, 형용사를(예: 간다, 우와, 지지), 혹은 동사, 형용사를 명사와 결합하여 사용할 수 있다(예: 손 지지, 아빠 맴매, 빵 줘).
	7. 두 단어 문장을 사용한다.
	8. 동물 소리를 내거나 동물 이름 대신에 그 소리를 사용한다.
	9. 의사소통에 관심을 갖는다. 어른의 말이나 남의 말을 흉내 내려 한다.
	10. "있다", "없다" 등과 같은 사물의 존재 여부를 확인할 수 있다.
	11. "멈춰라", "앉아라" 등의 간단한 두 가지의 지시어를 따를 수 있다.
	12. 긍정 혹은 부정의 질문에 "예/아니오"로 대답한다.
	13. 제법 어려운 성인의 말도 이해할 수 있다.
	14. 그림책 보기와 듣기를 좋아한다.
	15. 자신의 욕구를 말로 표현한다.

출처: 고문숙, 김수향, 이경하, 이용주, 임영심(2018). 아동관찰 및 행동연구. 경기: 양성원.

(3) 유아기 언어발달

① 유아 전기: 만 2세 이후 ~ 3세

유아들은 자신의 필요, 욕구와 감정을 말과 행동을 통해 나타낸다. 얼굴 표정과 비언어적 의사소통 양식을 주의하여 보면 유아의 의도를 파악할 수 있다. 이 시기에도 여전히 급속한 언어발달이 이루어진다. 성인어에 대한 이해력이 증가하고 하루에 새로운 어휘 6~10개를 습득하며, 과거형, 절, 수동형 등의 문법적 규칙을 활용하게 되는데, 이때 창조적인 실수를 하기도 한다("my mom breakeded the plate"). 이는 어휘 증가 등의 급속한 언어능력 향상이 유아들이 듣는 언어와 사용되는 맥락에 대한 이해를 기초로 하여 이것에 근간을 이루는 특정 규칙을 추출하는 것임이 분명하다(book → books, apple → apples, man → mans).

소리 지르기, 동물 소리의 흉내, 사이렌 소리 혹은 일상적으로 들을 수 있는 소리를 내는 것은 이 시기 유아들의 전형적인 놀이에 나타난다. 유아 전기에는 흥분되어 소리를 내는 것이 유아의 행복한 정서의 표현이기도 하다. '싫다' 혹은 '아니다'를 쉽게 사용하며, 짧게나마 한 가지 주제 혹은 토픽에 대하여 상대방과 대화를 할 수 있다. 대화를 할 때에는 현재 논의되고 있는 주제로 자신의 생각을 일치시키고 유지시킬 수 있어야 하며, 다른 사람의 생각 혹은 말과 연결시킬 수 있어야 하는데, 어린 유아들(2, 3세)에게는 이것이 무척 어렵다.

따라서 또래 간의 의사소통은 존재한다고 할지라도 무척 짧다. 이 시기의 유아의 말소리는 흥분이 되거나 기분이 좋으면 매우 크고 높은 소리를 내나, 유아가 당황하거나 슬프거나 부끄러우면 거의 말소리가 들리지 않도록 웅얼거린다. 이 시기의 유아는 타인이 마치 자기의 생각을 다 읽을 수 있는 것처럼 행동하는데, 그 이유는 전 시기에 성인들이 그들의 욕구와 필요를 미리 읽고 설명해 주었던 것에 익숙해졌기 때문이다.

유아 전기 언어발달에서 주목할 부분은 원인과 결과에 대한 언급과 간혹 이것들을 연결시키는 '그래서', '그리고', '음' 등의 접속사를 사용한다는 점이다. 또한 자신들의 의도와 감정을 주로 이야기하는데, 왜 원하는지, 왜 싫어하는지 혹은 다른 사람이 무엇을 하기를 원하는지 등을 이야기한다. 혹은 자신의 행위를 기술하기도 한다. "계단을 오르고 있어요", "그림 그리고 있어요" 등이다.

이 시기 유아들의 놀이는 주로 가정사와 관계된 것들이 많다. 요리, 먹기, 잠자기, 씻기, 청소하기, 아기 돌보기, 생일잔치, 반려동물 등을 가지고 혼자 놀기를 주로 하고 점차 다른 또래, 성인, 환경 등에 대한 관심을 확대시켜 나간다. 또래와 같이 놀게 되면서 이들의 말하기 내용은 주로 자신들의 놀이에서 어떠한 일이 일어나고 있는지에 대한 것이다. "밥을 하자", "아기를 재우고 있어요" 등이 있다.

주변 환경의 사태와 사물에 대한 이해가 진행됨을 말을 통해서 알 수 있다. 즉, 색깔, 수세기, 작다, 크다 처럼 사물들의 특징, 관계, 비교를 나타내는 어휘를 사용할 수 있다. 이 시기의 유아들은 자신의 말이나 혹은 다른 사람들의 말을 듣는 대로 그대로 행동하는 경향이 있다. 예를 들어, "뛰지 말자"는 교사의 말은 유아로 하여금 뛰게 할 수 있다. 반면에 "걷자"라고 이야기할 때 유아로 하여금 걷게 하는 데 더 효과가 있다.

② 유아 후기: 4, 5세

이 시기가 되면 유아들의 언어는 거의 성인의 것과 유사해진다. 문장은 길어지고 문장의 주요 구성요소들이 다 있다. 따라서 놀이는 무척 능동적이며 말이 많고, 다른 사람의 어휘 혹은 말하는 방식을 흉내 낼 수 있다. 예를 들어, '괴물' 혹은 인체에서 나는 트림, 방구 소리를 지칭하는 자극적인 어휘는 유아들에게 흥미를 일으키고 금방 다른 또래 유아들에게 번진다. 또한 유아들이 흉내 내기 좋아하는 소리 혹은 어휘가 있으며 이는 대중매체의 영향을 많이 받는다.

이 시기는 사회적 언어(social speech)가 발달하기 시작해서, 눈 맞추기, 두드리기, "있잖아" 등의 표현을 쓸 수 있게 되어 타인의 관심을 자신에게 주목하게 하는 기술을 사용한다. 잠깐 멈추고 다른 사람의 말을 듣기, 자신의 말을 수정하기, 자신이 말하고 있는 동안 다른 사람이 끼어들지 못하도록 짬을 주지 않기, 자신이 말하고 싶은 바를 마음에 간직한 채 자신의 말할 차례가 올 때까지 참고 기다리는 능력이 생기게 된다.

연령	3세 발달과업	4세 발달과업	5세 발달과업
언어	• 언어발달이 급격히 이루어져 어휘수가 매우 풍부하다. • 사용하는 문장의 길이가 길어지고 문법적인 문장을 사용하기 시작한다. • 조절된 긁적그리기 단계의 쓰기 현상이 나타난다. • 얼굴모양에 막대모양으로 팔과 다리를 구분한 그림 그리기가 나타난다.	• 두 가지의 지시문을 이해하고 실행한다.(예를 들어, 가방을 가져오고, 신발은 신발장에 넣어 주겠니?) • 왜, 만약에 등으로 시작하는 질문을 하기 시작한다.	• 그림을 보며 이야기를 꾸밀 수 있다. • 간단한 세 가지 지시사항을 이해하고 실행할 수 있다. • '어떻게'로 시작되는 질문을 하기 시작한다. • 그리고, 그러나 등의 접속사를 사용하여 말을 한다.

출처: 고문숙, 김수향, 이경하, 이용주, 임영심(2018). 아동관찰 및 행동연구. 경기: 양성원.

4) 사회성 발달

(1) 영유아의 사회성 발달에 대한 이해

인간은 출생에서부터 노년기까지 전 생애에 걸쳐 타인과 관계를 맺으며 사회에 적응하며 살아가는 사회적인 존재로서, 영유아는 부모와 생애 가장 처음으로 사회적 관계를 맺게 된다. 영유아기에 부모와의 관계를 맺으며 형성한 사회성은 이후 사회생활을 영위하는 데 초석이 된다. 사회성이 발달한 유아는 우정을 형성하고 유지할 수 있는 기술을 습득하고 있으며, 이를 통해 자신이 성취하고 싶은 사회적 목표를 달성할 수 있다(조성자, 2003).

이는 영유아의 사회성이 다른 발달영역과 상호 밀접한 관계를 맺고 있으며, 영유아의 사회성이 다른 발달에 미치는 영향력이 크다는 것을 시사한다. 유아가 사회성이 낮으면 또래 간의 상호작용이나 과제 수행에 어려움을 겪는다는 연구 결과(지성애, 김미경, 2003)는 "전인적 유아(whole child)"라는 맥락 아래 유아의 사회성을 인지적, 자기-통제적, 정서적/동기적 지지가 포함된 접근법이 필요함을 밝혔다. 영유아가 생애 최초로 울음, 응시, 미소 등을 통해 자신의 욕구와 의사를 표현하는 행동에서부터 시작된 사회적 사회작용은 영유아의 사회성이 발달함에 따라 부모, 형제자매, 그리고 또래로 점차 확대되면서 다양해진다(김난실, 2004).

즉, 영유아는 유아기가 되면서 가정을 벗어나 생활 반경이 넓어지고, 유아교육기관을 통해서 또래, 교사 등 가정을 벗어난 사회로 관계를 확대해 나간다. 점차 또래 친구와 어울리기 시작하며, 자아가 발달함에 따라 자기주장을 하며, 또래놀이가 활발해지며 유아는 수준이 높은 놀이에서 나타나는 또래와의 상호작용을 통해 사회성 발달이 더욱 극대화된다는 것을 볼 수 있다.

영유아기의 사회성 발달은 이 시기의 사회적 특징에 따라 놀이를 통해 접근해야 함을 알 수 있다. 특히, 유아기의 사회적 특징은, 첫째, 여러 친구와 어울리기 시작하며, 둘째, 자아의 발달로 인해 자기주장이 생기고 또래와의 놀이가 활발해지며 잘 다투고, 셋째, 자기중심적이고, 넷째, 성역할을 인식하게 되며, 다섯째, 극놀이를 즐기며, 여섯째, 집단형태의 놀이를 즐긴다(김재구, 조태성, 1984).

사회성 발달은 크게 자아존중감, 자아조절 및 친사회성으로 나눌 수 있다(Kail, 2016; Shaffer & Kipp, 2013: 성민경, 2021 재인용).

자아존중감은 자신의 가치에 대해 평가하는 것을 의미한다. 자아존중감이 낮은 영유아는 자신을 부정적으로 생각하고 이에 대해 불행하다고 여기기 때문에 자아존중감의 발달은 영유아의 사회성 및 정서발달에서 중요한 역할을 한다. 자아존중감 발달에 대하여 유전은 간접적으로 기여한다. 그렇지만 부모의 훈육 역시 자아존중감에 큰 영향을 미친다. 부모가 자녀에게 합리적인 기대를 하고, 자녀와 함께 규칙이나 훈육에 관하여 이야기를 나누는 경우 자녀는 자아존중감이 높아진다. 반면 자녀의 훈육에 소홀하거나 논의하기를 거부하는 부모에 대하여 자녀는 부모가 자신의 의견을 존중하지 않는다고 느끼며, 이는 자아존중감의 하락으로 이어진다.

자아조절은 자신의 행동을 통제하고 유혹에 충동적으로 반응하지 않는 능력을 말한다(Kail, 2016: 성민경, 2021 재인용). 자아조절은 도덕성 및 사회의 행동규칙을 지키는 첫 번째 단계라고 볼 수 있다. 첫돌 무렵의 영아는 부모가 자신의 행동을 제한하는 과정을 겪으면서 사람들이 요구하는 것에 적절히 반응해야 한다는 것을 배운다.

만 2세가 되면 영아는 타인이 제시하는 통제를 내재화하고 부모가 부재한 경우에도 내재화된 통제를 지키기 시작한다. 예를 들어, 부모가 같이 있지 않은 상황에서도 다른 영아의 놀잇감을 뺏지 말아야 한다는 것을 기억하면서 이를 지키는 행동은 내재화된 통제에 반응하는 경우이다. 만 3세경의 유아는 더 나아가 자신의 행동을 통제하는 방법을 직접 생각하고 실행에 옮기기 시작한다. 예를 들어, 다른 영아의 놀잇감을 뺏지 않아야 하는 상황에서 유혹을 제거하기 위하여 다른 놀이를 하는 방법을 찾는다.

자아조절은 부모가 수용적인 환경 속에서 행동에 대한 한계설정을 명확하게 하였을 때 영유아의 자아조절이 발달한다는 것을 여러 연구를 통해 증명하였다(Feldman & Klein, 2003; Vazsonyi & Huang, 2010: 성민경, 2021 재인용). 반면 부모가 엄격하게 행동할 경우 당장의 행동에 대한 제약은 가능하지만, 자아조절의 내재화가 이루어지지 않으므로 결과적으로 자아조절이 덜 숙련된다.

친사회성은 개인에게 직접적인 이득이 없어도 타인을 돕는 행위인 이타주의(altruism)와 관련이 깊다(Kail, 2016: 성민경, 2021 재인용). 이타주의적인 행동은 대체로 18개월경부터 나타나는데, 영유아는 울고 있는 다른 영아를 안아 주거나 달래 주는 행동을 보인다. 그리고 걸음마기에서 학령 전기 동안 유아는 점진적으로 타인의 요구를 이해하고 이에 발맞춰 적절한 이타적인 행동을 배우게 된다. 타인을 돕는 친사회적 행동을 하는 영유아는 타인의 관점을 수용할 줄 알고 타인의 감정을 지각하며, 원칙에 근거하여 행동하려는 사고에 의해 이루어진다.

각 연령에 따른 사회성 발달의 특징은 다음과 같다(고문숙 외, 2018).

〈표 4-10〉 **12개월 미만**

영역	발달과업
사회성 발달	1. 즐거운 표정이나 불쾌한 표정을 짓는다.
	2. 음악과 리듬에 즐거운 표정을 짓는다.
	3. 엄마에 대한 애착이 더욱 강해지게 되며, 보살핌을 받을 때 때때로 눈 마주치기를 원한다.
	4. 사람에 대해 특별한 관심을 갖게 되며 얼굴, 목소리로 사람을 접촉하게 되면 조용해진다. 사람의 얼굴을 그려 보여 주면 웃는다.

	5. 친숙한 사람에게 미소 짓고, 소리를 내며, 온몸을 움직여 기쁨을 표시하며 껴안거나 입을 맞추는 등 애정표현을 한다.
	6. 손을 내밀어 어른에게 장난감이나 물건을 건네준다.
	7. 어른을 모방하여 손뼉을 치며 짝짜꿍을 한다.
	8. 자기 이름에 대한 반응으로 바라보거나 가까이 온다.
	9. 기분이나 감정의 변화를 표현하면서 정서를 더욱 분명하게 표현한다.
	10. 타인의 주의를 끌며 주의를 끌기 위해 말을 하며 애정을 받고자 하는 사회적 신호가 나타난다. 사람과의 접촉도 많아져 인간관계가 확장되기 시작한다.
	11. 격리불안이 나타나기 시작하며 낯선 사람을 두려워 한다. 헤어졌던 엄마를 보면 반가워 한다.
	12. 교사의 도움을 받으려는 경향이 두드러진다.
	13. 크게 소리 내며 놀기 시작한다.
	14. 모방으로 인사, 청결, 배변습관 등의 사회적 놀이를 할 수 있다.
	15. 해서는 안 되는 것과 해도 되는 것을 안다.
	16. 기분이 좋으면 교사에게 뽀뽀한다. 화가 나면 교사를 때리거나 물건을 던진다.
	17. 무서우면 울거나 숨는 흉내를 낸다.
	18. 심술이나 외고집이 나타난다.

〈표 4-11〉 **12개월~24개월 미만 영아의 발달과업**

영역	발달과업
사회성 발달	1. 격리불안이 나타나기 시작한다.
	2. 가장 애착을 갖는 사람을 안전의 근거로 삼아 주변의 환경을 탐색한다.
	3. 애정의 반응이 분화된다.
	4. 웃음과 관심을 끌 행동을 반복한다.
	5. 자기주장을 하기 시작한다.
	6. 혼자서 지내는 비사회적인 활동시간이 많아진다.
	7. 걷거나 사물에 대한 관심이 이전보다 강해진다. 주변 사물이나 대상을 관찰하기를 좋아한다.
	8. 사람에 대한 관심이 일시적으로 줄어든다.
	9. 사람들이 하는 일에 관심이 많으며 단순한 일에 어른을 모방한다.
	10. 자신을 보살펴 주는 사람들의 욕구를 깨닫고 행동을 통제할 수 있다(순간적인 통제이다).

	11. 감정을 명확히 표현한다.
	12. 사회성의 기본이 형성된다. 잘 아는 또래 아동이나 친숙한 어른들에게 인사를 하며, 성인이 얘기하면 다른 어린이와 물건을 나누어 갖거나 음식을 나누어 먹는다.
	13. 다른 사람에게 어떤 행동이나 물건을 보여 주기 위해 사람을 끌어당긴다.
	14. 각기 별개의 행동을 하면서 다른 영아와 논다. 자기 것이나 마음에 드는 것에 집착하여 친구들과 싸운다.
	15. 공놀이 같은 사회적 게임을 시작한다.
	16. 즐거운 감정이 나타나며, 불안 및 공포의 감정도 나타난다.
	17. 고집을 피우기도 하며 싫어하는 감정도 나타낸다. 형제에 대해 질투하는 감정이 나타난다.
	18. 리듬에 맞추어 몸을 움직이거나 흥얼거린다.
	19. 자신의 감정을 동작 또는 언어로 나타낼 수 있다.
	20. 음악 듣기, TV 보기, 그림책 보기를 좋아한다.

〈표 4-12〉 25개월 ~ 36개월 영아의 발달과업

영역	발달과업
사회성 발달	1. 간단한 집단놀이(박수치기, 춤, 노래 등)에 참여하며 다른 사람과 함께 협동적으로 놀이한다.
	2. 성인의 간단한 지시에 잘 따른다.
	3. 사랑, 분노, 슬픔, 즐거움 등과 같은 감정을 드러내 보인다.
	4. 놀이할 때 친구들과 어울리는 즐거움을 알게 되며 자연현상에 대해 불안 및 공포의 감정을 나타낸다.
	5. 해야 할 일에 대해 고집을 피우기도 하며 형제에 대해 질투하는 감정도 보인다.
	6. 방해받으면 싫어하고 저지당하면 화를 낸다.
	7. "아냐", "싫어", "내 거야" 등의 거부적인 언행을 자주 보인다.
	8. 낯선 사람에게 수줍은 감정을 드러낸다.
	9. 엄마, 아빠 이외에 친척(할머니, 할아버지, 이모, 고모, 삼촌 등)을 따른다.
	10. 교통 놀잇감을 좋아하며, 그림책을 좋아한다.
	11. 이야기 듣기를 좋아하게 되며 약 10분 정도 음악이나 이야기를 들을 수 있다.
	12. 다른 사람과 함께 협동적으로 놀이하기 시작한다.

연령	3세 발달과업	4세 발달과업	5세 발달과업
사회성 발달	• 자기정체성이 생기고 자아개념이 생기기 시작한다. • 자아에 대한 느낌이 계속 발달하면서 자신의 정서와 느낌을 강하게 표현한다. • 기분의 변화가 심하다. • 다른 사람의 의견이나 느낌에 대한 이해는 거의 없다. • 다른 친구들이 노는 것을 구경하기도 하고 둘이서 함께 놀기도 한다. • 자기 물건에 대한 소유의식이 생기기 시작한다. • 자기중심적이어서 다른 영유아와 놀잇감을 나누어 쓰기 어렵다.	• 주변의 세계에 관심을 가지기 시작한다. • 유머 감각이 생기기 시작한다. • 무엇이든지 자기가 해 보려는 자립심이 생기기 시작한다. • 5분 정도 앉아서 이야기를 들을 수 있다. • 친구들과의 상호작용이 늘면서 특별히 좋아하는 친구가 생기게 되고 연합놀이에 많이 참여한다. • 공격적 행동이 많이 나타나는데 이는 적개심보다는 좌절감에서 오는 경우가 많다. • 교사의 도움이 있으면 순서를 기다릴 줄 안다. • 교사의 요청이 있을 때 자신의 물건을 나누어 가진다. • 화장실을 혼자서 갈 수 있다.	• 여러 명의 친구들과 함께 집단으로 놀이를 하면 협동놀이나 게임 등을 시작한다. • 남자와 여자가 같이 노는 경우가 드물어지고 성역할에 대한 고정관념이 확실해진다. • 놀이의 주제가 다양해지고 놀이의 시간도 길어진다. • 차례를 기다릴 줄 알고 물건도 나누어 쓸 수 있다. • 교사의 지시를 잘 따른다. • 갈등상황을 말로 해결할 수 있다.

출처: 고문숙, 김수향, 이경하, 이용주, 임영심(2018). 아동관찰 및 행동연구. 경기: 양성원.

5) 자조 발달

(1) 영유아의 자조 발달에 대한 이해

영유아의 자조기술에 대해 세계보건기구(World Health Organization)는 몸 씻기, 개인위생, 용변, 옷 갈아입기, 먹기, 마시기, 자신의 건강 및 안전 돌보기 등을 자조기술 영역에 포함하고 있다(WHO, 2007).

또한 국가 수준의 교육과정인 2019 개정 누리과정에서도 손 씻기, 이 닦기 등 몸을 깨끗이 하는 적절한 방법을 알고 실천하기, 영유아가 질병의 위험으로부터 건강을 유지할 수 있는 다양한 생활방식 알기 등 영유아기 추구하는 인간상에 '건강한 사람'이 되기 위한 자조기술을 강조하고 있다(교육부, 보건복지부, 2019).

영유아의 자조기술 개념에 대해 박은혜, 지성화(2022)의 연구에서 제시한 내용을 재인용하면 골드버그, 딜, 신 그리고 난(Goldberg, Dill, Shin, & Nhan, 2009)은 "개인이 자기 자신을 향한 발달적이고 사회적인 요구를 충족하여 성공적으로 삶을 살 수 있도록 하는 것으로 착·탈의, 몸치장, 식사, 용변과 같은 항목을 포함한 기본적인 능력"으로 보았다. 또한 영유아의 자조기술을 "생활을 유지하기 위해 기본적인 행동으로써 독립적인 기능을 유발하는 행동이며, 이는 신체적 기능과 깊이 관련되어 있고, 행동을 통해 문화적인 관례를 따르는 행동 기술"로도 정의하고 있다(이소현, 박은혜, 2011).

또한 영유아의 자조기술은 식사기술, 용변 기술, 착·탈의 기술, 개인 위생 기술로 나눌 수 있다(박은혜, 지성화, 2022). 따라서 영유아기의 자조기술은 영유아의 전인발달에 매개가 되며 나아가 성인으로서의 기본적인 삶을 유지할 수 있도록 하여 핵심적 기조가 됨을 유추하게 한다. 유아의 자조기술은 제한적이고 미숙한 것부터 시작하여 이전의 경험을 점차 누적하여 발달하고 순차적으로 확장되는 특성이 있다. 다양한 발달영역 중에서도 영유아의 신체발달은 자조기술과 밀접한 관련성을 갖는다. 영유아들은 씹기 전에 빨고, 그들이 스푼을 사용하기 전에 그들의 손가락과 함께 먹는다.

자조기술과 관련된 일련의 성취들은 다음과 같이 여러 단계의 과정을 통해서 완성된다. 자조기술 발달은 우선적으로 신체적인 성숙이 선행되어야 하며 발달 그리고 기술의 숙련, 이전의 성취 경험에 따라 좌우되기 때문이다(Nilsen, 2016: 박은혜, 지성화, 2022 재인용). 또한 영유아의 소근육 발달은 자조기술과의 관련성이 높다. 대부분 영유아는 대·소근육 운동기술을 발달해 감에 따라 점점 더 진보된 자조 기술 및 적응행동들을 수행할 수 있게 되며, 이를 통해 좀 더 독립적인 개체로 성장해 나간다(박량은, 2016).

특히, 연령이 증가함에 따라 양손에서 한 손에 컵을 들고, 외투를 입고 벗고, 단추와 단추를 풀 수 있게 되는 등 영유아의 소근육 발달과 자조기술은 밀접한 관계를 맺고 있다(McAfee & Leong, 2007: 박은혜, 지성화, 2022 재인용).

영유아기 소근육 발달이 왕성해지면서 식사기술 외 착·탈의 기술이 발달하여 3세 경에는 유아가 스스로 옷을 벗을 수 있고, 4세경에는 옷을 입을 수 있으며, 5세에서 6세가 되면 혼자서 옷을 입고 벗을 수 있을 뿐 아니라 단추나 지퍼를 스스로 여닫을 수 있고, 신발도 신고 벗어서 가지런히 정리할 수 있다고 주장하며 자조기술과 소근육의 관련성이 있음을 언급하고 있다(박은혜, 지성화, 2022).

각 연령별 자조기술 발달과업을 살펴보면 다음과 같다(고문숙 외, 2018).

〈표 4-13〉 **12개월 미만**

영역	발달과업
자조기술	1. 우유병을 혼자 잡고 먹을 수 있다.
	2. 도움을 받아서 음식을 푼 숟가락을 입에 댄다.
	3. 숟가락으로 스스로 먹는다.
	4. 옷을 입혀 줄 때, 팔, 다리를 벌린다.

〈표 4-14〉 **12개월~24개월 미만 영아의 발달과업**

영역	발달과업
자조기술	1. 말이나 몸짓을 사용해 화장실 갈 의사를 표시한다.
	2. 변기나 아기변기에 잠시 동안 앉아 있으며 변기에서 소변을 보는 것을 꺼리지 않는다.
	3. 모자를 쓰고 벗으며 양말을 벗는다.
	4. 단추를 풀어 주었을 때 외투를 벗는다.
	5. 도움 없이 컵으로 마신다.
	6. 혼자서 숟가락을 사용하여 음식을 먹는다.

〈표 4-15〉 25개월 ~ 36개월 영아의 발달과업

영역	발달과업
자조기술	1. 약간 흘리면서 숟가락이나 컵으로 스스로 먹는다.
	2. 수건을 주었을 때 도움 없이 손을 닦는다. 손과 얼굴을 씻으려 한다.
	3. 어른의 행동을 모방하여 이를 닦는다.
	4. 낮 동안에 옷 입은 채로 변을 보기 전에 화장실에 가자고 한다.
	5. 혼자서 옷을 입거나 벗으려고 한다.
	6. 교사의 지시에 따라 인사할 수 있다.
	7. 뾰족한 가구 모퉁이나 난간 없는 층계 등 위험물을 피한다.
	8. 주전자에서 도움 없이 물을 컵에 붓는다.

출처: 이정환, 박은혜(1995). 교사를 위한 영유아의 관찰 워크북. 서울: 한국어린이육영회.

3 영유아 발달의 이해를 돕는 관찰의 실제

1세 영아기는 인간의 일생에서 신체적 성장이 가장 빠른 속도로 이루어지는 시기이다. 특히 출생 후 첫 1년간은 신체와 뇌의 성장이 급속도로 이루어진다. 태내기와 영아기는 두뇌발달의 결정적 시기이며, 이 시기 동안의 영양결핍은 두뇌의 성장 · 발달을 저해하는 요인이 된다.

다음은 1세 영아의 신체운동 발달에 대한 이해에 도움을 줄 수 있는 놀이활동 관찰 사례이다.

<table>
<tr><td>관찰대상</td><td>김우람</td><td>연 령</td><td>1세</td><td>성 별</td><td>남</td></tr>
<tr><td>관 찰 자</td><td>김지숙</td><td>관 찰 일</td><td>20**년 *월 *일</td><td>관찰장소</td><td>교실</td></tr>
<tr><td>관찰시간</td><td>09:15~09:25</td><td>교육과정영역</td><td colspan="3">• 신체운동: 신체활동 조절하기 – 대소근육을 조절한다.
• 예술경험: 창의적으로 표현하기 – 감각을 통해 미술을 경험한다.</td></tr>
<tr><td>시 간</td><td colspan="5">기 록</td></tr>
<tr><td>기 록</td><td colspan="5">병아리 밑그림 자료, 색연필을 테이블 위에 제시하고 영아들이 관심 있게 놀이하는지 교사는 지켜보고 있다.
우람이는 책상 위에 밑그림 종이를 가지고 서 있는다.
교사가 크레용을 보여 주며 우람이에게 "무슨 색을 좋아하니?" 하고 묻자 우람이는 "주황색"이라고 대답한다. 친구들이 병아리 밑그림에 긁적거리기를 하자 우람이도 일어선 채로 종이에 색칠을 하려고 한다.
교사가 "우람이도 앉아서 할까?"라고 말하자
우람이도 교사 옆으로 가서 앉는다.
"꼬꼬 꼬꼬" 하며 병아리 밑그림에 주황색으로 색칠한다.
교사가 "병아리 다리는 무슨 색으로 칠하지?" 하고 질문하자
파란색을 잡고 색칠한다. 밑그림의 중간 부분만 조금 색칠하고 선생님에게 병아리 그림을 주고 다른 곳으로 이동한다.</td></tr>
<tr><td>발 달 적
요 약</td><td colspan="5">• 손 전체를 이용하여 크레용을 잡을 수 있으며 직선, 사선 형태의 긁적거림이 나타나는 것으로 보아 소근육의 조절과 협응력이 발달하고 있음을 알 수 있다(신체발달).
• 색의 이름을 안다(인지발달).
• 자신이 좋아하는 색의 이름을 정확하게 말할 수 있다(언어발달).
• 병아리의 신체구조 및 색깔 등에 대해 정확한 이해력은 부족하다(인지발달).</td></tr>
<tr><td>놀이지원
계획</td><td colspan="5">• 소근육의 조절과 협응력이 발달할 수 있는 다양한 활동을 제공한다.
• 동물의 신체구조 및 색깔 등에 관련한 학습활동을 제공한다.
• 부분과 전체의 구조를 이해할 수 있는 다양한 색칠공부 활동 등에 참여할 수 있는 기회를 제공한다.</td></tr>
</table>

3세 유아의 놀이는 탐색과 환상에 의해 지배를 받는다. 이들은 놀이를 통해 자신의 기술을 연마하고 생활의 각본을 연출한다. 3세 유아는 자신의 생각을 표출하는 놀이 시간 동안 혼자 놀이 또는 병행놀이로 대부분의 시간을 보낸다(고문숙, 임영심, 2011).

다음의 일화기록은 3세 유아의 놀이행동을 관찰한 후 유아의 전반적인 발달에 대하여 추론 및 평가를 기술한 관찰 사례이다.

<table>
<tr><td>관찰대상</td><td>이성우</td><td>연 령</td><td>3</td><td>성 별</td><td>남</td></tr>
<tr><td>관 찰 자</td><td>최영희</td><td>관 찰 일</td><td>20**년 *월 *일</td><td>관찰장소</td><td>교실</td></tr>
<tr><td>관찰시간</td><td>09:10~09:20</td><td>교육과정영역</td><td colspan="3">• 신체운동 · 건강: 신체활동 즐기기- 신체움직임을 조절한다.
• 사회관계: 더불어 생활하기 - 친구와 서로 도우며 사이좋게 지낸다.</td></tr>
<tr><td>시 간</td><td colspan="5">기 록</td></tr>
<tr><td>기 록</td><td colspan="5">성우는 자유선택활동시간에 3가지 색깔의 플라스틱 컵 교구를 가지고 놀고 있다.
성우: (분홍색 컵을 사용하여 1층에 7개를 나열한다. 남은 컵을 그 위로 피라미드형으로 쌓는다. 그리고 분홍색의 컵의 왼쪽에 연두색 컵을 이어 쌓는다. 오른쪽으로 간 후 남은 연두색 컵을 이용하여 바닥부터 두 개씩 쌓아 올린다.)
성우: (계단을 한 칸 내려와 눈을 크게 뜨고 웃으며) 나 이렇게 큰 것은 처음 봤어!
교사: 성우는 정말 크게 만들었구나?
성우: (피라미드를 쳐다보며) 피라미드보다 내 키가 더 커요.
성우: (남은 주황색 컵을 이용하여 피라미드 형태를 만들어 나간다.) 성우의 손에 살짝 부딪혀 컵 피라미드가 와르르 쏟아진다.
성우: (쓰러지는 컵들을 모며) 헉!
영빈: (다가오며) 시끄러워!
성우와 영빈이는 함께 바닥에 떨어진 컵들을 주워서 함께 다시 쌓기 시작한다.
영빈: 이거 집 같아! 집!
성우: (컵을 무너뜨리며) 우리 우리가 들어갈 수 있는 집 만들자.
영빈: 컵을 넓게 해서 공간을 비워 두고 이렇게 우리가 들어가는 거야.
성우: (컵과 벽 사이의 공간을 더 넓히며) 이 정도면 돼?
영빈: 아니. 우리 친구들 다 들어와야 하는데.
성우: (컵과 벽 사이의 공간을 더 넓히며) 다 들어갈 수 있을까?
영빈: 한 줄로 하면 친구들 다 들어올 수 있겠는데?
성우: (자신이 앉을 수 있을 만큼의 공간을 두고 컵을 한 줄로 만들어 집을 만든다).
성우: 그럼 이제 우리 들어가야지! (컵으로 만든 집안으로 들어가 왼쪽 가장자리에 앉는다).</td></tr>
<tr><td>발 달 적
요 약</td><td colspan="5">• 색깔의 패턴과 규칙성을 안다(인지발달).
• 사물의 크고, 작음을 비교할 수 있다(인지발달).
• 친구와 협력하여 활동을 할 수 있다(사회성 발달).
• 다른 사람을 배려하고 함께할 수 있는 일을 즐긴다(사회성 발달)</td></tr>
<tr><td>놀이지원
계획</td><td colspan="5">• 사물의 크고 작음의 표현을 명확하게 표현할 수 있는 다양한 활동들을 제공한다.
• 다양한 색깔의 패턴과 규칙성을 이해할 수 있도록 과제의 난이도를 조절하여 제공한다.
• 공간의 개념을 확충할 수 있는 놀이를 제공한다.</td></tr>
</table>

4세 유아들은 달리고 폴짝 뛰고 기어오르고 하는 과정에서 놀이기술을 연마하고 세련시키고 자신의 개인적 능력을 실험한다. 4세 유아들은 그들의 규칙을 바꾸고 게임의 내용을 변화시키기도 한다. 교사가 소개한 처음의 놀이 형식을 유아들은 놀이를 하는 동안 새로운 규칙으로 다시 탄생시키기도 한다(고문숙, 임영심, 2011).

다음의 표본식 기록은 4세 유아의 놀이행동을 관찰한 후 유아의 전반적인 발달에 대하여 추론 및 평가를 기술한 관찰 사례이다.

관찰대상	양권률	연 령	4	성 별	남
관 찰 자	김순희	관 찰 일	20**년 *월 *일	관찰장소	역할 영역
관찰시간	09:20~09:40	교육과정영역	• 자연탐구: 생활속에서 탐구하기 – 물체의 위치와 방향, 모양을 알고 구별한다. • 의사소통: 듣기와 말하기 – 자신의 경험, 느낌을 말한다.		
시 간	기 록				
09:20	권률이가 매트를 들고 와서 바닥에 편다. 일어나서 역할놀이 영역으로 향한다. 역할놀이 영역에서 '케이크 장식하기' 교구를 들고 와서 자신의 매트 자리로 돌아와 앉는다. 도건이도 권률이 옆에 매트를 펴고 들고 와서 앉는다.				
09:23	권률이가 케이크에 꽂혀 있는 장식을 다 빼서 그릇에 담는다. 초코 생크림 모형과 딸기 생크림 모형, 초콜릿 모형, 딸기 모형, 블루베리 모형, 귤 모형, 촛불을 종류별로 분류해서 매트 위에 나열한다. 조각 케이크마다 한 종류의 모형만 꽂아서 장식한다.				
09:27	권률이가 도건이에게 "도건아! 니가 좋아하는 케이크는 뭐야? 나는 초코 생크림 좋아하는데"라고 말한다. 도건이가 권률이에게 "나는 초코릿!"이라고 대답한다. 권률이가 도건이에게 "오케이! 알았어. 내가 초코릿 맛 케이크 줄게"라고 말하며 장난감 칼을 들고 케이크에 초콜릿 모형만 꽂혀 있는 부분을 잘라 조각내어 도건이에게 준다. 초콜릿 케이크를 받은 도건이는 웃으면서 먹는 시늉을 한다.				
09:30	권률이가 도건이에게 자신이 장식한 케이크를 가리키며 "이쪽은 딸기 생크림 케이크, 여기는 내가 제일 좋아하는 초코 생크림만 모아 뒀어. 여기는 블루베리 케이크, 여기는 귤 케이크, 과일 케이크도 맛있어. 여기는 딸기 케이크!" 하고 말한다. 도권이는 권률이에게 초콜릿 케이크를 주면서 "이것도 얼른 합쳐"라고 말한다.				
09:35	권률이에게 케이크 장식을 다 빼고 두 가지 종류로 분류해서 다시 장식한다. 그리고 나서 도건이에게 "도건아, 이건 반반 세트야. 아까 만든 건 초코만 있었는데 이건 초코랑 딸기 섞어서 반반세트!"라고 말한다. 도건이는 말없이 권률이를 바라본다.				

09:40	권률이가 두 가지 분류해서 장식한 케이크 조각들을 합친다. 동그란 타원형이 된 케이크를 다시 장난감 칼로 잘라 조각낸다. 조각 케이크 두 개를 합치면서 "이거 두 개를 합치면 반반세트 투"라고 말한다. 조각 케이크 세 개를 합치면서 "이건 반반세트 쓰리!"라고 말한다. 도건이는 권률이를 바라보면서 웃는다.
발달적 요약	• 장식모형을 종류별로 분류해서 케이크를 꽂는 것으로 보아 같은 것끼리 짝을 지어 분류할 수 있으며, 사물의 규칙성을 안다(인지발달). • 케이크 조각을 두 개씩 또는 세 개씩 합치면서 "반반세트 투", "반반세트 쓰리"라고 명명하는 것으로 보아 전체와 부분의 관계, 영어의 수개념을 안다(인지발달, 언어발달). • 친구에게 놀이를 제안할 수 있으며, 친구의 생각을 배려하며, 놀이를 이끌어 가는 리더십과 친사회성이 발달되어 있다(사회성 발달).
놀이지원 계획	• 사물의 규칙성을 인지할 수 있는 다양한 사물을 분류하는 활동을 제공한다. • 다양한 색깔의 패턴과 규칙성을 이해할 수 있도록 과제의 난이도를 조절하여 제공한다. • 공간의 개념을 확충할 수 있는 놀이를 제공한다. • 확장활동으로 음식점놀이를 제공하여, 전체와 부분의 관계, 친사회성을 확장할 수 있는 경험을 제공한다. 일상생활과 관련된 다양한 상징놀이 경험을 제공한다.

CHAPTER 05

부모면담

본 장에서는 부모면담의 정의 및 의의, 유형, 계획에 대해 알아보고, 개별면담과 집단면담으로 나누어 부모면담의 실행과정을 살펴보고자 한다.

1 부모면담

1) 부모면담의 정의 및 의의

교사와 부모의 상호협력적 관계는 영유아의 성장과 발달을 지원하기 위해 대단히 중요하다. 상호협력적 관계형성에서 큰 비중을 차지하는 부모면담을 통해 교사는 부모에게 기관에서 생활하는 영유아에 대한 정보를 체계적으로 전달하고 부모로부터 영유아의 출생과 성장, 가정에서의 생활 등에 대한 광범위한 정보를 얻게 됨으로써 부모와 교사는 영유아에 대해 포괄적으로 이해하게 되고, 이는 영유아의 올바른 성장을 위한 지도의 밑바탕이 된다.

부모면담에 대한 정의를 살펴보면, 정갑순(2006)은 "부모면담이란 교사와 부모가 서로 대면하여 유아의 가정생활과 유아교육기관에서의 생활 전반에 대해 의견을 교환함으로써 유아교육기관과 가정이 상호 연계를 갖고 유아의 발달을 돕고자 하는 활동"이라고 했으며, 전남련 등(2007)은 "부모면담이란 특정한 목적을 가지고 특정한 내용에 관하여 부모와 교사가 직접 얼굴을 맞대고 일정한 시간에 언어를 매개로 하여 정보를 얻거나 의사나 감정을 전하는 양식"이라고 하였다. 황해익 등(2014)은 "부모면담은 영유아의 전인적인 성장과 발달을 위해 유아교육기관과 가정의 일관성 있는 교육의 방향을 결정짓는 계기를 마련하는 시간"이라고 정의하였다.

부모면담에 대한 학자들의 정의를 종합해 보면, 부모면담은 부모와 교사가 직접 만나 유아의 성장과 발달에 대한 정보를 서로 교환함으로써 유아교육기관과 가정의 일관성 있는 영유아 지도 방안 모색을 목적으로 하는 활동이라고 할 수 있다.

부모와 유아교육기관의 협력적 관계를 도모하는 부모면담은 영유아의 건강한 성장과 발달을 이끄는 수레의 양쪽 바퀴와 같은 부모와 교사에게 다음과 같은 의의를 지니고 있다.

첫째, 부모면담에서 부모는 자녀의 출생과 성장과정, 행동특성 등에 대한 정보, 자녀에 대한 기대 등을 교사에게 알릴 수 있는 기회를 갖게 된다. 교사는 영유아의 가정생활이나 가족관계 등에 대해 알게 됨으로써 영유아를 보다 포괄적으로 이해하는 데 도움이 된다.

둘째, 부모는 가정이 아닌 공동생활이 이루어지는 유아교육기관에서 보이는 영유아의 행동에 대한 교사의 관찰자료와 정보를 통해 자녀를 보다 객관적으로 이해하는 기회가 됨으로써 가정에서의 자녀 양육 및 지도에 도움이 된다.

셋째, 부모는 면담을 통해 유아교육기관에서 이루어지는 교육 및 보육활동에 대해 보다 자세히 알게 됨으로써 협조적인 태도를 갖게 된다.

넷째, 영유아에게 문제가 되는 행동이 발생했을 경우에 부모와 함께 협력적인 관계를 바탕으로 일관성 있는 지도를 통해 영유아 문제행동에 접근할 수 있다.

다섯째, 유아교육기관에서 이루어지는 행사나 프로그램 진행에 있어서 부모의 의견을 반영할 수 있는 기회를 제공한다.

이와 같은 의의를 지닌 부모면담이 제대로 이루어지기 위해서는 교사의 철저한 준비가 필요하다. 부모면담을 실시하기 전에 개별 영유아의 발달에 대한 검사결과, 관찰자료, 포트폴리오 등 포괄적인 자료를 체계적으로 정리하여 활용함으로써 객관적이고 신뢰성 있는 면담이 이루어질 수 있도록 해야 한다.

부모면담을 통해 교사는 부모로부터 영유아의 출생과 성장, 가정에서의 생활 등에 대한 광범위한 정보를 얻게 되고, 교사가 부모에게 기관에서의 영유아의 행동과 일상생활 등에 대한 다양한 정보를 전달하는 과정에서 부모와 교사는 영유아 발달을 지원하는 상호협력적 관계를 형성하게 된다. 주로 부모와 교사의 대면으로 진행되었던 부모면담은 맞벌이 가정의 증가, 근무환경의 다양화 등 사회적 변화와 IT기술의 발달 등으로 유아교육현장에서는 홈페이지, 밴드, 카페, 카카오톡 등 다양한 방법으로 이루어지고 있다. 2019 놀이중심 교육과정이 실행되면서 놀이 과정에 대한 체계적인 관찰과 기록, 교수 지원 등에 대한 정보를 부모와 다양한 방법으로 공유함으로써 유아의 놀이와 발달에 대한 부모의 이해를 높이는 데 기여하고 있다.

◎ 유아교육기관 홈페이지 활용 및 신문 제작을 통한 정보 공유 사례

유아들의 흥미 발견, 언어적 상호작용, 놀이과정에 대한 관찰기록을 바탕으로 놀이의 전 과정을 한눈에 볼 수 있도록 신문을 제작하거나 교육과 관련된 다양한 정보를 제공하고 가정연계를 위해 놀이방법을 홈페이지에 게시하여 부모와 공유함으로써 유아와 놀이에 대한 부모와 교사의 이해를 높일 수 있다.

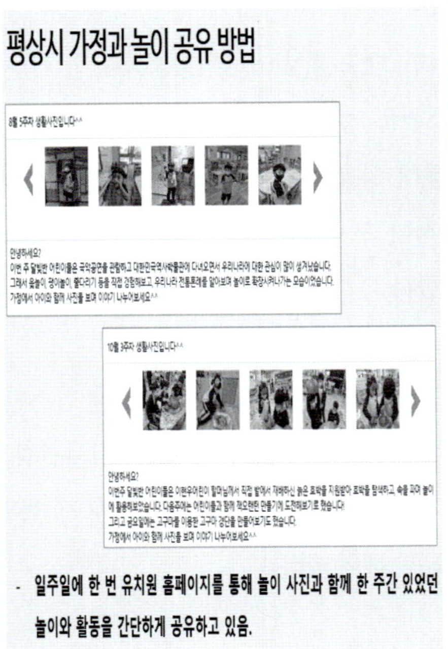

홈페이지 활용	지면 활용

출처: 서울특별시교육청유치원미래교육지원단(2022). 놀이자료 지원을 통한 놀이 활성화-신문을 통해 놀이내용 가정과 공유하기: 7~8월 진행된 바닷속 동물 놀이를 중심으로.

◎ SNS를 통한 정보 공유 사례

유아교육기관에서 이루어지는 놀이 및 활동에 대한 정보를 SNS를 통해 부모와 공유하고 가정과의 연계활동을 진행하는 등 부모와 교사 간의 긴밀한 의사소통이 이루어질 수 있는 기회가 되고 있다.

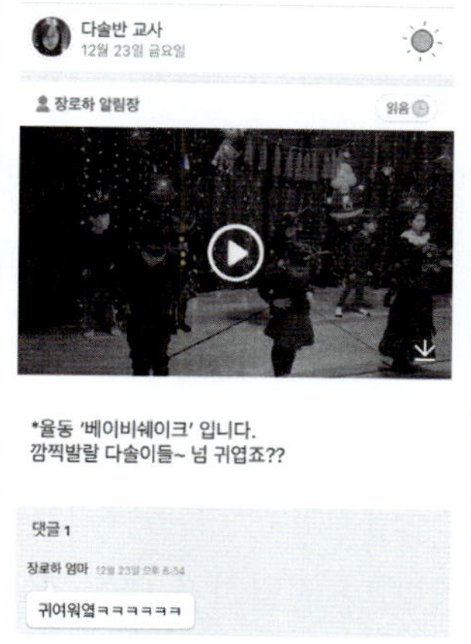

SNS를 통한 놀이 및 활동 공유

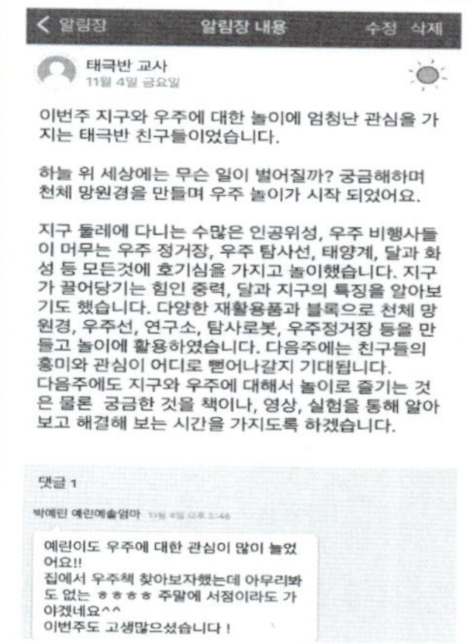

교사-부모 SNS 소통

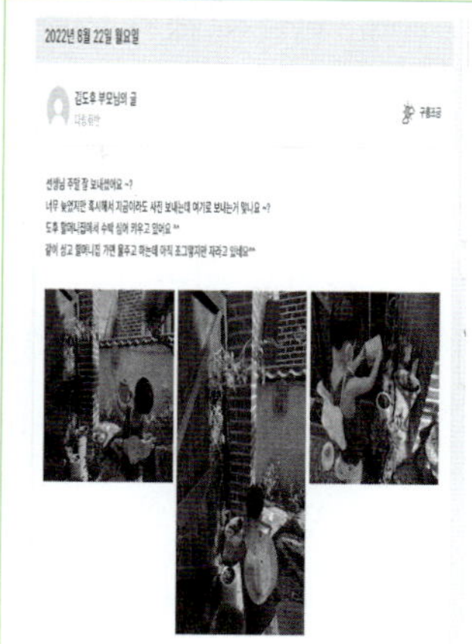

가정과의 연계 활동

출처: 놀이중심 가정연계사례-근로복지공단 창원어린이집(연수용), 2019 개정 누리과정의 방향에 맞춘 가정연계-놀이하는 아이, 부모, 교사의 발맞춤.

2 면담의 유형

부모면담의 유형은 면담에 참여하는 인원에 따라 개인면담과 집단면담으로, 면담의 계획 여부에 따라 정기면담과 수시면담으로, 면담상황의 구조화 정도에 따라 구조화면담, 반구조화면담, 비구조화면담으로 구분된다.

첫째, 면담에 참여하는 인원에 따라 개인면담과 집단면담으로 나눌 수 있다. 개인면담은 교사와 부모가 일대일의 관계로 만나 이루어지는 면담의 형태로 개별 영유아에 대한 정보를 보다 자세하게 의견을 교환할 수 있는 특징이 있다. 집단면담은 교사와 비슷한 수준과 공통된 관심사를 가진 여러 명의 부모가 만나 이루어지는 면담의 형태로 부모들 간의 의사소통을 통해 자녀의 문제를 보다 폭넓게 볼 수 있는 기회를 제공하며 부모들 간에 지지적 관계를 형성할 수 있는 특징이 있다.

둘째, 면담의 계획 여부에 따라 정기면담과 수시면담으로 구분된다. 정기면담은 주로 학기 초나 학기 말에 정기적으로 모든 영유아의 부모를 대상으로 영유아에 대한 정보를 주고받기 위한 목적으로 또는 자녀양육 및 교육에 대한 일반적인 정보를 부모에게 제공하기 위해 이루어진다. 수시면담은 영유아의 특별한 문제행동 지도를 위해 교사 또는 부모의 요청에 의해 수시로 이루어질 수 있으며 개별 영유아에 대한 보다 깊이 있는 면담이 이루어질 수 있다.

셋째, 면담상황의 구조화 정도에 따라 구조화면담, 반구조화면담, 비구조화면담으로 나눌 수 있다. 구조화면담은 부모면담을 통해 얻거나 전달하자 하는 정보를 미리 목록으로 만들어 놓고 계획에 따라 차례대로 질문과 대화가 이루어지는 형태이다. 반구조화면담은 미리 만들어 놓은 질문목록에 따라 면담이 이루어지지만 대화를 진행하는 과정에서 질문의 순서를 바꾸거나 추가적인 질문이 이루어질 수 있어 구조화면담보다는 자유롭고 보다 계획된 내용보다 많은 정보를 얻을 수 있는 장점이 있다. 비구조화면담은 교사가 면담의 내용 또는 질문을 대략적으로 구상하고 부모와 자유롭게 대화를 주고받으면서 이루어지 형태로 가장 이상적인 방법이긴 하지만 경험이 많지 않은 교사가 진행하는 데 무리가 있을 수 있다.

3 면담의 계획

부모와 면담을 진행하고자 할 때에는 면담의 준비뿐만 아니라 면담의 전반적인 과정에 대한 체계적인 계획이 필요하다.

첫째, 면담의 목적을 분명히 한다. 부모로부터 영유아에 대한 정보를 얻고 일반적인 주제에 대한 면담인지, 영유아의 문제행동에 대한 원인을 파악하고 부모와 협력하여 문제해결 방안을 찾고자 하는 것인지 등 면담의 목적에 따라

면담의 유형, 면담에 필요한 자료의 준비 등이 달라질 수 있기 때문이다.

둘째, 면담의 대상을 미리 파악한다. 주로 면담은 부모를 대상으로 이루어지지만 사회가 다변화되고 다양한 형태의 가족구조가 만들어지면서 면담의 대상은 부모가 아닐 수 있다. 실제적인 양육의 책임을 가진 성인, 즉 부모뿐만 아니라 조부모, 친인척, 대리 양육자도 면담의 대상이 될 수 있고, 면담 대상이 누구냐에 따라 면담의 내용이 달라질 수 있기 때문에 면담의 대상을 미리 파악할 필요가 있다.

현대 부모의 특성

- 부모가 되기 전에 부모의 역할을 준비할 기회가 전혀 없다.
- 부모는 자신에게 문제가 있는 것은 아닌지, 부모역할을 제대로 하고 있는지, 자녀의 문제를 바로잡을 수 있을지 등에 대한 걱정이 많다.
- 대부분의 가정에서는 한두 자녀만을 양육하기 때문에 부모에게 자녀들은 가장 소중한 존재이다.
- 내 아이가 다른 아이보다 뛰어나기를 기대한다.
- 초등학교에 입학하기 전에 기초적인 학습지도를 시켜야 좋은 대학에 진학할 수 있다고 생각한다.
- 자녀의 수가 줄고 경제적 수준이 나아지면서 특기교육 하나쯤은 시켜야 한다고 생각한다.
- 취업모가 증가하면서 유아교육기관에서 교육뿐만 아니라 보호까지도 책임져 주기를 원한다.
- 핵가족, 이혼가정의 확대로 가정이 불안해지면서 부모역할에 대한 불안감이 커지고 자녀양육에 대해 누군가의 도움을 원한다.

출처: 조운주, 최일선(2013). 유아교육기관에서의 유아생활지도. 서울: 창지사.

셋째, 면담이 이루어지는 장소를 정하고 동선과 채광, 자리배치 등을 미리 계획한다. 면담이 효과적으로 이루어지기 위해서는 유아뿐만 아니라 다른 사람으로부터 방해받지 않는 조용하고 밝은 분위기의 공간을 마련하는 것이 적절하다.

넷째, 일반적으로 학기가 시작되고 한 달 후쯤, 또는 학기 말에 정기적인 면담이 이루어진다. 면담의 시기가 정해지면 미리 공지하여 부모와 일정을 협의하여 면담 날짜를 정하고, 정기적 면담 외에 필요한 경우에 수시로 부모면담을 실시할 수 있다.

다섯째, 부모면담은 편안하고 정중한 분위기에서 이루어질 수 있도록 한다.

부모면담에서 고려해야 할 점

- 면담 대상인 부모나 양육자를 밝은 미소로 반갑게 맞이한다.
- 영유아에 대한 긍정적인 면을 언급하는 것으로 면담을 시작한다.
- 따뜻하고 친절하며 개방적인 태도로 부모의 이야기를 적극적으로 듣는다.
- 부모에게 자녀에 관해 더 많은 것을 알고 싶어 한다는 것이 전달되도록 면담을 진행한다.
- 면담 시 영유아에 대한 객관적인 자료를 체계적으로 준비하여 활용한다.
- 면담의 내용은 일정한 양식에 따라 기록한다.

출처: 황해익, 최혜진, 정혜영, 권유선(2014). 아동관찰 및 행동연구. 경기: 공동체.

4 부모면담의 실행

1) 개별면담

개별면담은 교사와 한 명의 영유아 부모가 서로 만나 영유아관찰 결과를 토대로 영유아의 발달적 변화와 영유아 지도방법에 대해 정보를 교환하고 의논하는 것으로 연 2회 이상 정기적으로 실시한다. 발달적 변화가 빠른 영아나 특별한 문제를 지닌 영유아들의 경우 부모 또는 교사의 요청에 의해 수시로 개별면담이 이루어질 수 있다. 정기적으로 이루어지는 면담인 경우에는 면담의 시기에 따라 내용이 달라질 수 있다. 학기 초에 이루어지는 면담에서는 부모로부터 자녀에 대한 기본적인 정보와 가정에서의 행동 특성에 대한 정보를 얻고, 교사는 유아교육기관의 특성과 교육과정 및 프로그램에 대한 내용을 부모에게 설명하게 된다. 반면에 학기 중이나 말에 이루어지는 면담에서는 유아교육기관에서 관찰된 영유아의 행동특성이나 발달의 변화, 지도방향 등에 대한 정보를 부모에게 제공하는 형태로 이루어질 수 있다.

교사와 부모는 면담을 통해 영유아의 행동 및 생활과 관련된 여러 가지 일반적인 사항에 대해 서로 의견을 나누기도 하고, 부모의 자녀에 대한 이해를 증진시킬 수 있으며, 문제에 대해 합리적이고 효과적인 방법으로 접근할 수 있도록 도움을 줄 수도 있다. 교사와 부모 간 이루어지는 개별면담이 지니는 효과는 다음과 같다(김지은, 2008; 박은혜 외, 2010).

첫째, 부모와 교사 간에 상호 신뢰감이 형성되고 친밀감이 생긴다.

둘째, 교사는 영유아의 가정환경, 생육사와 발달과정 등을 보다 잘 이해할 수 있다.

셋째, 부모는 가정 외의 상황에서 영유아의 행동이 어떠한지 알 수 있다.

넷째, 영유아에게 문제행동이 나타났을 때 의견을 서로 나누고 해결방법을 함께 생각할 수 있다. 부모와 함께 해결방안을 강구하게 되면 부모가 협조하고 노력하는 경향이 있다.

다섯째, 영유아교육기관의 교육활동이나 각종 행사에 대한 평가나 의견을 부모로부터 들을 수 있다.

(1) 개별면담 준비

교사는 정기적으로 이루어지는 개별면담 및 집단면담의 시기를 미리 계획하여 연간면담계획을 수립한다. 연간면담계획에 따라 실시되는 개별면담을 위해 다음과 같은 준비가 필요하다.

① 면담일정 정하기

개별면담의 일정은 적어도 2주 전에 가정통신문이나 개별 연락을 통해 계획된 개별면담시기를 미리 알리고 부모와 협의하여 구체적인 면담날짜와 시간을 정한다. 면담시간은 개별면담 시에 영유아를 배석시키지 않는 것이 좋으므로 일반적으로 유아교육기관의 하루 일과가 끝난 이후로 정한다. 또한 면담시간은 20분 내외 정도가 적절하며, 다음 면담을 위해 교사가 준비할 수 있는 시간이 필요하기 때문에 5~10분 정도의 쉬는 시간을 고려하여 면담일정을 정하는 것이 좋다.

부모면담 안내문

안녕하십니까?
어느덧 따뜻해진 날씨와 함께 꽃 피는 봄이 다가왔습니다.
공지 드린 1학기 부모님과의 면담일정에 대해 안내드립니다.
자녀에 대한 궁금한 사항이나 교사가 알아야 할 사항을 미리 메모해 오시면 면담 시간을 효율적으로 활용하실 수 있습니다. 바쁘시더라도 정해진 날짜와 시간을 꼭 지켜 참석하여 주시기 바랍니다.

시 간	○월 ○일 (○)	○월 ○일 (○)	○월 ○일 (○)	○월 ○일 (○)
15:00 ~ 15:20		이○○	한○○	
15:30 ~ 15:50		김○○	지○○	
16:00 ~ 16:20	서○○	송○○	이○○	홍○○
16:30 ~ 16:50	윤○○	김○○	김○○	곽○○
18:00 ~ 18:20	정○○	심○○	전○○	김○○
18:30 ~ 18:50	남○○	박○○	김○○	이○○
19:00 ~ 19:20	라○○	김○○	김○○	이○○

* 정해진 시간에 맞추어 면담할 수 있도록 **5분 전에 도착**해 주시기 바라며, 원활한 진행을 위해 **차량은 외곽에 주차해 주시기 바랍니다.**
* 이번 면담을 통해 가정과 어린이집과의 효율적인 연계교육이 이루어질 수 있기를 기대해 봅니다.
* 원활한 면담을 위해 면담 시 **아동은 동반하지 않습니다.**
* 면담시간 변경이 필요한 경우 미리 연락해 주시기 바랍니다.

○○어린이집

출처: 고문숙, 김수향, 이경하, 이용주, 임영심(2018). 아동관찰 및 행동연구. 경기: 양성원.

② 면담자료 준비하기

교사는 사전에 영유아에 대한 자료를 수집 · 정리하여 면담자료를 준비해야 한다. 교사가 면담 전에 준비하는 영유아관찰기록, 신체검사결과표, 수업활동 시 영유아들의 생활모습을 담은 자료와 영유아들이 그린 그림, 작품, 글 등의 활동 결과물은 부모에게 영유아의 발달과 행동특성을 설명하는 객관적이고 신뢰성 있는 자료가 될 수 있다. 수집된 다방면의 자료를 검토하여 개별 영유아별로 별도의 파일을 만들어 정리하고 부모면담 일지를 작성하고 준비한 자료와 작업 표본 등을 첨부한다. 교사가 준비해야 하는 면담자료에 대한 구체적인 내용은 다음과 같다(황해익, 최혜진, 정혜영, 권유선, 2014).

- 영유아의 개인적 기록물(환경조사서, 건강기록부, 생활기록부, 관찰일지 등) 검토
- 유아교육기관의 프로그램 유형에 관계없이 각 영유아를 위한 '부모면담일지' 준비
- 영유아 관찰기록 정리, 영유아 포트폴리오에 체계적으로 보관된 교사의 기록물과 영유아의 작업표본을 정리하여 첨부
- 영유아 행동관찰기록을 토대로 구체적인 발달요약이 포함된 부모면담일지 작성
- 부모면담일지 외에 면담에 임하기 전에 간단한 설문지(4~5개 정도의 자유대답식 질문으로 구성) 작성 가능

면 담 설 문 지

1. 내담자의 이름과 영유아와의 관계는?
   ① 내담자: ( )반 ( )의 (어머니, 아버지, 기타: ___________)
   ② 연락처:

2. 영유아의 가족 관계는?

이름	연령	영유아와의 관계	영유아와 친밀한 정도

3. 면담 동기: 부모의뢰( ), 교사의뢰( ), 기타( )

4. 면담 주제: ______________________________

   ① 적응 · 정서 ② 행동 · 기본생활습관 ③ 건강 · 영양 ④ 언어 · 인지
   ⑤ 가정생활 ⑥ 기타

5. 영유아의 현재 건강상태나 과거 앓았던 질병은?

6. 영유아의 성격은?

7. 면담을 통해 바라는 점은?

8. 기타

부 모 면 담 일 지

<table>
<tr><td colspan="2">이름(성별)</td><td>이 ○ ○(남)</td><td>면담장소</td><td>용기반</td></tr>
<tr><td colspan="2">면담날짜</td><td>20**년 *월 *일(금)</td><td>생년월일</td><td>2013년 1월 18일</td></tr>
<tr><td colspan="2">면담대상</td><td>모</td><td>면담시간</td><td>19:00~19:20</td></tr>
<tr><td colspan="2">구 분</td><td>교사 의견</td><td colspan="2">부모 의견</td></tr>
<tr><td rowspan="5">교육과정영역</td><td>신체운동·건강</td><td>직선, 곡선, 지그재그 선 등 신체의 움직임을 조절하여 걸을 수 있다. 소근육을 이용하는 도구의 사용에는 주먹으로 쥐고 사용하는 서툰 모습을 보이나 교사의 모델링을 따라 시도하려고 노력한다. 낮잠시간에 매트에 누워 손을 빨며 자는 모습을 보인다.</td><td colspan="2"></td></tr>
<tr><td>의사소통</td><td>동화를 다양한 방법으로 듣는 것을 즐기며 그림을 보며 이야기를 지어 말할 수 있다. 한 줄 기차 만들기, 게임 규칙 알아보기 등 교사가 제시하는 사항을 듣고 이해한다. 또래 앞에서 자신 있는 목소리로 자신의 생각, 경험을 이야기 할 수 있다.</td><td colspan="2"></td></tr>
<tr><td>사회관계</td><td>하루 일과 중 교사가 자신의 행동을 칭찬하거나 격려하면 성취감을 표현하며 미소를 짓는다. 교사나 또래에게 관심을 보이며 도움을 요청하면 적극적으로 도움을 준다. 자신의 작품을 벽면이나 교구장 위에 전시하며 자부심과 뿌듯함을 느낀다.</td><td colspan="2"></td></tr>
<tr><td>예술경험</td><td>신나는 음악을 듣고 신체를 자유롭게 움직인다. 움직임과 춤에 관심을 가지고 탐색하며 간단한 노래와 손유희를 보고 따라 할 수 있다. 미술 영역에서 여러 가지 재료와 도구를 이용해 작품을 만들고, 자신이 만든 작품에 성취감을 느낀다.</td><td colspan="2"></td></tr>
<tr><td>자연탐구</td><td>자연 현상에 관심을 가지고 궁금해 하며 탐색한다. 주변 사물과 자연 환경에 관심이 많고 궁금한 점은 질문을 통해 알아본다. 물체의 모양에 따른 특성을 인식하며 두 물체의 크기와 길이를 비교할 수 있다.</td><td colspan="2"></td></tr>
<tr><td colspan="2">기본생활습관</td><td>채소나 매운 음식을 먹지 않으려고 함</td><td colspan="2"></td></tr>
<tr><td colspan="2">종합 의견</td><td colspan="3"></td></tr>
<tr><td colspan="2">기타</td><td colspan="3"></td></tr>
</table>

출처: 고문숙, 김수향, 이경하, 이용주, 임영심(2018). 아동관찰 및 행동연구. 경기: 양성원.

③ 면담장소 마련하기

개별면담을 위한 장소는 부모가 편안하게 느끼면서 대화에 집중할 수 있어야 하므로 다른 사람의 왕래가 없는 조용한 곳에 마련해야 한다. 일반적으로 학급 교실을 면담장소로 활용하는 경우가 많다. 면담을 위해 교사와 부모가 가운데 테이블을 두고 마주 앉을 수 있도록 의자를 배치하고 테이블에는 면담자료만 올려놓아 면담에 집중할 수 있도록 한다.

면담장소 바깥에는 미리 도착한 부모들이 기다릴 수 있는 대기 공간을 마련하고 유아교육기관에 대한 자료, 프로그램에 대한 안내자료, 영유아들의 활동사진 및 자료, 간단한 다과를 준비해 둔다.

(2) 개별면담 실시

① 교사의 자세

교사는 부모와의 면담을 통해 영유아의 발달에 적합한 지원을 위한 협력적 관계 형성을 위해 다음의 사항을 고려해야 한다(박은혜 외, 2010; 황해익, 송연숙, 정혜영, 유수경, 2013).

- 교사는 부모의 마음을 먼저 이해해야 한다. 부모는 누구나 자녀에게 각별한 관심을 갖고 있기 때문에 부모가 자녀에 대해서 어떻게 생각하고 어떻게 느끼고 있는지 이해하는 것이 필요하므로 적극적으로 들어 주는 자세가 필요하다.
- 교사는 부모가 긴장을 풀고 편안하게 이야기할 수 있는 분위기를 조성한다.
- 교사는 말을 많이 하기보다는 부모의 이야기를 들어 주어야 한다. 부모의 말을 잘 들음으로써 자녀의 개인적 특성과 처해 있는 상황을 이해할 수 있다.
- 교사는 비판적이고 지시적인 발언을 가능한 하지 말아야 한다.
- 교사는 가능한 단정한 자세와 따뜻한 인상을 주도록 노력해야 한다. 교사 또한 면담환경의 일부이므로 신뢰감 있는 말씨와 단정한 자세가 필요하다.

② 면담 실시

교사는 부모와의 효율적인 면담을 위해 다음과 같은 사항을 고려해야 한다(황해익 외, 2015).

- 면담 10분 전에 면담장소의 상태를 확인하고 영유아 발달요약을 검토한다.
- 다과는 미리 준비해 둔다.
- 부모가 오면 반갑게 인사를 나누고 면담장소로 안내한다.
- 준비된 자리에 부모가 앉을 수 있도록 안내하고 교사는 시계가 보이는 자리에 앉는다.
- 면담 전 간단한 인사말, 날씨 등에 관한 이야기로 부모의 마음을 편안하게 해 준다.
- 면담의 목적이 무엇인지 부모에게 알린다.
- 자녀가 좋아하는 것, 장점 등을 사례를 중심으로 먼저 말한다.
- 자녀의 발달사항에 대해 간단하게 설명한다.
- 영유아의 가정에서의 생활과 유아교육기관에서의 생활이 어떻게 다른지 부모의 의견을 들어본다.
- 궁금한 사항에 대해 질문을 받고 답변한다.
- 자녀의 문제점에 대한 질문에는 부모의 생각을 먼저 들어보고 필요한 사항을 긍정적인 방향으로 제시한다.
- 면담시간은 20분을 넘지 않도록 한다.
- 따로 의논할 다른 사항이 있으면 다음 면접일정을 정한 후 면담을 마친다.
- 인사를 하고 배웅한다.
- 부모면담일지에 면담내용을 기록하고 따로 보관한다.

③ 면담 평가하기

교사는 면담이 끝난 다음에 면담 내용을 정리하고 면담이 성공적으로 진행되었는지를 반성적으로 평가해야 한다. 교사는 다음과 같은 질문을 통해 스스로 자신을 평가해 볼 수 있다(황해익 외, 2015).

- 영유아의 가정적 배경에 대해 미리 숙지하였는가?
- 학기 초부터 말까지 다양한 방법으로 영유아에 대한 다양한 정보를 수집했는가?
- 기다리는 동안 부모가 볼 수 있도록 영유아들의 작품이나 학습결과물 등을 전시해 두었는가?
- 부모가 기다리는 동안 마실 음료나 볼 책을 준비해 놓았는가?
- 부모를 따뜻하게 환영하면서 맞이했는가?
- 긍정적인 말로 시작했는가?
- 부모의 욕구와 이해 수준에 맞춰 면담을 조정했는가?
- 면담을 위한 목표가 분명했는가?
- 어려운 말이나 전문적인 용어는 부모가 이해할 수 있는 말로 풀어 주었는가?
- 부모의 말을 반영적으로 경청했는가?
- 의사소통이 오고 가도록 했는가?
- 면담내용을 요약하여 전달했는가?
- 사후 점검을 했는가?
- 정해진 시간에 시작하고 끝냈는가?

2) 집단면담

집단면담은 여러 부모들을 대상으로 공개적으로 이루어지는 면담으로 대다수 부모들의 관심과 요구가 공통된 것일 때 실시할 수 있으며, 집단의 크기에 따라 대집단 면담과 소집단 면담으로 나눌 수 있다. 대집단 면담은 전체 부모를 대상으로 한 면담이고 소집단 면담은 같은 문제로 고민하는 부모들을 대상으로 한 면담의 형태이다. 개별면담과 달리 집단면담은 부모들끼리 서로 의견과 경험을 나누는 기회를 통해 자녀 문제를 폭넓게 볼 수 있고 서로가 쉽게 공감대를 형성할 수 있으므로 다음(황해익 외, 2015)과 같은 장점이 있다.

첫째, 자녀양육과 관련된 문제에 대한 부모들의 경험과 정보를 서로 나눔으로써 자녀양육에 관한 도움을 받을 수 있다.

둘째, 집단면담으로 부모는 자기 자녀에게만 있는 문제라고 느꼈던 점에 대해 다른 부모들도 같은 고민을 하고 있음을 알게 되어 영유아의 발달과정임을 이해하게 된다.

셋째, 집단면담을 통해 영유아교육기관의 교육관과 교육내용을 이해하게 되므로 교육기관에 대한 신뢰감을 형성하게 된다.

(1) 집단면담의 준비

① 면담의 주제와 목적 정하기

집단면담의 주제는 교사가 전달하고자 하는 정보나 부모가 영유아교육기관에 기대하고 바라는 것 등으로 정할 수 있다. 영유아교육기관의 교육관, 교육프로그램 소개, 부모가 기대하는 교육내용, 교사가 알아 두어야 할 영유아의 건강문제, 성격이나 정서불안 등의 문제행동에 대한 의견 교환, 습관 형성의 문제, 영유아의 장점과 나쁜 습관, 사회성 문제, 언어인지 문제 등 집단면담의 취지와 목적을 분명히 한다.

② 집단의 크기와 장소 및 시간 정하기

한 학급의 부모 전체를 대상으로 할 수도 있고 두 집단으로 나누거나 같은 문제에 관심이 있는 부모를 대상으로 소집단을 구성할 수도 있다. 면담시간은 1시간 내지 1시간 30분 정도로 계획하여 지루하지 않도록 하고, 장소는 주로 교실을 활용하지만 경우에 따라서는 조용한 별도의 공간을 마련하기도 한다.

③ 안내문 보내기

면담의 주제가 정해지면 일정을 부모에게 알리는 안내문을 작성하여 일주일 전에 가정으로 보내 부모가 준비할 수 있도록 하고 참석여부를 확인하는 것이 필요하다.

부모면담 안내문

안녕하십니까?

부모님들이 자녀양육에 대해 함께 고민하고 다양한 정보를 공유하는 집단면담을 실시할 예정입니다. 참석가능 여부를 알려 주시기 바랍니다.

1. 일 시: 20○○년 ○월 ○일(○요일) 오전 10:00~11:00
2. 장 소: 푸른하늘반 교실
3. 주 제: 우리 아이의 강점은?

20○○년 ○월 ○일

○○어린이집

※ 집단면담 참석가능 여부를 표시하여 ○월 ○일까지 제출하여 주십시오.

-------------------------- 절 취 선 ----------------------------

학급명	영유아명	보호자명	집단면담 참석 여부(○, ×)

출처: 고문숙, 김수향, 이경하, 이용주, 임영심(2018). 아동관찰 및 행동연구. 경기: 양성원.

④ 면담자료 준비

집단면담을 위해 교사는 부모들의 공통의 관심사와 요구별로 자료를 준비한다. 주제에 따른 관찰일지, 유아교육기관의 운영계획, 영유아들에 대한 각종 통계자료를 준비한다. 또한 주제에 따라 유인물과 PPT발표를 위한 자료를 마련한다. 집단면담의 내용을 기록하고 관리하기 위해 집단면담일지를 준비한다.

집 단 면 담 일 지

날 짜	년 월 일	시 간	00:00 ~ 00:00
주 제	우리 아이의 강점은?	장 소	푸른하늘반

1. 참석자: (　　　)명, 교사: 이○○(○○반)

반	영유아명	관 계	부모명	반	영유아명	관 계	부모명

2. 관련자료: 유인물, PPT

3. 면담내용

4. 향후 집단면담 계획

일 시:　　　년　월　일　오전·오후　시

장 소:

주 제:

5. 기 타

출처: 황해익, 최혜진, 정혜영, 권유선(2015). 아동관찰 및 행동연구. 경기: 공동체.

(2) 집단면담의 실시

① 집단면담 진행

교사는 집단면담에서 사회자로서 면담의 분위기가 경직되지 않고 자연스럽게 대화가 이루어지도록 한다. 집단면담 중에 교사는 부모의 이야기를 경청하고 부모가 영유아에 대한 교사의 견해를 요구할 때는 공개된 자리에서 각 영유아에 대한 개별적인 평가를 언급하기보다는 객관적이고 일반적인 예시를 제시하는 것이 좋다. 성공적인 부모면담이 이루어지기 위한 진행과정은 다음과 같다(황해익 외, 2013).

첫째, 교사와 부모들이 서로 반갑게 인사를 나눈다.

둘째, 편안한 분위기를 조성하고 면담의 일정을 안내한다.

셋째, 집단면담의 목적 및 방법을 안내한다.

넷째, 집단면담의 주제를 안내하고 주제에 맞게 면담을 진행한다.

다섯째, 예정된 시간 안에 모든 부모들이 골고루 참여하여 이야기할 수 있도록 한다.

여섯째, 공통적으로 부모들의 협조가 필요한 부분에 대해 부탁한다.

일곱째, 부모들이 교사나 교육기관에 부탁하고 싶은 이야기 등으로 마무리한다.

② 집단면담 유의사항

집단면담은 여러 명의 부모가 함께 모여 서로 의견과 정보를 나누는 시간으로 부모의 참여정도와 교사의 준비에 따라 면담의 질이 좌우된다. 성공적인 집단면담이 이루어지기 위해 고려해야 할 점은 다음과 같다(Thompson & Henderson, 2008).

첫째, 집단면담 시 개인적인 약점을 꼬집거나 잘못된 것을 이야기할 때에는 조심스럽게 사견임을 밝히며, 되도록 삼가는 것이 좋다.

둘째, 집단면담 시 자유로운 의견교환이 이루어지도록 하되, 부모들끼리 개인적인 비판이나 상처를 주는 말을 하지 않도록 한다.

셋째, 교사는 집단면담 시 한두 명의 부모가 발언을 독점하지 않도록 한다.

PART 3

영유아교사를 위한 관찰의 실제

CHAPTER 06

제4차 표준보육과정에 기초한 관찰의 실제

본 장에서는 제4차 표준보육과정의 목적과 목표, 0~2세 보육과정 영역별 목표 및 내용, 관찰의 실제에 대해 살펴보고자 한다.

1 제4차 표준보육과정의 목표 및 내용

1) 제4차 표준보육과정의 기초

'표준보육과정'이란 어린이집의 만 0~5세 영유아들에게 국가수준에서 제공하는 보편적이고 공통적인 보육의 목표와 내용을 제시한 것이다. 현재 어린이집에서 운영하는 제4차 표준보육과정은 0~1세 보육과정, 2세 보육과정, 3~5세 보육과정(누리과정 포함)으로 구성한다. 어린이집에서 운영하는 보육과정은 국가 수준의 보육목표와 영유아의 발달과 개인차를 고려하여 이들이 경험하게 될 보편적인 보육내용을 제시한다. 제4차 보육과정의 목적은 영유아의 전인적인 성장과 발달을 돕고 민주시민으로서의 자질을 길러 영유아가 심신이 건강하고 조화로운 사회 구성원으로 자랄 수 있도록 하는 데 있다. 본 장에서는 제4차 표준보육과정 중 0~2세 보육과정에 한해서 제시하고자 한다(교육부, 보건복지부, 2020). 2019 개정 누리과정은 다음 장에서 다루고자 한다.

제4차 표준보육과정의 성격

- 국가 수준의 공통성과 지역, 기관 및 개인 수준의 다양성을 동시에 추구한다.
- 영유아의 전인적 발달과 행복을 추구한다.
- 영유아중심과 놀이중심을 추구한다.
- 영유아의 자율성과 창의성 신장을 추구한다.
- 영유아, 교사, 원장, 부모 및 지역사회가 함께 실현해 가는 것을 추구한다.

2) 제4차 표준보육과정의 목적과 목표

연령	0~2세 보육과정	3~5세 보육과정(2019 개정 누리과정)
목적	표준보육과정의 목적은 영유아가 놀이를 통해 심신의 건강과 조화로운 발달을 이루고 바른 인성과 민주 시민의 기초를 형성하는 데에 있다.	
목표	• 자신의 소중함을 알고, 건강하고 안전한 환경에서 즐겁게 생활한다. • 자신의 일을 스스로 하고자 한다. • 호기심을 가지고 탐색하며 상상력을 기른다. • 일상에서 아름다움에 관심을 가지고 감성을 기른다. • 사람과 자연을 존중하고 소통하는 데 관심을 가진다.	• 자신의 소중함을 알고, 건강하고 안전한 생활 습관을 기른다. • 자신의 일을 스스로 해결하는 기초능력을 기른다. • 호기심과 탐구심을 가지고 상상력과 창의력을 기른다. • 일상에서 아름다움을 느끼고 문화적 감수성을 기른다. • 사람과 자연을 존중하고 배려하며 소통하는 태도를 기른다.

3) 제4차 표준보육과정의 구성의 중점

- 영유아는 개별적인 특성을 지닌 고유한 존재임을 전제로 구성한다.
- 0~5세 모든 영유아에게 적용할 수 있도록 구성한다.
- 추구하는 인간상 구현을 위한 지식, 기능, 태도 및 가치를 반영하여 구성한다.
- 표준보육과정은 다음의 영역을 중심으로 구성한다.
  - 0~1세 보육과정과 2세 보육과정은 기본생활, 신체운동, 의사소통, 사회관계, 예술경험, 자연탐구의 6개 영역을 중심으로 구성한다.
  - 3~5세 보육과정(누리과정)은 신체운동 · 건강, 의사소통, 사회관계, 예술경험, 자연탐구의 5개 영역을 중심으로 구성한다.
- 0~5세 영유아가 경험해야 할 내용으로 구성한다.
- 초등학교 교육과정과의 연계성을 고려하여 구성한다.

2 제4차 표준보육과정의 영역별 목표 및 내용

1) 기본생활

(1) 목표

0~1세	2세
▸ 건강하고 안전한 일상생활을 경험한다. • 건강한 일상생활을 경험한다. • 안전한 일상생활을 경험한다.	▸ 건강하고 안전한 생활습관의 기초를 형성한다. • 건강한 생활습관의 기초를 형성한다. • 안전한 생활습관의 기초를 형성한다.

(2) 0~1세 세부내용

내용범주	내용
건강하게 생활하기	도움을 받아 몸을 깨끗이 한다.
	음식을 즐겁게 먹는다.
	하루 일과를 편안하게 경험한다.
	배변 의사를 표현한다.
안전하게 생활하기	안전한 상황에서 놀이하고 생활한다.
	안전한 상황에서 교통수단을 이용해 본다.
	위험하다는 말에 주의한다.

(3) 2세 세부내용

내용범주	내용
건강하게 생활하기	자신의 몸을 깨끗이 해 본다.
	음식에 관심을 가지고 즐겁게 먹는다.
	하루 일과를 즐겁게 경험한다.
	건강한 배변 습관을 갖는다.
안전하게 생활하기	일상에서 안전하게 놀이하고 생활한다.
	교통수단을 안전하게 이용해 본다.
	위험한 상황에 대처하는 방법을 경험한다.

1-1) 기본생활 영역 관찰의 실제

0~2세 연령의 기본생활 영역에서 관찰 평가는 '건강하게 생활하기'와 '안전하게 생활하기'에 주안점을 두고 평가를 계획한다. 평가계획에 따라 다양한 관찰기록 방법으로 관찰을 실시하고, 관찰 결과에 따라 영아의 발달을 예측하고, 그에 따라 교수지원을 실시하는 것이 효과적이다.

(1) 0~1세의 기본생활 영역 관찰의 예

1세 영아의 기본생활 영역 중 '건강하게 생활하기' 관련 일화기록을 살펴보고자 한다.

관찰대상	김슬기	연 령	1세	성 별	여
관 찰 자	박진희	관 찰 일	20**년 *월 *일	관찰장소	교실
관찰시간	09:10~09:20	교육과정영역	기본생활: 건강하게 생활하기- 자신의 몸을 깨끗이 해 본다.		
시 간	기 록				
기 록	식수대의 손잡이에 관심을 갖는다. 또래 친구들이 컵을 들고 물을 마시는 것을 쳐다본다. 슬기도 컵을 들고 교사에게 내민다. "우리 슬기도 물을 마시고 싶구나" 슬기에게 물을 따라 주자 "고~~다" 하고 말한다. 슬기가 물을 마시다 바닥에 물을 쏟는다. "슬기가 물을 쏟았네 어떡하지?" 하고 교사가 말을 하자 슬기가 물끄러미 쏟아진 물을 쳐다본다. "마른 행주로 닦으면 되겠다." "슬기가 선생님과 같이 닦아 볼래?" 하고 말하자 슬기가 고개를 끄덕인다. 슬기가 행주를 잡고 물 닦는 것을 선생님이 도와준다. 물을 다 닦고 슬기는 빙그레 웃는다.				
발 달 적 요 약	• 성인의 도움 없이 스스로 컵을 들고 마시려 한다(신체발달). • 성인의 도움에 감사함을 언어로 표현하려고 노력한다(언어발달). • 성인이 요구하는 언어표현을 이해할 수 있다(인지발달). • 눈과 손의 협응력이 부족하다(신체발달).				
교수지원	• 간식이나 점심시간에 혼자서 컵을 활용하여 물을 마실 수 있는 기회를 제공한다. • 간식이나 점심시간에 행주를 가지고 자신의 책상을 닦는 활동을 제공한다. • '고맙습니다. 감사합니다.' 등의 언어 표현을 할 수 있도록 지도한다. • 일상생활 영역에서 눈과 손의 협응을 도울 수 있는 활동들을 제공한다.				

출처: 고문숙, 김수향, 이경하, 이용주, 임영심(2018). 아동관찰 및 행동연구. 경기: 양성원.

다음과 같은 1세 영아의 기본생활습관 체크리스트를 활용하여 교육과정 지원 및 교수법 등을 강화할 수 있다.

관찰대상		연 령	1세	성 별		
관 찰 자		관 찰 일		교육과정영역		기본생활
기본생활				예	아니오	메모
• 우유병을 혼자 잡고 먹을 수 있다.						
• 도움을 받아서 음식을 푼 숟가락을 입에 댄다.						
• 숟가락으로 스스로 먹는다.						
• 옷을 입혀 줄 때, 팔, 다리를 벌린다.						
발 달 적 요 약						
교수지원						

출처: 고문숙, 김수항, 이경하, 이용주, 임영심(2018). 아동관찰 및 행동연구. 경기: 양성원.

(2) 2세 영아의 기본생활 영역 관찰의 예

2세 영아의 기본생활 영역 중 '건강하게 생활하기' 관련 일화기록을 살펴보고자 한다.

관찰대상	김하늘	연 령	2세	성 별	여
관 찰 자	최진희	관 찰 일	20**년 *월 *일	관찰장소	교실 (창의탐색 영역)
관찰시간	09:10~09:20	교육과정영역	• 기본생활: 건강하게 생활하기-하루 일과를 즐겁게 경험한다.		
시 간	기 록				
기 록	하늘이는 창의탐색 영역에 '헝겊책'을 물끄러미 쳐다보고 있다. 교사가 하늘이 옆에 가서 "하늘이도 하고 싶구나. 어디 볼까?" "여기는 아기 옷이 있네. 신발도 있고 가방도 있고 벨트도 있어." "아기 옷의 지퍼를 올려 보겠니?" 하고 이야기한다. 그러나 하늘이는 겉옷의 단추를 살펴보기만 한다. "어떻게 단추를 빼 볼까?" 교사가 하늘이에게 말을 하자 하늘이는 단추 한 개를 빼 보려다가 만다. 선생님에게 "단추가! 단추가!" 하고 하늘이가 말한다. "단추가 잘 빠지지 않니? 선생님이 해 볼까?" 하자 하늘이가 고개를 끄덕인다.				

	"이렇게 구멍 속에 쏙 넣으면 되는데." "하늘이도 해 볼래?" 하늘이는 단추 하나를 단추구멍에 넣었다 뺀다. "아이구! 우리 하늘이 진짜 잘하는구나!" 하고 선생님이 말하자 하늘이는 미소를 짓는다.
발달적 요약	• 스스로 옷의 단추를 끼웠다 빼는 것을 어려워한다(신체발달). • 자신이 어려움에 처할 때 어른에게 도움을 요청할 수 있다(언어발달). • 자신의 상황을 정확한 언어로 표현하는 것에 미숙하다(언어발달).
교수지원	• 창의탐색 영역에서 눈과 손의 협응을 도울 수 있는 교구를 제공한다. • 등원이나 귀가 시간에 자신의 옷을 스스로 벗고 입을 수 있는 기회를 제공한다. • 자신의 생각을 정확한 언어로 표현할 수 있도록 지도한다. • 소근육 활동을 장려할 수 있는 다양한 활동을 지원한다.

출처: 고문숙, 김수향, 이경하, 이용주, 임영심(2018). 아동관찰 및 행동연구. 경기: 양성원.

2세 영아의 자유선택활동을 표본식 기록으로 작성한 실례를 통해 기본생활습관 지도 방법에 대한 이해를 확충할 수 있다.

관찰대상	강연우	**연 령**	2세	**성 별**	여
관 찰 자	임정희	**관 찰 일**	20**년 *월 *일	**관찰장소**	교실(역할 영역)
관찰시간	09:17~09:30	**교육과정영역**	• 기본생활: 안전하게 생활하기 – 일상에서 안전하게 놀이하고 생활한다.		
시 간	**기 록**				
09:17	연우가 역할 영역에서 주방도구로 놀이를 한다. 연우: (소파에 앉아 있는 나윤이를 향해) 나윤아, 이리와 봐, 내가 맛있는 거 만들어 줄게. (가스레인지에 냄비를 올리고 딸기를 담으며) 내가 딸기 주스를 만들어 줄게. 그리고 숟가락으로 골고루 휘젓는 시늉을 한다. 나윤이가 연우 옆에 서서 연우가 하는 행동을 지켜본다.				
09:23	연우가 딸기를 담아 놓은 냄비에 포도를 추가하여 넣더니 숟가락으로 휘휘 젓는다. 그리고 연우가 딸기와 포도를 그릇에 옮겨 담은 후 책상 위에 올려놓고 다시 음식을 넣어 놓는 교구장으로 이동하여 그릇과 음식을 꺼내 주방으로 이동하여 냄비에 담고 요리하는 시늉을 한다. 옆에 있던 나윤이도 주방에서 오렌지, 딸기, 감을 그릇에 각각 담은 후 책상 위에 올려놓는다. 그리고는 다시 주방으로 가서 고기를 냄비에 넣고 숟가락을 휘휘 저으며 요리를 하는 듯한 모습을 흉내 낸다.				
09:27	연우가 냄비에 고기와 토마토를 담아서 국자로 휘휘 젓더니 냄비를 통째로 들고 와 책상에 놓는다. 연우: (선생님을 보며) 선생님, 오렌지랑 딸기랑 감이랑은 나윤이가 만들었어요. 선생님: 아! 진짜? 그럼 연우는 무엇을 만들었어?				

	연우: 나는 고기랑 토마토랑 만들었어요. 맛있겠지요? 선생님: 응 진짜 맛있겠네? 연우가 자신이 옮겨 놓은 음식과 그릇들을 한참 보며 웃더니 쌓기 영역으로 이동한다.
발달적 요약	• 친구와 교구를 나누어 놀이할 수 있다(사회성 발달). • 다양한 과일의 이름을 안다(인지발달). • 과일 주스에 필요한 재료에 대한 지식이 부족하다(인지발달). • 자신이 사용한 교구를 정리하는 것에 어려움이 보인다(사회성 발달).
교수지원	• 일상생활에서 사용하는 도구들을 안전하게 사용하는 방법에 대한 역할놀이나 활동들을 제공할 필요가 있다. • '과일 주스 만들기' 요리활동과 관련한 확장활동을 통해 '과일주스'에 필요한 재료 및 개념을 형성하는 데 도움을 줄 필요가 있다. • 자신이 사용한 물건을 정리해야 한다는 것을 인식하기 위해 '정리정돈'을 내용으로 하는 동화 듣기 활동을 제공할 필요가 있다.

출처: 고문숙, 김수향, 이경하, 이용주, 임영심(2018). 아동관찰 및 행동연구. 경기: 양성원.

2) 신체운동

(1) 목표

0~1세	2세
▸ 감각으로 탐색하고 신체활동을 즐긴다. • 감각 탐색을 즐긴다. • 신체활동을 즐겁게 경험한다.	▸ 감각을 활용하고 신체활동을 즐긴다. • 감각을 활용하고 신체를 인식한다. • 신체활동을 즐긴다.

(2) 0~1세 세부내용

내용범주	내용
감각과 신체 인식하기	감각적 자극에 반응한다.
	감각으로 주변을 탐색한다.
	신체를 탐색한다.
신체활동 즐기기	대소근육을 조절한다.
	기본 운동을 시도한다.
	실내외 신체활동을 즐긴다.

(3) 2세 세부내용

내용범주	내용
감각과 신체 인식하기	감각 능력을 활용한다.
	신체를 인식하고 움직인다.
신체활동 즐기기	대소근육을 조절한다.
	기본 운동을 즐긴다.
	실내외 신체활동을 즐긴다.

2-1) 신체운동 영역에서 관찰의 실제

신체운동 영역에서의 관찰은 감각과 신체 인식하기, 신체활동 즐기기에 초점을 두고 평가를 지원한다. 평가지원에 근거하여 관찰이 실시되며, 관찰결과는 해석한 다음 추후 교수에 활용하는 것이 바람직하다. 다음에서는 0~1세 영아와 2세 영아로 구분하여 관찰 실제를 살펴보고자 한다.

(1) 0~1세 신체운동 영역 관찰의 예

다음은 1세 영아를 대상으로 표본식 기록법을 활용하여 신체운동발달을 기록한 사례이다. 이 사례는 신체운동 영역 중에서 '신체활동 즐기기'와 관련된다.

관찰대상	김미리	연 령	1년 4개월	성 별	여
관 찰 자	김수영	관 찰 일	20**년 *월 *일	관찰장소	대근육활동 영역
관찰시간	09:15~09:30	교육과정영역	• 신체운동: 신체활동 즐기기-실내외 신체활동을 즐긴다.		
시 간	기 록				
09:15	제자리에서 몸을 위로 움직여 본다. 한 발로 잠시 설 수 있으며, 계속 움직이면서 점프를 시도한다. 카펫 위를 달릴 때 얼굴을 찌푸리면서 힘을 주어 달린다. 교사가 신호를 보내자 멈춘다.				
09:21	바닥에 있는 선을 따라 걸을 수 있다. 선을 따라 방향을 자유롭게 변경하며 움직인다. 교사가 이름을 부르자 뒤돌아 교사가 있는 방향으로 걸어온다.				

09:26	다른 영아가 공을 굴리는 것을 보고 다가가 공을 찾아 바닥으로 내리듯이 던진다. 강아지 끌차를 보고 이것을 끌면서 빠르게도 끌다가 느리게도 이동시킨다.
발달적 요약	• 제자리에서 몸을 위로 움직이거나 한 발로 서는 등 스스로 몸을 움직이려는 행동이 자주 나타난다(신체발달). • 바닥의 선을 따라 걷거나 방향을 바꾸어 움직이는 것이 가능하다(신체발달). • 주변에 있는 사물에 관심을 가지고 탐색하려는 행동을 보인다(인지발달). • 자기 이름을 인식하고 있으며, 교사가 이름을 부르자 이동한다(언어발달).
교수지원	• 움직임을 자주 보이므로 다양한 신체경험의 기회를 제공한다. • 신체조절능력을 향상시킬 수 있는 활동을 제공한다.

출처: 고문숙, 김수향, 이경하, 이용주, 임영심(2018). 아동관찰 및 행동연구. 경기: 양성원.

아래에서는 1세 영아를 대상으로 관찰한 일화기록의 예를 제시하였는데, 이는 '신체운동 즐기기'와 관련되는 것이다.

관찰대상	이성룡	연 령	1년 3개월	성 별	남
관 찰 자	이미진	관 찰 일	20**년 *월 *일	관찰장소	대근육활동 영역
관찰시간	9:30~10:00	교육과정영역	• 신체운동: 신체활동 즐기기-기본운동을 시도한다.		
기 록	악어끌차를 끌고 교실을 돌며 산책놀이를 한다. 한 번 돌고 나서 다시 한 번 돈다. 산책을 할 때 노래 소리를 내면서 밝은 표정으로 걷는다. 걷다가 미끄럼틀 근처에서 악어끌차를 놓고 코끼리 미끄럼틀에 난간을 짚고 올라가서 앉아서 내려온다. 미끄럼틀에서 내려올 때 양손으로 미끄럼틀의 양쪽 난간을 잡고 내려오다 두 발을 바닥에 디디며 속도를 늦춘다. 카펫에서 걸을 때 빨리 걷거나 달리려는 행동을 보이나 멈추거나 속력을 조절할 때는 몸을 뒤뚱거리면서 멈춘다.				
발 달 적 요 약	• 몸을 움직이거나 끌차를 이용해 움직이는 놀이에 관심을 보인다(인지발달). • 미끄럼틀을 오르내릴 때 난간을 잡는 등 안전하게 동작을 한다(신체발달). • 산책놀이 시 노래를 부르면서 밝은 표정으로 놀이를 한다(정서발달).				
교수지원	• 안전하게 미끄럼틀 오르내리기에 익숙해지도록 관련 활동을 지원하여 제공한다. • 빨리 걷거나 달리는 행동에서 움직임을 확대할 수 있는 신체활동 제공이 필요하다.				

출처: 고문숙, 김수향, 이경하, 이용주, 임영심(2018). 아동관찰 및 행동연구. 경기: 양성원.

(2) 2세 신체운동 영역 관찰의 예

다음은 2세 영아들을 대상으로 신체운동발달을 기록한 표본식 기록법 사례이다. 이 사례는 신체운동 영역에서 '신체운동 즐기기'와 관련된 내용이다.

관찰대상	김민지	연 령	2년 7개월	성 별	여
관 찰 자	박은주	관 찰 일	20**년 *월 *일	관찰장소	역할 및 쌓기 영역
관찰시간	09:45~10:10	교육과정영역	• 신체운동: 신체활동 즐기기 – 대소근육을 조절한다. • 신체운동: 신체활동 즐기기 – 실내외 신체활동을 즐긴다.		
시 간	기 록				
09:45	역할 영역에 있는 가족 빨래집게 인형에 관심을 보인다. 그중에서 엄마인형을 왼손에 잡고 오른손 전체로 빨래집게를 움켜잡아서 벌린다. 벌어진 집게를 인형의 다리 부분에 넣고 손을 떼어 빨래집게를 인형에 집어 본다.				
09:55	토끼 모자를 쓰고 우레탄블록 징검다리를 건너는데 블록이 연결되어 있는 길에서는 한 칸에 한 발씩 건너가 마지막 칸에서 두 발 모아 뛰며 매달린 풍선을 쳐 보려 한다.				
10:05	뛰어서 칠 때는 풍선이 손이 닿지 않자 다시 서서 풍선을 친다. 풍선을 치고 왔던 길로 다시 돌아온다. 모자를 벗어 다른 영아에게 준다.				
발달적 요약	• 가족의 명칭 및 가족 구성원에 대해 안다(언어발달). • 모자를 쓰고 징검다리를 건너서 풍선을 치는 놀이규칙을 이해한다(인지발달). • 빨래집게를 벌리고 집어 보는 등 소근육 발달이 좋은 편이다(신체발달). • 목표물인 풍선을 향해 뛰기와 치기를 연합하여 움직인다(신체발달).				
교수지원	• 놀이규칙을 이해하고 놀이에 집중할 수 있기에 이에 적합한 활동을 지원하여 제공한다. • 뛰기와 풍선치기를 연합한 신체활동이 가능하므로 이러한 발달을 고려하여 추후활동을 지원한다.				

출처: 고문숙, 김수향, 이경하, 이용주, 임영심(2018). 아동관찰 및 행동연구. 경기: 양성원.

다음에는 영아 발달평가표 중에서 24개월 영아의 신체발달평가 예시를 제시하였다.

관찰대상		연 령		성 별	
관 찰 자		관찰일		교육과정영역	

영역	행동 목록	처음 관찰한 날짜	연습기간의 영아 행동	숙달된 날짜
이동	앞으로 걷기		캐럴 음악에 맞춰 앞으로 걷는다.	
	뒤로 걷기		뒤로 똑바로 걷지 못하고 사선으로 걷다가 멈춰 서서 자주 고개를 뒤로 돌려 확인한다.	
	옆으로 걷기		캐럴 음악에 맞춰 신나게 옆으로 걷는다.	
	뛰다가 멈추었다가 다시 뛰기		캐럴 음악이 끝나자 뛰던 것을 멈춘다. 그러다가 다시 음악이 시작되자 뛰기 시작한다.	
	두 발로 점프하기		두 발로 점프하나 양발이 따로 움직인다.	
	물건 차기		공을 찬다.	
	난간을 잡고 계단 오르고 내려오기		놀이터 미끄럼틀 난간을 잡고 계단을 오르고 내려온다.	
	걸으면서 물건을 밀고 당기기		걸으면서 인형 유모차를 밀고 당기며 이동시킨다.	
	오르기		어머니의 도움을 받아 놀이터의 나지막한 오름대를 오른다.	
	자전거 페달 밟기		4개의 바퀴가 달린 자동차에 앉아 발로 밀며 이리저리 움직인다.	
팔	목표물을 향해 물건을 던지기		1m 앞에 앉은 어머니에게 공을 밀 듯 전달한다.	
손	발달하는 손가락 근육을 사용하여 잡고 놓기		왼손과 오른손의 엄지와 검지를 이용해 물건을 집고 원하는 곳에 내려놓는다.	
	지퍼 올리기		어머니가 지퍼 아래를 고정시켜 주면 왼손으론 옷을 잡고 오른손으론 지퍼 손잡이를 잡고 올린다.	
	도움을 받아 옷을 입고 벗기		어머니가 소매 부분을 입혀 주거나 벗겨 주면 몸에 걸쳐 입거나 벗는다.	
	난화 그리기		오른손 혹은 왼손의 검지로 크레파스를 잡고 종이에 난화를 그린다.	
	물건의 방향을 바꾸기 위해 손목을 회전시키기		긴 타원형의 기찻길 곡선 부분에서 기차의 방향을 바꾸기 위해 손목을 회전시킨다.	

	오른손잡이 혹은 왼손잡이를 확립하기		블록을 위로 쌓기 위해 오른손으로 블록 아래를 고정하고 왼손으로 끼워 넣다가 되지 않자 손의 위치를 바꾼다.	
	책 페이지를 넘기기		두꺼운 책은 한 장씩 넘기나 일반 얇은 책은 몇 장씩 되는 대로 잡아 넘긴다.	
	도구를 이용해 파기		놀이터 모래놀이터에서 나뭇가지로 땅을 판다.	
	크레파스나 펜을 이용해 개인적 표시를 만들기		크레파스로 스케치북에 열려진 조그만 원모양을 긁적거린 후 아~꿍(운석)이라고 이야기한다.	
수면	요람에서 침대로 옮겨 가기		성인용 침대와 영아용 침대 2대가 붙어 있는 안방침대에서 잠을 잔다.	
먹기	컵과 숟가락을 더 잘 통제하기		컵과 손잡이를 잡고 자연스럽게 마신다. 숟가락을 엎어 쥐고 먹는다.	
	잘 먹다가 까다로운 식성으로 변화하기		어머니가 차려 주는 음식은 가리지 않고 잘 먹는다.	
치아	대부분의 유치가 남		앞니 8개, 어금니 4개, 송곳니 4개로 유치가 다 났다.	
	칫솔 사용하기		영아용 칫솔을 이용해 양치질을 한다.	
배설	배변훈련에 관심을 보이고 준비함		형이 화장실 변기에 소변보는 모습을 유심히 지켜보고 물 내리는 것에 관심을 보인다.	
발달적 요약				
교수지원				

출처: 서동미, 이옥임, 박지선, 조재은(2010). 영아 교육 프로그램 개발 및 평가. 경기: 정민사.

2세 영아를 대상으로 관찰한 일화기록의 예를 다음에 제시하였으며, 이 사례는 신체운동 영역에서 '신체활동 즐기기'와 관련된다.

관찰대상	문지은	연 령	2년 5개월	성 별	여
관 찰 자	이선미	관 찰 일	20**년 *월 *일	관찰장소	쌓기 영역
관찰시간	10:25~10:45	교육과정영역	• 신체운동: 신체활동 즐기기-실내외 신체활동을 즐긴다.		
기 록	꽃블록을 길게 연결해서 동그랗게 고리를 만들어 팔에 끼운다. 선생님에게 "팔찌 만들었어요"라고 한다. 선생님이 "팔찌구나"라고 하자 팔에 두세 번 바꾸어 끼우더니 다시 풀어서 길게 연결한다. 양손에 꽃블록을 잡고는 줄넘기 하는 흉내를 낸다. 교사가 "줄넘기 하는구나"라고 관심을 보이자 줄넘기 흉내를 몇 번 더 하고는 다시 짧게 연결해서 동그랗게 만들어서 선생님에게 "꽃 만들었어요."라고 말한다.				
발 달 적 요 약	• 블록놀이에 집중하여 놀잇감을 만든다(인지발달). • 블록을 이용한 놀이에 집중할 수 있다(신체발달).				
교수지원	• 교사의 관심과 격려가 놀이활동을 촉진하므로 다른 놀이활동에서도 교사의 관심과 격려를 증진시킨다. • 다양한 놀잇감을 제공하여 놀이가 풍성해지도록 한다.				

출처: 고문숙, 김수향, 이경하, 이용주, 임영심(2018). 아동관찰 및 행동연구. 경기: 양성원.

3) 의사소통

(1) 목표

0~1세	2세
▶ 의사소통 능력의 기초를 형성한다. • 일상생활에서 듣기와 말하기를 즐긴다. • 읽기와 쓰기에 관련된 관심을 가진다. • 책과 이야기에 관심을 가진다.	▶ 의사소통 능력과 상상력의 기초를 기른다. • 일상생활에서 듣기와 말하기를 즐긴다. • 읽기와 쓰기에 관심을 가진다. • 책과 이야기에 재미를 느낀다.

(2) 0~1세 세부내용

내용범주	내용
듣기와 말하기	표정, 몸짓, 말과 주변의 소리에 관심을 갖고 듣는다.
	상대방의 이야기를 들으면서 말소리를 낸다.
	표정, 몸짓, 말소리로 의사를 표현한다.

내용범주	내용
읽기와 쓰기에 관심 가지기	주변의 그림과 상징에 관심을 가진다.
	끼적이기에 관심을 가진다.
책과 이야기 즐기기	책에 관심을 가진다.
	이야기에 관심을 가진다.

(3) 2세 세부내용

내용범주	내용
듣기와 말하기	표정, 몸짓, 말에 관심을 갖고 듣는다.
	상대방의 이야기를 듣고 말한다.
	표정, 몸짓, 단어로 의사를 표현한다.
	자신의 요구와 느낌을 말한다.
읽기와 쓰기에 관심 가지기	주변의 그림과 상징, 글자에 관심을 가진다.
	끼적이며 표현하기를 즐긴다.
책과 이야기 즐기기	책에 관심을 가지고 상상한다.
	말놀이와 이야기에 재미를 느낀다.

3-1) 의사소통 영역 관찰의 실제

다음은 2세 영아가 교실의 역할놀이 영역에서 놀이한 내용을 교사가 표준보육과정 관련요소 '의사소통 영역'에 초점을 맞춰서 표본식 기록으로 작성한 관찰 기록의 예이다.

관찰대상	김지효	연 령	2년 2개월	성 별	남
관 찰 자	오은경	관 찰 일	20**년 *월 *일	관찰장소	역할 영역
관찰시간	09:15~09:30	교육과정영역	• 의사소통: 듣기와 말하기-상대방의 이야기를 듣고 말한다.		
시 간	기 록				
09:15	지효는 역할 영역에서 모형식빵 위에 포도모형을 올려놓고 포도잼 바르는 시늉을 하고 다른 모형 식빵을 올려서 "샌드위치"라고 말하며 교사에게 내민다.				

	교사가 "고마워요. 냠냠" 하고 먹는 시늉을 하자 소꿉주전자에 당근모형을 넣어서 컵에 따르는 시늉을 하고 "당근주스"라고 말하며 교사에게 내민다. 교사가 "고마워요. 꿀꺽 꿀꺽" 하고 마시는 시늉을 하고 컵과 주전자를 전해 주니 책상 위에 내려놓는다.
09:20	지효는 방울 달린 노란색 고무신을 신고 모자를 쓰고 휴대폰을 들고 "엄마"라고 말하면서 교사의 귀에 대 준다. 교사가 엄마와 통화하는 시늉을 하자 "우유"라고 말한다. 교사가 "지효 친구들과 신나게 놀고 우유 마시자"라고 하니 "예"라고 대답한다.
09:28	'부릉부릉 자동차' 그림책을 펴고 "친구들 앉아요"라고 말하면 선생님 흉내를 내면서 "재미있는 동~가 왔어요~ 쉿!"라고 노래를 부르고 손가락으로 그림을 가리키며 그림책 읽어 주는 흉내를 낸다.
발달적 요약	• "친구들 앉아요.", "재미있는 동~가 왔어요. 쉿" 한 문장을 사용하면서 의사소통한다(언어발달). • 물 따라 마시기, 전화하기, 음식 먹기와 같은 일상생활과 관련된 상징놀이(symbolic play)를 할 수 있다(인지발달). • 사물(휴대폰, 컵, 식빵)을 용도에 맞게 사용할 수 있다(인지발달). • 고무신을 신고 모자를 쓸 수 있을 정도로 소근육, 눈과 손의 협응력이 발달되어 있다(신체발달).
교수지원	• 일상생활의 경험과 욕구를 표현하고 의사소통할 수 있는 놀이환경을 제공한다.

출처: 고문숙, 김수향, 이경하, 이용주, 임영심(2018). 아동관찰 및 행동연구. 경기: 양성원.

다음은 2세 영아가 어린이집에 등원하면서 현관 입구 및 교실의 쌓기 영역에서 활동한 내용을 교사가 의사소통 영역에 초점을 맞춰서 일화기록으로 작성한 관찰 기록의 예이다.

관찰대상	이준호	연 령	2년	성 별	남
관 찰 자	김미영	관 찰 일	20**년 *월 *일	관찰장소	어린이집현관/쌓기 영역
관찰시간	09:15~09:20	교육과정영역	• 의사소통: 듣기와 말하기-표정, 몸짓, 단어 또는 문장으로 말한다.		
시 간	기 록				
기 록	어린이집 현관 입구에 들어서자 "이잉~" 소리를 낸다. 교사가 "준호야! 어서와"라고 이름 부르며 눈을 마주치자 엄마 쪽으로 몸의 방향을 바꾸고 두 손으로 엄마의 어깨, 목을 잡고 "으앙!" 하고 울음을 보인다. 교사가 준호를 안자 울음을 보이며 엄마를 향해 두 손을 뻗는다. 교사가 "엄마~ 다녀오겠습니다."라고 인사를 하자 교사 품에서 엄마를 바라보며 울음을 보인다(손을 내려놓는다). 교실에 들어와 준호가 사용하는 도시락과 우유를 정리하며 대화를 시도하자 울				

	음을 멈추고 바라보거나 손가락으로 가리키며 "이거~이거~" 하며 자신의 물건임을 교사에게 말한다. 준호가 쌓기 영역에서 종이블록을 길게 줄지어 세워 놓고 운전하는 모습을 흉내 내며 "부릉 부릉" 하고 말한다. 수인이 친구가 다가와 "나도, 나도~"라고 말하니 손짓으로 타라고 하며 함께 앉아서 놀이하고 있으니 김수인 친구가 블록 위에 앉으려고 하자 "안돼~" 하며 밀친다. 김수인이 울음을 보이며 "나도~"라고 말한다. 교사가 준호에게 다가가 "준호야! 김수인 친구가 같이 기차를 타고 여행을 가고 싶은 것 같은데 준호 생각은 어떠니? 김수인 친구랑 같이 노래 부르며 여행을 가면 더 신날 것 같아" 교사가 제안을 하자 "응." 하며 기차를 타라고 두 손으로 수인이 팔을 잡아당기면서 블록 위에 앉힌다.
발달적 요약	• "이거. 이거~", "부릉, 부릉" 등의 의성어를 사용하며 의사소통한다(언어발달). • 기차를 타고 여행을 가는 일상생활과 관련된 상징놀이(symbolic play)를 할 수 있다(인지발달). • 부모와 분리 시 울음을 보이며 거부하지만 교사가 익숙한 보육실, 기저귀 갈이대가 있는 장소에서 안아 주고 준호가 사용하는 물건(우유, 도시락, 물티슈)을 보여 주자 이를 통해 안정을 찾는 모습을 볼 수 있었다(정서발달). • 친구의 감정을 이해하고 공감하기 어렵다(정서발달).
교수지원	• 일상생활과 관련된 다양한 상징놀이 경험을 제공한다. • 나와 친구의 감정을 이해하고 표현하도록 지도한다.

출처: 고문숙, 김수향, 이경하, 이용주, 임영심(2018). 아동관찰 및 행동연구. 경기: 양성원.

다음은 2세 영아가 역할놀이에서 놀이한 내용을 교사가 서술식 사건표집법을 사용하여 표준보육과정 관련요소 '의사소통 영역'에 초점을 맞춰서 관찰 기록한 예이다.

관찰대상	권예림	연 령	2년	성 별	여
관 찰 자	김수진	관 찰 일	20**년 *월 *일	관찰장소	역할놀이 영역
관찰시간	09:40~09:55	교육과정영역	• 의사소통: 듣기와 말하기-상대방의 이야기를 듣고 말한다.		
시 간	사 건 전 (Antecedent Event: A)		사 건 (Behavior: B)	사 건 후 (Consequence: C)	
09:40 ~09:44	예림이는 역할 영역에서 소꿉놀이를 하다가 윤서와 채민이가 아기 인형을 서로 "내꺼~" 하고 다투면서 우는 모습을 쳐다본다.		예림이는 울고 있는 채민이와 윤서 옆으로 다가가 한 참을 쳐다보다가 인형을 채민이에게 "자~" 하고 안겨 준다. 옆에 있던 윤서가 예림이를 때리면서 큰 소리로 울자 "선생님~ 아야" 하고 같이	교사가 채민이와 윤서를 안아 주고 "아기 인형을 윤서랑 채민이가 하고 싶었구나. 윤서가 엄마역을 하고 채민이가 아빠역을 하면서 아기를 안아 주고 '울지마'라고 말하면 어떨까?"	

		울기 시작한다. 교사가 다가가 "어디가 아팠니? 선생님이 호~해 줄게." 하니 "여기" 하고 보여 주면서 옷을 걷어 다리를 보여 준다. 그리고 윤서에게 다가가 때리는 시늉을 한다.	라며 제안하는 동안 예림이는 교사의 제안을 주의 깊게 들은 후 윤서와 채민이에게로 다가와 "사랑해~ 친구야 사랑해"라고 말하면서 윤서와 채민이를 안아 준다.
09:50 ~09:55	신입 원아인 성현이가 울면서 등원을 하자 교사와 성현이 주변을 서성인다.	예림이는 교사의 품에서 울고 있는 성현이를 밀어내고 "내가~내가" 하고 교사에게 안기려고 한다. 교사가 안아 주고 친구들과 어울려 놀이를 하라고 제안하자 영찬이에게 다가가 머리를 손으로 때리기도 하고, 우준이 장난감을 뺏기도 한다.	교사가 "예림아 성현이가 엄마와 헤어져 힘들어 하니까 선생님이랑 성현이랑 예림이 함께 블록 쌓기 하자"라고 말하니 "싫어"라고 울먹이며 말하고 혼자 휴식 매트에 누워 친구들 놀이를 바라본다.
발달적 요약	• 친구의 감정을 이해하고 공감할 수 있다(정서발달). • 자신의 욕구를 부정적 행동으로 표현한다(사회성 발달). • 자신의 감정을 간단한 언어로 표현할 수 있다(언어발달).		
교수지원	• 자신의 감정을 다양한 언어로 표현할 수 있도록 지도한다.		

출처: 고문숙, 김수향, 이경하, 이용주, 임영심(2018). 아동관찰 및 행동연구. 경기: 양성원.

4) 사회관계

(1) 목표

0~1세	2세
▸ 나를 인식하고, 친숙한 사람과 관계를 맺는다. • 나를 고유한 존재로 안다. • 안정적인 애착을 형성하고, 또래, 교사와 함께 지낸다.	▸ 나를 알고, 다른 사람과 더불어 생활하는 경험을 한다. • 나를 알고 긍정적으로 여긴다. • 다른 사람과 즐겁게 지내기 위한 태도를 기른다.

(2) 0~1세 세부내용

내용범주	내용
나를 알고 존중하기	나를 인식한다.
	나의 욕구와 감정을 나타낸다.
	나와 친숙한 것을 안다.
더불어 생활하기	안정적인 애착을 형성한다.
	또래에게 관심을 가진다.
	다른 사람의 감정과 행동에 관심을 가진다.
	반에서 편안하게 지낸다.

(3) 2세 세부내용

내용범주	내용
나를 알고 존중하기	나와 다른 사람을 구별한다.
	나의 감정을 표현한다.
	내가 좋아하는 것을 한다.
더불어 생활하기	가족에게 관심을 가진다.
	또래와 함께 놀이한다.
	다른 사람의 감정과 행동에 반응한다.
	반에서의 규칙과 약속을 알고 지킨다.

4-1) 사회관계 영역 관찰의 실제

영아기는 적절한 환경 조건하에서 신체적, 심리적, 성숙과정을 거치면서 한 개체로 발달해 나가게 되는 시기이다. 이 시기 영아들은 부모와의 상호작용을 통해 애착과 기본적 신뢰감을 형성하게 되며 이는 이후에 계속되는 발달과정에 지속적인 영향을 미치게 된다(성영혜, 김현자, 2005). 생의 초기에 어린이집에 입원한 영아들을 대상으로 수행하는 초기적응지도는 건강한 삶을 찾아가려는 요구에 대한 영아의 신호를 해석하고 상호작용하는 방식이다. 초기적응지도는 처음 입소하는 아이들이 심리적 · 정서적 갈등 없이 애착대상과의 분리경험을 받아들이고 원만하게 새로운 환경에 적응

할 수 있도록 돕는 과정으로서 영유아에게 가장 기초적이고 중요한 과정이다.

(1) 행동목록을 이용한 영아의 적응 평가의 예

다음은 어린이집에 처음 온 영아의 적응 정도를 알아보기 위한 적응 질문지로 담임 교사가 영아의 행동을 관찰하고 확인한 후 적응지도 지원을 세울 수 있다.

〈유아교육기관 적응 평가내용〉

관찰영아: ____________ 생년월일: ______________________ (남/여)

평 가 자: ______________

*관찰교사 유의사항

다음 문항들을 잘 읽으신 후 영아의 행동과 가장 유사하다고 생각하는 곳에 빠짐없이 표시해 주시기 바랍니다.

행동목록표 평가내용	아주 그렇다 (4점)	조금 그렇다 (3점)	조금 그렇지 않다. (2점)	아주 그렇지 않다 (1점)
1. 친구나 선생님에게 관심 있는 행동을 보인다.				
2. 장난감 등을 나누어 쓴다.				
3. 친구나 선생님이 기분 나빠 할 때 관심을 표현한다.				
4. 친구나 선생님의 행동을 모방한다.				
5. 활기 있다.				
6. 친절하다.				
7. 편안해 보인다.				
8. 일과 활동에 적극 참여한다.				
9. 자기 의사를 몸짓이나 말로 표현한다.				
10. 놀잇감이나 물건을 던지거나 부순다.				
11. 잘 운다.				
12. 대체로 친구들과 잘 지낸다.				
13. 다른 친구가 진행 중인 활동에 개입한다.				
14. 친구와 놀잇감을 함께 가지고 놀거나 교대로 가지고 논다.				
15. 다른 아이에게 관심을 표현하는 행동을 보인다.				
16. 다른 아이의 놀잇감이나 물건을 빼앗는다.				
17. 다른 아이에게 신체적 공격을 한다.				
18. 자신감이 있다.				

19. 독립적으로 탐색한다.				
20. 자기 주장을 한다.				
21. 쉽게 포기하지 않는다.				
22. 보호자와 잘 헤어진다.(헤어질 때는 울지만 곧 진정한다)				
23. 하루 일과를 이해함으로 알 수 있다.				
24. 일과 중 대체로 교사에게 협조적이다.				
25. 식사, 낮잠의 양과 시간이 규칙적이다.				
26. 낮잠을 잘 때 울거나 불안해하지 않는다.				
27. 새로운 상황이나 변화에 불안해 한다.				
28. 보호자와 다시 만났을 때 반갑게 맞이한다.				
29. 적절하게 교사의 관심이나 도움을 구한다.				
30. 종합적으로 다른 아이에 비해 어느 정도 보육시설에 잘 적응했다고 생각한다.				

(2) 평정척도법을 활용한 영아의 사회성 발달 평가의 예

〈2세 영아의 사회성 발달 평정척도〉

이름: ______________ 생년월일: ______________ (남/여)

평 가 자: ______________

다음은 영아의 사회정서에 관련된 내용입니다. 해당되는 곳에 ∨표시해 주십시요

전혀 그렇지 않다	그렇지 않다	보통이다	그렇다	매우 그렇다
1	2	3	4	5

문 항			1	2	3	4	5
자아개념	1	얼굴에 묻은 음식을 거울을 보고 닦을 수 있다.					
	2	나를 지칭하는 자기 이름이나 대명사를 사용한다. (예: 내가 할래)					
	3	자신이 만든 장난감을 또래나 교사에게 자랑스럽게 보여 준다.					
	4	가족사진을 보고 "엄마", "아빠" 등을 가리키며 만진다.					
	5	자신의 장난감을 또래가 만지거나 가져가면 "내 거야" 라고 말한다.					
	6	"내가 커", "내가 할 수 있어" 등 모습이나 행동, 능력을 묘사한다.					
	7	주스나 우유를 엎지른 후 당황하여 고개를 숙인다.					

자기조절	8	교사가 다양한 모양종이를 꺼내면 자신이 좋아하는 모양 종이를 선택할 수 있다.					
	9	바지를 혼자 입을 수 있으나 단추를 끼우거나 고리를 끼우는 것이 어려울 때 교사에게 도움을 요청한다.					
	10	스스로 놀이를 시작한다.					
	11	퍼즐이 잘 맞추어지지 않지만 계속 시도하여 결국 다 맞춘다.					
	12	교사가 그만 놀자고 하면 놀이를 중단한다.					
	13	다른 또래들이 규칙에 어긋나는 행동인 교실에서 뛰어다니기, 소리 지르기 등을 할 때 따라 하지 않는다.					
	14	놀이 중 또래가 가지고 놀이하는 장난감을 가지고 싶지만 다른 장난감을 이용하여 놀이한다.					
	15	간식시간에 대부분 자리를 지키며 차례를 기다린다.					
	16	교사가 지도하지 않을 때에도 기본생활습관을 지킨다.					
	17	등하원 시 가방을 스스로 정리하려고 한다.					
	18	블록을 끼우려다 또래와 싸워서 화가 나지만 다시 놀이에 즐겁게 참여한다.					
	19	정리정돈, 순서 기다리기 등 교사가 제안하면 규칙을 잘 지킨다.					
	20	놀이 중 다쳤을 때 아프지만 참는다.					
	21	또래와의 놀이를 원하나 친구들에게 거절당했을 때 슬퍼한다.					
	22	그림을 그리다가 또래가 블록 영역에서 놀이하자고 권유할 때 그림을 다 그리고 이동하여 놀이한다.					
	23	친구가 크게 이야기해서 귀가 아프고 힘들 때 조용히 이야기해 달라고 이야기한다.					
사회적관계	24	교사에게 하고 싶은 것을 확실히 말한다.					
	25	귀가 시간이 되면 놀이를 정리하고 부모가 데리러 올 것을 기대하고 기다린다.					
	26	몸이 아프거나 다쳤을 때 교사에게 아프다고 이야기한다.					
	27	퍼즐이나 역할놀이를 하는 또래들의 모습을 보고 자신도 따라서 한다.					
	28	다른 친구들과 어울려 잘 논다.					
	29	교사의 대화에 적절한 반응을 보인다.					
	30	엄마와 헤어지고 곧 자신이 좋아하는 놀이나 장난감을 찾아가지고 논다.					
	31	또래가 칭찬받으면 같이 좋아한다.					
	32	또래가 놀이 중 다쳤을 때 위로해 준다.					

출처: 김미경(2014). 만 2세 영아의 사회성 발달을 위한 지속가능발전 교육 프로그램 개발 및 효과. 강남대학교 박사학위논문.

5) 예술경험

(1) 목표

0~1세	2세
▶ 아름다움을 느끼고 경험한다. • 자연과 생활에서 아름다움에 관심을 가진다. • 예술적 경험을 표현한다.	▶ 아름다움을 느끼고 즐긴다. • 자연과 생활에서 아름다움을 느끼고 관심을 가진다. • 예술을 통해 자유롭게 표현한다.

(2) 0~1세 세부내용

내용범주	내용
아름다움 찾아보기	자연과 생활에서 아름다움을 느낀다.
	아름다움에 관심을 가진다.
창의적으로 표현하기	소리와 리듬, 노래로 표현한다.
	감각을 통해 미술을 경험한다.
	모방 행동을 즐긴다.

(3) 2세 세부내용

내용범주	내용
아름다움 찾아보기	자연과 생활에서 아름다움을 느끼고 즐긴다.
	아름다움에 관심을 갖고 찾아본다.
창의적으로 표현하기	익숙한 노래와 리듬을 표현한다.
	움직임과 춤으로 자유롭게 표현한다.
	미술 재료와 도구로 표현해 본다.
	일상생활 경험을 상상놀이로 표현한다.

5-1) 예술경험 영역 관찰의 실제

예술경험 영역에서는 아름다움 찾아보기, 창의적으로 표현하기를 중심으로 평가를 지원한다. 평가지원에 따라 적합한 관찰법을 적용하여 나타난 결과를 토대로 교수지원을 세워야 한다. 다음으로 0~1세 영아와 2세 영아로 구분하여 관찰 실제를 제시하였으며, 표본식 기록법, 행동목록법 그리고 일화기록법을 활용하였다.

(1) 0~1세 예술경험 영역 관찰의 예

다음은 1세 영아를 대상으로 표본식 기록법을 활용한 관찰 사례이다. 이것은 예술경험 영역에서 '창의적으로 표현하기'에 관련된 내용이다.

<table>
<tr><td>관찰대상</td><td>박도영</td><td>연 령</td><td>1년 7개월</td><td>성 별</td><td>남</td></tr>
<tr><td>관 찰 자</td><td>박소연</td><td>관 찰 일</td><td>20**년 *월 *일</td><td>관찰장소</td><td>조형 영역</td></tr>
<tr><td>관찰시간</td><td>09:20~09:50</td><td>교육과정영역</td><td colspan="3">• 예술경험: 창의적으로 표현하기-감각적으로 미술경험을 한다.</td></tr>
<tr><td>시 간</td><td colspan="5">기 록</td></tr>
<tr><td>09:20</td><td colspan="5">도영이에게 습자지 구겨지는 소리를 들려 주자 종이에 관심을 가진다. 그리고는 종이를 손에 들고 구기며 교사에게 "어어? 까꿍?" 하며 웃는다. 그리고는 옆에 있는 은주에게 종이로 눈 앞을 가렸다가 "까꿍" 하며 함께 놀이한다.</td></tr>
<tr><td>09:35</td><td colspan="5">다양한 색의 크레용으로 종이에 끼적인다. 손바닥과 손가락을 이용해 종이에 문지르고, 그려 본다.</td></tr>
<tr><td>09:45</td><td colspan="5">자신이 크레용으로 끼적인 것을 다른 영아와 교사에게 보여 준다.</td></tr>
<tr><td>발달적 요약</td><td colspan="5">• 다양한 소리에 관심을 가지며 스스로 종이를 구겨 소리를 낸다(신체발달).
• 혼자놀이에서 벗어나 옆 친구에게 같이 노는 행동을 보인다(사회성 발달).
• 크레용을 이용하여 자신이 원하는 것을 잘 표현한다(신체, 정서발달).</td></tr>
<tr><td>교수지원</td><td colspan="5">• 자신을 표현할 수 있는 다양한 재료 제공이 필요하다.
• 또래와 상호작용의 기회 제공을 확대하는 교수지원을 한다.</td></tr>
</table>

출처: 고문숙, 김수향, 이경하, 이용주, 임영심(2018). 아동관찰 및 행동연구. 경기: 양성원.

일화기록법을 활용하여 1세 영아를 관찰한 사례를 다음에 제시하였는데, 이 사례는 예술경험 영역에서 '창의적으로 표현하기'와 관련된다.

관찰대상	김민희	연 령	1년 4개월	성 별	여
관 찰 자	문미옥	관 찰 일	20**년 *월 *일	관찰장소	음률 영역
관찰시간	10:15~10:35	교육과정영역	• 예술경험: 창의적으로 표현하기-소리와 리듬 노래에 반응한다.		
기 록	다양한 색깔의 풍선 중에서 빨간색과 분홍색을 골라서 손으로 만져 본다. 교사에게 "노래, 노래"라고 말하면서 동요를 틀어 달라고 한다. 노래 소리가 들리자 리본막대를 잡고서 노래 소리에 맞추어 몸을 흔들며 움직인다. 노래가 끝나자 잠시 서성이더니 '곰 세 마리' 노래를 흥얼거리며 손동작을 한다.				
발 달 적 요 약	• 주변사물에 관심을 가지고 탐색한다(인지발달). • 자신이 좋아하는 것과 하고 싶은 것을 잘 표현한다(정서발달). • 스스로 노래 부르고 손동작을 하려는 표현이 나타난다(정서, 신체발달).				
교수지원	• 주변사물에 관심이 많으므로 다양한 자료를 제공하여 호기심을 충족시킨다. • 노래를 자주 들려 주고, 노래를 자유롭게 할 수 있는 환경을 조성하여 노래 부르기를 촉진시킨다. • 연령에 적합한 노래와 손동작을 지원하여 교수한다.				

출처: 고문숙, 김수향, 이경하, 이용주, 임영심(2018). 아동관찰 및 행동연구. 경기: 양성원.

(2) 2세 예술경험 영역 관찰의 예

다음은 2세 영아의 예술경험 영역 발달을 관찰한 표본식 기록법 사례이다. 이 사례는 예술경험 영역에서 '창의적으로 표현하기'에 관한 것이다.

관찰대상	김시은	연 령	2년 7개월	성 별	여
관 찰 자	박은주	관 찰 일	20**년 *월 *일	관찰장소	표현 영역
관찰시간	09:50~10:20	교육과정영역	• 예술경험: 창의적으로 표현하기-소리와 리듬 노래에 반응한다.		
시 간	기 록				
09:50~10:00	교사가 노래를 부르며 손유희를 하자, 시은이도 더듬더듬 노래를 따라 부르기 시작하는데, 교사보다 한 박자씩 늦게 부르면서 동작을 따라 한다. 시은이는 교사가 하는 동작을 정확히 따라 한다.				
10:00~10:05	교사 앞자리에서 동작하기를 원하여서 교사 앞에서 손동작을 표현한다.				
10:05~10:20	누르면 소리 나는 놀잇감을 조작하여 동요를 틀고 손뼉을 친다.				

발달적 요약	• 손유희를 할 때 동작이나 노래를 적극적으로 따라 한다(신체, 언어발달). • 한 박자씩 늦게 동작을 따라 하나 교사가 하는 동작을 정확히 따라 한다(인지발달). • 교사 앞에서 자신의 동작을 직접 보여 주고 싶어 한다(사회성 발달). • 누르면 소리 나는 놀잇감을 직접 조작하여 동요를 튼다(인지발달).
교수지원	• 노래와 손동작에 대한 관심도가 높으므로 연령과 주제에 적합한 노래와 손동작을 제공한다. • 교사 앞에서 손동작하는 것을 표현하려는 것을 볼 때 교사에 대한 인정 욕구가 있으므로 이를 충족시킬 수 있도록 지속적인 관심과 격려를 하도록 교수지원에 반영한다.

출처: 고문숙, 김수향, 이경하, 이용주, 임영심(2018). 아동관찰 및 행동연구. 경기: 양성원.

다음에서 영유아의 미술발달에 대한 전반적인 내용을 평가할 수 있는 행동목록표의 예시를 제시하였다.

관찰대상		연 령		성 별	
관찰자		관 찰 일		교육과정영역	

	예	아니오	비고
■ 탐 색			
• 다양한 물체를 가지고 탐색, 실험, 발견한다.			
• 물체를 탐색하는 과정에 적극적으로 참여한다.			
• 다양한 감각을 사용하여 탐색한다.			
• 감각 경험을 통하여 사물의 속성과 개념을 인식한다.			
• 사물의 물리적 변화에 대해 호기심을 가진다.			
• 적극적으로 문제를 해결하여 원인과 결과를 이해한다.			
■ 표 현			
• 신체 협응 및 조절을 할 수 있다.			
• 다른 사람을 모방하지 않고 자신의 아이디어를 표현한다.			
• 미술 재료를 가지고 자신의 느낌, 경험, 생각을 표현한다.			
• 여러 가지 재료를 다양한 방법으로 활용한다.			
• 자신감 있게 표현활동에 참여한다.			
■ 감 상			
• 자신의 미술작품에 자부심을 느낀다.			

• 다른 사람이 만든 작품의 아이디어, 스타일을 인정한다.			
• 다양한 미술작품에 대하여 관심을 둔다.			
• 미술작품에 대한 느낌을 언어로 표현한다.			
• 미적 요소(색, 선, 양감, 패턴, 공간, 질감)를 안다.			
• 미적 요소를 토대로 감상하고 토론한다.			
• 미술작품의 공통점과 차이점을 인식한다.			
발달적 요약			
교수지원			

출처: 이숙재, 김경란, 이방실(2015). 영유아미술교육. 서울: 창지사.

일화기록법을 활용하여 2세 영아를 관찰한 사례는 다음과 같다. 이 사례는 예술경험 영역에서 '창의적으로 표현하기'와 관련된다.

관찰대상	문지은	**연 령**	2년 5개월	**성 별**	여
관 찰 자	이지나	**관 찰 일**	20**년 *월 *일	**관찰장소**	쌓기 영역
관찰시간	10:25~10:45	**교육과정영역**	• 예술경험: 창의적으로 표현하기-소리와 리듬 노래에 반응한다.		
기 록	교사가 부르는 오리소풍 노래를 듣고 손동작을 따라 한다. 노래를 마친 후 교사가 영아의 이름을 넣어 '김지범 오리가' 하며 노래를 부르자 교사를 쳐다보며 '지은 오리도, 지은 오리도' 하고 이야기를 한다. 교사가 지은이 이름을 넣어 불러 주자 웃음 짓는다.				
발달적 요약	• 자신의 이름을 알고 있으며, 노래에 자기 이름을 넣어 달라고 한다(언어발달). • 교사가 자기 이름을 불러 주는 것을 좋아한다(정서발달). • 노래를 듣고 손동작을 따라 한다(인지, 신체발달).				
교수지원	• 영아의 이름이 불리워지는 놀이활동을 지원하여 제공할 필요성이 있다. • 교사의 관심이 활동을 촉진하므로 이를 반영한 교수활동을 지원한다.				

출처: 고문숙, 김수향, 이경하, 이용주, 임영심(2018). 아동관찰 및 행동연구. 경기: 양성원.

6) 자연탐구

(1) 목표

0~1세	2세
▸ 주변 환경과 자연에 관심을 가진다. • 일상에서 탐색을 즐긴다. • 주변 환경을 탐색한다. • 생명과 자연에 관심을 가진다.	▸ 주변 환경과 자연을 탐색하는 과정을 즐긴다. • 일상에서 탐색하는 과정을 즐긴다. • 주변 환경에 관심을 가지고 탐색한다. • 생명과 자연에 관심을 가진다.

(2) 0~1세 세부내용

내용범주	내용
탐구과정 즐기기	주변 세계와 자연에 대해 호기심을 가진다.
	사물과 자연 탐색하기를 즐긴다.
생활 속에서 탐구하기	친숙한 물체를 감각으로 탐색한다.
	물체의 수량에 관심을 가진다.
	주변 공간과 모양을 탐색한다.
	규칙성을 경험한다.
자연과 더불어 살기	주변의 동식물에 관심을 가진다.
	날씨의 변화를 감각으로 느낀다.

(3) 2세 세부내용

내용범주	내용
탐구과정 즐기기	주변 세계와 자연에 대해 호기심을 가진다.
	사물과 자연을 반복하여 탐색하기를 즐긴다.
생활 속에서 탐구하기	친숙한 물체의 특성과 변화를 감각으로 탐색한다.
	물체의 수량에 관심을 가진다.
	주변 공간과 모양을 탐색한다.
	규칙성에 관심을 가진다.
	주변 사물을 같고 다름에 따라 구분한다.
	생활 도구에 관심을 가진다.

내용범주	내용
자연과 더불어 살기	주변의 동식물에 관심을 가진다.
	날씨와 계절의 변화를 감각으로 느낀다.

6-1) 자연탐구 영역 관찰의 실제

자연탐구 영역에서는 탐구과정 즐기기, 생활 속에서 탐구하기, 자연과 더불어 살기에 주안점을 두고 평가한다. 평가의 방법은 필요에 따라 표본식 기록, 일화기록, 사건표집법, 행동목록법, 평정척도법, 시간표집법 등의 방법을 사용할 수 있다. 자연탐구 영역의 관찰결과는 영아의 인지발달을 중심으로 제 영역의 발달 정도를 통합적으로 파악할 수 있다.

(1) 0~1세 자연탐구 영역 관찰의 예

자연탐구 영역 중 '탐구과정 즐기기'와 관련된 만 1세 영아의 일화기록을 살펴보면 다음과 같다.

〈일화기록의 예〉

관찰대상	전보라	연 령	1세	성 별	남
관 찰 자	박주연	관 찰 일	20**년 *월 *일	관찰장소	역할 영역
관찰시간	09:50~10:00	교육과정영역	• 자연탐구: 탐구과정 즐기기-사물과 자연을 탐색하기를 즐긴다.		
기 록	오전 자유놀이시간에 보라는 역할 영역에 친구들이 가져다 놓은 엄마, 아빠들의 물건에 관심을 보인다. 보라는 모자도 쓰고, 선글라스도 껴 보고, 목에 명찰도 걸고, 큰 가방도 등에 매고 교실을 돌아다닌다. 보라는 교사에게 가서 "선생님, 이거 바여"라고 말하며 자신을 봐 달라고 표현한다. 교실을 돌아다니다가 선글라스가 벗겨지자 교사에게 선글라스를 내밀며 "이거"라고 말하며 다시 씌워 달라고 요구한다. 보라가 쓰고 있는 모자를 집에서 가지고 온 주황이가 "아빠꺼"라고 말하며 모자를 빼앗아 간다. 보라는 모자를 뺏기자 모자를 가지고 간 친구를 손가락으로 가리키며 울면서 "아~" 하고 짧게 소리를 지른다.				

발달적 요약	• 새로운 사물에 호기심을 보이며 사물을 탐색한다(인지발달). • 놀잇감을 스스로 선택하여 지속적으로 놀이한다(인지발달). • 친구가 모자를 빼앗아 가자 울음으로 부정적 감정을 표현한다(정서발달). • 사물을 지칭할 때 주로 "이거"라는 말을 사용한다(언어발달).
교수지원	• 역할 영역에 새로운 놀잇감을 제공하여 다양한 상징놀이가 이루어지도록 한다. • 새로운 놀잇감을 지속적으로 제공하여 탐구하는 태도를 기르도록 한다. • 사물을 지칭할 때 정확한 어휘로 표현할 수 있도록 지도할 필요가 있다.

출처: 고문숙, 김수향, 이경하, 이용주, 임영심(2018). 아동관찰 및 행동연구. 경기: 양성원.

(2) 2세 자연탐구 영역 관찰의 예

자연탐구 영역 중 '생활 속에서 탐구하기'와 관련된 만 2세 영아의 일화기록을 살펴보면 다음과 같다.

〈일화기록의 예〉

관찰대상	박하늘	연 령	2세	성 별	남
관 찰 자	강민지	관 찰 일	20**년 *월 *일	관찰장소	수·조작 영역
관찰시간	13:10~13:16	교육과정영역	• 자연탐구: 생활 속에서 탐구하기-물체의 수량에 관심을 가진다.		
기 록	하늘이는 수조작 영역에서 1부터 100까지 있는 퍼즐 형식의 교구를 꺼내 온다. 책상에 교구를 내려놓더니 "선생님, 같이 해요"라고 말한다. 교구를 보고 "일부터 백까지 숫자가 있네"라고 말한다. 바구니에 손을 넣고 숫자를 뒤적이던 하늘이는 숫자 1을 발견하고 "어! 일이다"라고 한 후 숫자 1자리에 퍼즐을 맞춘다. 다시 숫자를 뒤적이던 하늘이는 "선생님, 백 찾았어요"라며 나에게 퍼즐을 보여 준다. 하늘이가 들고 있는 숫자는 10이다. "성호야, 숫자 다시 한번 봐봐"라고 하자 하늘이는 웃으며 "어? 백 아니네"라며 숫자 10자리에 퍼즐을 끼워 넣는다. 무작위로 퍼즐을 집어 든 하늘이는 "이거 뭐예요?"라며 나에게 숫자 92 퍼즐을 보여 준다. 나는 "구십이! 아래쪽에 똑같은 모양을 찾아보자"라고 말한다. 하늘이는 "아래?"라며 아래쪽을 손으로 훑는다. "여기 있다"라며 퍼즐을 끼워 넣는다. 다음에 찾은 숫자는 76이지만 하늘이는 26에 퍼즐을 끼운다.				
발달적 요약	• 1부터 10까지 숫자를 알고 있다(인지발달). • 10이상의 숫자는 아직 정확하게 알지 못한다(인지발달).				
교수지원	• 숫자의 모양을 정확하게 알고 읽을 수 있도록 돕는다. • 10 이상의 숫자와 수의 관계를 순차적으로 이해하도록 지도한다.				

출처: 고문숙, 김수향, 이경하, 이용주, 임영심(2018). 아동관찰 및 행동연구. 경기: 양성원.

CHAPTER 07

2019 개정 누리과정에 기초한 관찰의 실제

본 장에서는 2019 개정 누리과정의 목표 및 내용과 각 영역에 따른 관찰의 실제 및 활용방법에 대해 살펴보고자 한다.

1 2019 개정 누리과정의 목표 및 내용

1) 2019 개정 누리과정의 기초

2019 개정 누리과정은 국가가 고시한 교육과정으로 3~5세 유아가 다니는 유치원과 어린이집에서 누리과정을 편성 · 운영할 때 필요한 공통적이고 일반적인 기준을 제시하고 있으며 지역 및 기관, 개인 수준의 다양성을 강조한다. 국가 수준 교육과정으로서 2019 개정 누리과정은 유아가 중심이 되고 놀이가 살아나는 교육과정을 추구한다.

'2019 개정 누리과정'의 성격은 다음과 같다.

첫째, 국가 수준의 공통성과 지역, 기관 및 개인 수준의 다양성을 동시에 추구한다.

둘째, 유아의 전인적 발달과 행복을 추구한다.

셋째, 유아의 자율성과 창의성 신장을 추구한다.

넷째, 만 3~5세 유아의 발달 특성을 고려하여 연령별로 구성한다.

다섯째, 유아, 교사, 원장(감), 학부모 및 지역사회가 함께 실현해 가는 것을 추구한다.

2) 2019 개정 누리과정의 목적과 목표

(1) 목적

2019 개정 누리과정은 유아가 놀이를 통해 심신의 건강과 조화로운 발달을 이루고 바른 인성과 민주 시민의 기초를 형성하는 것을 목적으로 한다.

(2) 목표

- 자신의 소중함을 알고, 건강하고 안전한 생활 습관을 기른다.
- 자신의 일을 스스로 해결하는 기초능력을 기른다.

- 호기심과 탐구심을 가지고 상상력과 창의력을 기른다.
- 일상에서 아름다움을 느끼고 문화적 감수성을 기른다.

3) 2019 개정 누리과정의 구성의 중점

구성의 중점은 2019 개정 누리과정을 구성할 때 주요하게 고려한 점을 의미하며 내용은 다음과 같다.

- 3~5세 모든 유아에게 적용할 수 있도록 구성한다.
- 추구하는 인간상 구현을 위한 지식, 기능, 태도 및 가치를 반영하여 구성한다.
- 신체운동·건강, 의사소통, 사회관계, 예술경험, 자연탐구의 5개 영역을 중심으로 구성한다.
- 3~5세 유아가 경험해야 할 내용으로 구성한다.
- 0~2세 보육과정 및 초등학교 교육과정과의 연계성을 고려하여 구성한다.

2 2019 개정 누리과정의 영역별 목표 및 내용

1) 신체운동·건강 영역의 목표 및 내용

(1) 목표

실내외에서 신체활동을 즐기고, 건강하고 안전한 생활을 한다.

- 신체활동에 즐겁게 참여한다.
- 건강한 생활습관을 기른다.
- 안전한 생활습관을 기른다.

(2) 내용

내용범주	내용
신체활동 즐기기	신체를 인식하고 움직인다.
	신체 움직임을 조절한다.
	기초적인 이동운동, 제자리 운동, 도구를 이용한 운동을 한다.
	실내외 신체활동에 자발적으로 참여한다.
건강하게 생활하기	자신의 몸과 주변을 깨끗이 한다.
	몸에 좋은 음식에 관심을 가지고 바른 태도로 즐겁게 먹는다.
	하루 일과에서 적당한 휴식을 취한다.
	질병을 예방하는 방법을 알고 실천한다.
안전하게 생활하기	일상에서 안전하게 놀이하고 생활한다.
	TV, 컴퓨터, 스마트폰 등을 바르게 사용한다.
	교통안전 규칙을 지킨다.
	안전사고, 화재, 재난, 학대, 유괴 등에 대처하는 방법을 경험한다.

1-1) 신체운동 · 건강 영역 관찰의 실제

신체운동 · 건강 영역은 유아가 일상생활에서 건강한 생활을 실천하고, 위험한 상황에서 자신을 보호하는 경험을 통해 건강하고 튼튼한 사람으로 성장하는 영역이다(교육부, 2019). 유아들이 다양한 신체활동을 경험해 보고 발달에 적절한 대근육 활동과 신체운동 · 건강 영역에 관련된 활동에 주기적으로 참여한 후 평가해 본다.

다음은 개정 누리과정을 기반으로 한 「KICCE(Korea Institute of Child Care and Education)」 유아관찰척도의 신체운동 · 건강 영역 기술 평정척도이다.

(1) 신체운동 · 건강 영역 기술 평정척도법의 예

<table>
<tr><th>관찰대상</th><td colspan="2"></td><th>연령</th><td></td><th>성별</th><td></td></tr>
<tr><th>관찰자</th><td colspan="2"></td><th>관찰일</th><td></td><th>교육과정 영역</th><td></td></tr>
<tr><th>내용범주</th><th>내용</th><th>관찰요소</th><th>관찰문항</th><th colspan="2">관찰수준</th><th>기록</th></tr>
<tr><td rowspan="16">신체활동 즐기기</td><td rowspan="4">신체를 인식하고 움직인다.</td><td rowspan="4">신체 인식</td><td rowspan="4">1. 신체 각 부분의 이름을 안다.</td><td colspan="2">1. 신체 각 부분의 이름을 알지 못 한다.</td><td></td></tr>
<tr><td colspan="2">2. 도움을 받아 신체 각 부분의 이름을 안다.</td><td></td></tr>
<tr><td colspan="2">3. 신체 각 부분의 이름을 일부 알 수 있다.</td><td></td></tr>
<tr><td colspan="2">4. 신체 각 부분의 모든 이름을 안다.</td><td></td></tr>
<tr><td rowspan="4">신체 움직임을 조절한다.</td><td rowspan="4">소근육 협응, 조절력</td><td rowspan="4">2. 신체를 조절하여 움직인다.</td><td colspan="2">1. 신체를 조절하여 움직이는 데 어려움을 갖는다.</td><td></td></tr>
<tr><td colspan="2">2. 도움을 받아 신체를 조절하여 움직인다.</td><td></td></tr>
<tr><td colspan="2">3. 신체를 조절하여 움직일 수 있다.</td><td></td></tr>
<tr><td colspan="2">4. 신체를 조절하여 능숙하게 움직인다.</td><td></td></tr>
<tr><td rowspan="4">기초적인 이동운동, 제자리 운동, 도구를 이용한 운동을 한다.</td><td rowspan="4">수행력, 운동능력</td><td rowspan="4">3. 기본 운동(기초적인 이동운동, 제자리 운동, 도구를 이용한 운동)을 한다.</td><td colspan="2">1. 기본 운동(기초적인 이동운동, 제자리 운동, 도구를 이용한 운동)을 수행하는 데 어려움이 있다.</td><td></td></tr>
<tr><td colspan="2">2. 도움을 받으면 기본운동(기초적인 이동운동, 제자리 운동, 도구를 이용한 운동)을 시도한다.</td><td></td></tr>
<tr><td colspan="2">3. 기본운동(기초적인 이동운동, 제자리 운동, 도구를 이용한 운동)을 할 수 있다.</td><td></td></tr>
<tr><td colspan="2">4. 기본운동(기초적인 이동운동, 제자리 운동, 도구를 이용한 운동)을 능숙하게 한다.</td><td></td></tr>
<tr><td rowspan="4">실내외 신체 활동에 자발적으로 참여한다.</td><td rowspan="4">자발성, 참여 정도</td><td rowspan="4">4. 실내외 신체활동에 자발적으로 참여한다.</td><td colspan="2">1. 실내외 신체활동에 참여하지 않는다.</td><td></td></tr>
<tr><td colspan="2">2. 도움을 받으면 실내외 신체활동에 참여한다.</td><td></td></tr>
<tr><td colspan="2">3. 실내외 신체활동에 참여할 수 있다.</td><td></td></tr>
<tr><td colspan="2">4. 실내외 신체활동에 자발적으로 참여한다.</td><td></td></tr>
</table>

건강하게 생활하기	자신의 몸과 주변을 깨끗이 한다.	자율성, 건강	5. 자신의 몸과 주변을 깨끗이 한다.	1. 자신의 몸과 주변을 깨끗이 하는 데 관심이 없다.	
				2. 도움을 받으면 자신의 몸과 주변을 깨끗이 하는 데 관심을 갖는다.	
				3. 자신의 몸과 주변을 깨끗이 할 수 있다.	
				4. 스스로 자신의 몸과 주변을 깨끗이 한다.	
	몸에 좋은 음식에 관심을 가지고 바른 태도로 즐겁게 먹는다	자율성, 바른 식습관	6. 몸에 좋은 음식을 즐겁게 먹는다.	1. 몸에 좋은 음식에 관심을 갖지 않거나 꺼린다.	
				2. 도움을 받으면 몸에 좋은 음식에 관심을 갖고 먹는다.	
				3. 몸에 좋은 음식을 바른 태도로 먹을 수 있다.	
				4. 스스로 몸에 좋은 음식을 즐겁게 먹는다.	
	하루 일과에서 적당한 휴식을 취한다.	자율성, 건강	7. 하루 일과에서 적당한 휴식을 취한다.	1. 하루 일과에서 휴식을 취하지 않는다.	
				2. 도움을 받으면 하루 일과에서 적당한 휴식을 취한다.	
				3. 하루 일과에서 적당한 휴식을 취할 수 있다.	
				4. 스스로 하루 일과에서 적당한 휴식을 취한다.	
	질병을 예방하는 방법을 알고 실천한다.	자율성, 건강	8. 질병을 예방하는 방법을 실천한다.	1. 질병을 예방하는 방법을 모른다.	
				2. 질병을 예방하는 방법을 알지만 실천하지 않는다.	
				3. 질병을 예방하는 방법을 알고 도움을 받아 실천할 수 있다.	
				4. 스스로 질병을 예방하는 방법을 알고 실천한다.	
안전하게 생활하기	일상에서 안전하게 놀이하고 생활한다.	자율성, 안전	9. 일상에서 안전하게 놀이하고 생활한다.	1. 일상에서 안전하게 놀이하거나 생활하지 못한다.	
				2. 도움을 받으면 일상에서 안전하게 놀이하고 생활하는 방법에 관심을 갖는다.	
				3. 일상에서 안전하게 놀이하고 생활할 수 있다.	

				4. 스스로 일상에서 안전하게 놀이하고 생활한다.	
	TV, 컴퓨터, 스마트폰 등을 바르게 사용한다.	자율성, 안전	10. TV, 컴퓨터, 스마트폰 등을 바르게 사용한다.	1. 전자 미디어(TV, 컴퓨터, 스마트폰 등)를 바르게 사용하지 않는다.	
				2. 전자 미디어(TV, 컴퓨터, 스마트폰 등)를 바르게 사용하는 방법에 대해 관심을 갖는다.	
				3. 도움을 받으면 전자 미디어(TV, 컴퓨터, 스마트폰 등)를 바르게 사용할 수 있다.	
				4. 스스로 전자미디어(TV, 컴퓨터, 스마트폰 등)를 바르게 사용한다.	
	교통안전 규칙을 지킨다.	규칙 이해, 안전	11. 교통안전 규칙을 지킨다.	1. 교통안전 규칙을 지키지 못한다.	
				2. 도움을 받으면 교통안전 규칙을 지킨다.	
				3. 교통안전 규칙을 지킬 수 있다.	
				4. 스스로 교통안전 규칙을 지킨다.	
	안전사고, 화재, 재난, 학대, 유괴 등에 대처하는 방법을 경험한다.	자율성, 안전	12. 위험한 상황(안전사고, 화재, 재난, 학대, 유괴 등)에서 도움을 요청한다.	1. 위험 상황을 모른다.	
				2. 도움을 받으면 위험 상황을 안다.	
				3. 위험 상황에서 도움을 요청할 수 있다.	
				4. 스스로 위험 상황에서 도움을 요청한다.	
발달적 요약					
교수지원					

출처: 강은진, 이미화, 예한나(2019). 누리과정 효과성 분석연구(II): 누리과정 개정에 따른 KICCE 유아관찰척도 개발 및 시범적용. 서울: 육아정책연구소.

(2) 신체운동 · 건강 영역 일화기록 관찰의 예

다음은 유아가 쌓기 영역에서 활동한 내용을 교사가 일화기록을 사용하여 개정 누리과정 '신체운동 · 건강 영역'에 초점을 맞춰서 관찰 기록한 예이다.

〈일화기록의 예〉

관찰대상	김지원	연　령	5세	성　별	남
관 찰 자	강하늘	관 찰 일	20**년 *월 *일	관찰장소	쌓기 영역
관찰시간	11:50~11:55	교육과정영역	• 신체운동 · 건강: 신체활동 즐기기-신체를 움직임을 조절한다.		
기　록	쌓기 영역에서 지원이와 서진이 준서가 다이아몬드 블록 놀이를 하고 있다. 지원이가 "에펠탑 만들자"라고 말한다. 서진이가 "내 키 만큼 쌓아야지"라고 대답한다. 지원이가 서진이와 다이아몬드 블록을 쌓고 있다. 지원이가 서진이에게 "야! 이거 빼 아니 그거 이렇게 올렸어야지" 말하며 "황금다이아몬드를 가져와"라고 말한다. 지원이가 블록의 구멍에 다른 블록을 끼워 넣으며 순차적으로 블록을 쌓고 도혁이에게 "야~ 우리 진짜 좋은 거 만들었어"라고 말한다. 자신이 쌓은 블록을 서진이의 블록 위에다 결합시키려고 하다가 둘 다 무너진다. 지원이가 서진이에게 "잘 잡고 있었어야지"라고 말하자 서진이가 "너가 말을 했었어야지" 하며 대답한다. 무너진 블록을 다시 쌓으려고 하는데 다른 영역에서 놀고 있던 강현이가 와서 "나도 같이 해도 되냐" 물어보자 지원이가 "꽉 찼어"라며 안된다고 대답한다. 그러자 강현이가 "나도 하면 안돼?"라고 다시 물어보지만 지원이가 "안돼! 꽉 찼단 말이야!"라고 말한다. 강현이가 다른 영역으로 돌아가고 지원이는 다시 다이아몬드 쌓기를 하고 있다. 지원이가 서진이에게 "나 좀 도와줘" 말하자 "파란 작은 다이아몬드가 필요해"라며 서진이의 파란 블록 세 개를 가져간다. 서진이가 "야! 왜 뺏어가~"라고 말한다. 서진이가 지원이에게 딱 하나만 달라고 말한다. 지원이가 "미안, 미안 이거 필요해"라고 말한다. 그러자 서진이가 "잠깐만 쓰고 돌려줘"라고 말한다.				
발 달 적 요　약	• 블록을 순차적으로 쌓는 모습을 볼 때 눈과 손을 협응하여 소근육을 조절할 수 있다(신체발달). • 다른 유아의 이야기를 듣고 관련해서 말한다(언어발달).				
교수지원	• 눈과 손을 협응력을 증진할 수 있도록 다양한 만들기 자료를 제공한다. • 친구들과 협력해서 블록을 쌓도록 순서를 정해 서로 싸우지 않도록 지도한다.				

(3) 신체운동 · 건강 영역 행동목록법의 예

유아들의 운동능력을 주기적으로 관찰하고 평가함으로써 신체발달을 성장시켜 줄 수 있도록 해야 한다. 다음은 지성애(2007)가 개발한 유아 운동능력 척도를 기초로 수정 · 보완한 '유아 운동능력 검사도구(MPTYC: Motor Proficiency Test for Young Children)' 행동목록법의 예이다.

<table>
<tr><th>관찰대상</th><td colspan="2"></td><th>연령</th><td></td><th>관찰일</th><td></td></tr>
<tr><th>관찰자</th><td colspan="6"></td></tr>
<tr><th>교육과정 영역</th><td colspan="6"></td></tr>
<tr><th colspan="3">평가항목</th><th>예</th><th>아니오</th></tr>
<tr><td rowspan="11">비이동운동</td><td rowspan="4">한 발로 균형 잡기</td><td>1. 15초 동안 한 발로 균형을 잡을 수 있다.</td><td></td><td></td></tr>
<tr><td>2. 15초 동안 왼발로 균형을 잡을 수 있다.</td><td></td><td></td></tr>
<tr><td>3. 15초 동안 균형을 잡기 위해 팔을 조정할 수 있다.</td><td></td><td></td></tr>
<tr><td>4. 15초 동안 양팔은 머리 위로, 한 쪽 다리는 반대 무릎에 올릴 수 있다.</td><td></td><td></td></tr>
<tr><td rowspan="3">평균대 걷기</td><td>1. 평균대 위에서 앞으로 걸으며, 시선은 정면을 향한다.</td><td></td><td></td></tr>
<tr><td>2. 평균대 위에서 앞으로 균형 있고 자신감 있게 걸을 수 있다.</td><td></td><td></td></tr>
<tr><td>3. 평균대 위에서 뒤꿈치를 들고, 발끝으로 걸을 수 있다.</td><td></td><td></td></tr>
<tr><td rowspan="3">굽히기와 펴기</td><td>1. 차렷 자세에서 허리를 굽혀 두 손이 양발 끝에 닿을 수 있다(무릎이 굽혀지지 않은 상태 유지하기).</td><td></td><td></td></tr>
<tr><td>2. 앉은 자세에서 두 발을 정면으로 쭉 핀 상태에서 가슴이 무릎에 닿도록 몸을 앞으로 굽힐 수 있다(두 손이 양발 끝에 닿기).</td><td></td><td></td></tr>
<tr><td>3. 앉은 자세에서 다리를 양쪽으로 쭉 벌린 상태에서 두 손을 옆으로 굽힐 수 있다(두 손이 오른발/왼발 끝에 닿기).</td><td></td><td></td></tr>
<tr><td>앞구르기</td><td>1. 몸의 중심을 앞으로 옮길 수 있다.</td><td></td><td></td></tr>
</table>

		2. 머리를 뒤쪽 매트에 닿게 한다.		
		3. 구를 때 몸을 둥글게 할 수 있다.		
		4. 처음 동작부터 끝까지 수행하는 동안, 능숙하게 잘 구르기를 할 수 있다.		
이동운동	달리기	1. 무릎을 충분히 들고 달린다.		
		2. 달리는 동안 몸을 앞으로 약간 숙이고 달린다.		
	말뛰기	1. 먼저 나간 앞발을 뒷발이 근접하여 잘 따라온다.		
		2. 양발 모두 바닥에서 떨어졌을 때의 순간이 짧다.		
		3. 말뛰기 동작을 하는 동안, 리듬감 있는 패턴을 유지할 수 있다.		
		4. 연속 3회 이상 말뛰기 동작을 부드럽고 유연하게 할 수 있다.		
	건너뛰기	1. 달려오다가 정지 없이 줄에 닿지 않고 뛰어넘을 수 있다.		
		2. 달리다가 팔과 다리가 반대인 상태로 뛰어넘을 수 있다.		
	높이뛰기	1. 착지할 때까지 양팔을 균형 있게 사용할 수 있다.		
		2. 양발을 동시에 사용해서 뛰어오르거나 착지한다.		
		3. 안전하게 착지할 수 있다.		
	앙감질	1. 연속 5회 이상 같은 지점에서 오른발로 앙감질할 수 있다.		
		2. 연속 5회 이상 같은 지점에서 왼발로 앙감질할 수 있다.		
		3. 10초 동안 앞을 향해 오른발로 앙감질하며 나아갈 수 있다.		
		4. 10초 동안 앞을 향해 왼발로 앙감질하며 나아갈 수 있다.		
	미끄러지기	1. 몸을 옆(사선)으로 돌리며 미끄러지기를 할 수 있다.		
		2. 먼저 나간 앞발을 뒷발이 근접하여 잘 따라오며 미끄러진다.		
		3. 미끄러지기 동작을 하는 동안, 리듬감 있는 패턴을 유지할 수 있다.		

		4. 연속 5회 이상 양쪽에서 스텝 슬라이드를 할 수 있다.		
발달적 요약				
교수지원				

출처: 지성애(2007). 유아운동능력척도 타당화 연구-만 5세 유아를 중심으로. 유아교육연구, 27(4), 355-376.

2) 의사소통 영역의 목표 및 내용

(1) 목표

일상생활에 필요한 의사소통 능력과 상상력을 기른다.

- 일상생활에서 듣고 말하기를 즐긴다.
- 읽기와 쓰기에 관심을 가진다.
- 책이나 이야기를 통해 상상하기를 즐긴다.

(2) 내용체계

내용 범주	내용
듣기와 말하기	말이나 이야기를 관심 있게 듣는다.
	자신의 경험, 느낌, 생각을 말한다.
	상황에 적절한 단어를 사용하여 말한다.
	상대방이 하는 이야기를 듣고 관련해서 말한다.
	바른 태도로 듣고 말한다.
	고운 말을 사용한다.
읽기와 쓰기에 관심 가지기	말과 글의 관계에 관심을 가진다.
	주변의 상징, 글자 등의 읽기에 관심을 가진다.
	자신의 생각을 글자와 비슷한 형태로 표현한다.
책과 이야기 즐기기	책에 관심을 가지고 상상하기를 즐긴다.
	동화, 동시에서 말의 재미를 느낀다.
	말놀이와 이야기 짓기를 즐긴다.

2-1) 의사소통 영역의 관찰의 실제

(1) 듣기, 말하기 관찰의 예

듣기, 말하기의 활동을 평가하는 방법은 다양하다. 교사는 유아 개인, 또는 전체 학급유아를 대상으로 놀이중심의 놀이전개과정 속에서 듣기활동이 어떻게 이루어지는지를 평가할 수 있다.

다음은 놀이 주제 '세계의 맛'에서 동화 감상하기 활동을 하는 동안 유아 개인의 듣기와 말하기가 어떻게 성취되고 있는지를 평가하기 위해 일화기록과 평정척도의 방법을 함께 사용하여 관찰 기록한 예이다.

유아명	이민찬	연령	5세	평가일자	20**년 *월 *일
놀이주제	세계의 맛	동 화	쌀국수 아줌마	활 동 명	동화/동시 활동
평가 내용 및 관점	▸ 듣기 • 동화를 듣고 우리말의 재미를 느끼는가? ▸ 말하기 • 동화에 대한 자신의 느낌, 생각을 적절한 단어와 문장으로 말하는가?				
평가 상황	대집단 활동시간에 동화를 듣고 활동하는 모습을 일화기록하여 평정한다.				
평가 유형	평정척도, 일화기록				

평정척도

다른 사람의 이야기를 주의 깊게 듣고 이해하며 적절히 반응하는가?

1	2	3	4	(5)
교사나 다른 유아의 이야기를 듣지 않는다.	관심 있는 이야기에만 주의를 기울인다.	이야기는 끝까지 듣지만 이해하지 못하는 부분이 있다.	이야기를 이해하면서 주의 깊게 듣는다.	이야기를 이해하고 적극적 반응을 보이며 듣는다.

일화기록	
교사는 문학활동 시간에 "어제 시장을 갔는데, 쌀국수집 가게가 생긴 거야. 그곳에는 쌀국수 가게 아주머니가 계셨는데, 선생님께 이 동화책을 건네주면서 너희들과 함께 읽어 보라고 하셨어. 어때 한 번 읽어 볼까?"라고 말한 후, 동화책의 앞면, 책등, 뒷면, 면지 등을 유아들에게 보여 주면서 무슨 이야기가 전개될지 상상해 보도록 한다. 민찬이가 손을 들고, "선생님, 진짜에요 진짜?"라고 말한다. 다른 친구들도 "진짜예요?"라고 질문한다. 교사가 "그럼~정말이구말구!"라고 말하자 민찬이는 교사 앞으로 다가가 앉는다. 교사는 동화책을 처음부터 끝까지 들려 주고 동화책이 어떤 느낌인지 질문한다. 민찬이는 한동안 아무 말도 하지 않는다. 그러다가 갑자기 "쌀국수 먹어 본 적이 없는데, 선생님 우리 점심을 쌀국수 만들어 먹어 보아요."라고 말한다. 옆에 있던 재훈이가 "야~ 그럼 쌀국수 사러 베트남까지 가야 해."라고 말한다. 민찬이는 "우리도 쌀국수 만들면 되잖아요. 엄마한테 부탁하면 만들 수 있을 거야." 나현이는 "나중에 집에 갈 때 선생님한테 부탁해서 마트에 가자. 마트에 팔지도 몰라?"라고 말한다. 나현이는 민찬이를 보고 웃는다. 교사가 유아들의 대화를 듣고 미소 지으며 민찬이의 제안에 대해 다른 친구들이 어떻게 생각하는지 물어본다. 다른 유아들이 민찬이의 제안에 대해 다양하게 말한다. 민찬이는 벌떡 일어서서 친구들의 다양한 생각을 듣고 활짝 웃으며 자리에 앉는다.	
교육과정 관련요소	• 의사소통: 듣기와 말하기-말이나 이야기를 관심 있게 듣는다. • 의사소통: 듣기와 말하기-상대방이 하는 이야기를 듣고 관련해서 말한다.
발달적 요약	• 민찬이는 동화가 시작하는 순간부터 끝날 때까지 적극적으로 반응하고 동화를 처음부터 끝까지 흥미롭게 듣는다(사회성 발달). • 민찬이는 새로운 이야기에 대한 이해도가 높고 동화를 즐긴다(정서발달). • 친구들의 말을 주의 깊게 들을 줄 알고 또래와의 상호작용이 활발한 유아이다(언어발달).
교수지원	• 교사는 민찬이에게 쌀국수를 요리하는 방법에 대한 아이디어를 창의적으로 생각할 수 있도록 한다.

출처: 고문숙, 김수향, 이경하, 이용주, 임영심(2018). 아동관찰 및 행동연구. 경기: 양성원.

다음은 3년 4개월 유아가 언어 영역과 조작 영역에서 활동한 내용을 교사가 서술식 사건표집법을 사용하여 누리과정 관련요소 '의사소통 영역'에 초점을 맞춰서 관찰 기록한 예이다.

〈표 5-1〉 **서술식 사건표집법의 예**

<table>
<tr><td>관찰대상</td><td>김성준</td><td>연 령</td><td>3년 4개월</td><td>성 별</td><td>남</td></tr>
<tr><td>관 찰 자</td><td>김보라</td><td>관 찰 일</td><td>20**년 *월 *일</td><td>관찰장소</td><td>언어 영역/
조작 영역</td></tr>
<tr><td>관찰시간</td><td>09:40~09:55</td><td>교육과정영역</td><td colspan="3">• 의사소통: 듣기와 말하기-상대방이 하는 이야기를 듣고 관련해서 말한다.</td></tr>
<tr><td>시 간</td><td colspan="2">사 건 전
(Antecedent Event: A)</td><td>사 건
(Behavior: B)</td><td colspan="2">사 건 후
(Consequence: C)</td></tr>
<tr><td>09:40
~09:44</td><td colspan="2">성준이는 조작 영역에서 블록을 조립하다가 도훈이가 등원해서 교실로 들어오자 도훈이를 쳐다보며 따라다닌다.</td><td>성준이는 도훈이 가방에 달려 있는 카봇인형 열쇠고리에 관심을 보이며 "선생님 이거 뭐예요?" 하고 말하고 도훈이에게도 "이게 뭐야?" 말하여 계속 따라다닌다. 도훈이가 "이거 우리 엄마가 사 줬어"라고 말하며 "만지지 마!"라고 말하자 성준이가 "치~ 안 놀 거야!"라고 말하고 교사에게 "나도 하고 싶어" 하고 계속 칭얼거린다.</td><td colspan="2">교사가 성준이 눈을 바라보며 "도훈이 카봇인형이 갖고 싶었구나. 그런데 카봇인형은 도훈이 것인데 어떡하면 좋을까? 선생님 생각엔 도훈이에게 '나 만져봐도 돼?'라고 물어보고 만지면 도훈이도 '그래 만져도 돼"라고 말할지 몰라' 라고 제안했다. 성준이는 도훈이에게 "만져 봐도 돼?" 라고 얘기하고 도훈이의 허락을 받고 포옹을 하며 "고마워"라고 말했다.</td></tr>
<tr><td>09:50
~09:55</td><td colspan="2">성준이는 언어 영역에서 그림책을 보다가 승빈이가 블록쌓기 하는 모습을 쳐다보다가 다가가 "이거 뭐야" 하고 말한다.</td><td>성준이는 승빈이가 조립한 카봇블록을 보며 만져 보다가 블록이 망가졌다. 승빈이가 "야~ 너 저리가!"라고 말하고 손으로 성준이를 밀쳐 냈다. 성준이는 "으앙!" 하고 울다가 칭얼거리며 교사에게 "승빈이가 때렸어요"라고 말한다.</td><td colspan="2">"승빈이 블록이 망가졌으니 성준이가 '미안해' 하고 먼저 얘기를 해야 할 것 같아"라고 교사가 말을 하자 승빈이에게 다가가 "미안해" 하며 손으로 등을 쓰다듬어 준다.</td></tr>
<tr><td>발 달 적
요 약</td><td colspan="5">• "치~ 안 놀 거야", "나 만져 봐도 돼" 등의 문장을 사용하여 의사소통한다(언어발달).
• 친구의 감정을 이해하고 공감하는 능력이 있다(정서발달).
• 교사에게 자신의 도움을 요청할 수 있으나 친구에게 도움 요청은 다소 어려움이 있다(사회성 발달).</td></tr>
<tr><td>교수지원</td><td colspan="5">• 자신의 감정을 표현하고 친구감정을 공감하는 언어표현을 지도한다.
• 친구와 함께 놀이하기 위해 도움을 요청하는 언어표현을 지도한다.</td></tr>
</table>

출처: 고문숙, 김수향, 이경하, 이용주, 임영심(2018). 아동관찰 및 행동연구. 경기: 양성원.

다음은 3세 유아가 자유선택활동을 하는 동안 교사가 빈도 사건표집법을 사용하여 관찰 기록한 예이다.

〈표 5-2〉 **빈도 사건표집법의 예**

관찰대상	강민건	**연 령**	3년 5개월	**성 별**	남
관 찰 자	전명숙	**관 찰 일**	20**년 *월 *일		
관찰시간	자유선택활동	**교육과정영역**	• 의사소통: 말하기-상황에 맞게 바른 태도로 말하기 • 사회관계: 나와 다른 사람의 감정 알고 조절하기 -나의 감정 조절하기		
관찰행동	놀이 중에 나타나는 부적응 행동(놀림, 도중 포기, 던지기, 장난감 뺏기)				
지 침	① 영유아가 아래의 활동 영역에 해당되는 행동을 보였을 때 해당 난에 ∨로 표시한다. ② 영역을 더 줄이거나 늘이거나 관찰하고 싶은 영역을 선택하여 관찰할 수 있다.				

빈도 표집

영역	놀림	도중 포기	던지기	장난감 뺏기
쌓기 영역		√		
역할 영역				√
언어 영역		√		
수조작 영역		√		
과학 영역				√
미술 영역		√		
음률 영역				√

발 달 적 요 약	• 언어 영역, 수조작 영역, 미술 영역에서 도중 포기 행동이 주로 나타난다(인지발달). • 쌓기 영역에서 도중 포기 행동이 주로 나타난다(인지발달). • 역할 영역에서 장난감 뺏기 행동이 주로 나타난다(사회정서발달). • 음률, 과학 영역에서 장난감 뺏기 행동이 주로 나타난다(사회정서발달).
교수지원	• 쌓기, 언어, 수조작, 미술 영역에서 놀이의 수준을 고려하고, 집중해서 놀이할 수 있도록 지도할 필요가 있다. • 친구의 감정에 관심을 갖도록 한다.

출처: 고문숙, 김수향, 이경하, 이용주, 임영심(2018). 아동관찰 및 행동연구. 경기: 양성원.

(2) 쓰기 관찰의 예

다음은 놀이 주제 '발견'에서 유아들이 '새봄 뉴스만들기' 활동을 통해 이채은 유아 개인의 쓰기가 어떻게 성취되고 있는지를 관찰 기록한 내용이다. 유아의 관찰 기록을 위해 사용한 평가유형은 평정척도이며 객관적 평가가 이루어졌는지를 다면적으로 평가할 수 있도록 유아의 기록물을 수집하여 관찰 기록한 예이다.

유 아 명	이채은	반(연령)	꽃 내음(만 5세)	평가일자	20**년 *월 *일
놀이주제	발견				
평가내용 및 관점	• 새봄에 관한 자신의 느낌, 생각, 경험을 글자와 비슷한 형태나 글자로 표현할 수 있는가?				
평가상황	'새봄 뉴스만들기' 활동자료와 활동과정에 나타난 행동을 관찰하여 평정한다.				
평가유형	평정척도, 활동자료				

평정척도

새봄에 관한 자신의 느낌, 생각, 경험을 쓰기 활동으로 표현하는가?

1	2	3	4	5
쓰기를 시도하지 않는다.	그림, 긁적거리기, 창의적 글자를 사용하여 자신의 느낌, 생각, 경험을 표현한다.	타인의 도움을 받아 자신의 느낌, 생각, 경험과 관련되는 몇 개의 단어를 쓸 수 있다.	자신의 느낌, 생각, 경험을 간단한 문장으로 표현할 수 있다.	자신의 느낌, 생각, 경험을 완전한 문장으로 연결하여 쓸 수 있다.

활동 자료

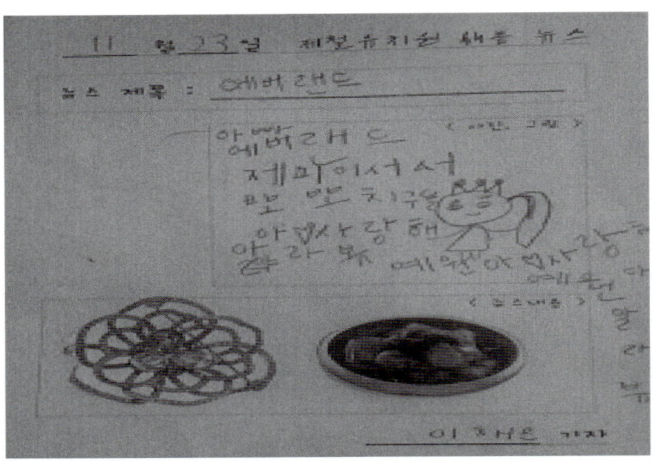

교육과정 관련요소	• 의사소통: 쓰기-쓰기에 관심 가지기
발달적 요약	• 자신의 이름과 '사랑해' 글자는 능숙하게 쓸 수 있으며, 모르는 단어를 물어보고 교사가 단어를 써 주면 보고 따라 쓴다(언어발달). • 자신이 글로 설명하기 어렵거나 부족한 부분은 그림을 통해 내용을 표현하여 전체 이야기를 보완하고자 함으로써 자신의 느낌, 생각, 경험을 나타내고자 노력한다(정서발달).
교수지원	• 채은이에게 하나의 주제에 관해 끝까지 흥미를 잃지 않고 글쓰기활동에 몰입하여 참여할 수 있도록 즐거운 글쓰기활동 내용과 방법을 구상하여 지원할 필요가 있다.

출처: 고문숙, 김수향, 이경하, 이용주, 임영심(2018). 아동관찰 및 행동연구. 경기: 양성원.

(3) 행동목록표를 사용한 의사소통능력 관찰의 예

다음은 만 5세 박이준 유아의 의사소통능력을 관찰 기록한 사례이다. 의사소통능력을 듣기, 말하기, 읽기, 쓰기의 내용범주에 해당하는 유아발달과 관련되는 행동을 유형화하면 다음과 같이 20가지 항목으로 목록화할 수 있다. 교사는 유아행동을 지속적으로 관찰함으로써 개인의 의사소통능력을 객관적으로 이해할 수 있다. 따라서 1달에 2회, 3달에 걸쳐 6회를 관찰하도록 지원하기 위해 다음과 같은 양식을 구상하였다.

〈표 5-3〉 **행동목록표를 사용한 의사소통능력 관찰기록**

<table>
<tr><td>관찰 유아</td><td>박이준</td><td>생년월일</td><td>200*년 **월 **일</td><td>성별*</td><td>남</td></tr>
<tr><td>관 찰 자</td><td colspan="5">김가람</td></tr>
<tr><td rowspan="2">관찰횟수
관찰날짜</td><td colspan="3">1회</td><td colspan="2">2회</td></tr>
<tr><td colspan="3">20**. 4. 6.</td><td colspan="2">20**. 11. 30.</td></tr>
</table>

영역	내 용	1회	2회
의사소통	1. 주의 깊게 듣는다.		○
	2. 기초적인 낱말과 문장을 듣고 이해한다.	○	○
	3. 분명한 발음으로 말한다.		○
	4. 자신의 의견을 분명히 말한다.		○
	5. 또래와 대화를 할 수 있다.	○	○

	6. 상황에 따라 알맞게 말할 수 있다.		○
의사소통	7. 이야기를 듣고 기억해 내어 이야기한다.		○
	8. 교사가 나타내는 신호나 지시에 따른다.	○	○
	9. 읽어 준 글을 자기 생각대로 이해하여 순서대로 말한다.		
	10. 글자에 관심을 보인다.	○	○
	11. 글자의 기초가 되는 모양을 그린다.	○	○
	12. 자기 이름과 간단한 글자를 읽는다.	○	○
	13. 어른의 도움 없이 혼자 책을 읽는다.		○
	14. 책 읽기를 즐겨한다.		
	15. 새로 내놓은 책에 관심을 갖는다.		
	16. 자기 이름과 간단한 글자를 쓴다.	○	○
	17. 어른의 도움 없이 혼자 문장을 쓴다.		
	18. 연필을 똑바로 잡을 수 있다.	○	○
	19. 바르게 앉아서 쓴다.		○
	20. 창의적으로 이야기를 꾸며 말할 수 있다.		
발달적 요약	〈1회차 관찰〉 • 글자에 관심을 보이며 자기 이름과 간단한 글자를 읽고 쓸 수 있다(언어발달). 〈2회차 관찰〉 • 자신의 의견을 상황에 따라 알맞게 말한다(언어발달). • 혼자서 책을 읽을 수 있고 바른 태도로 쓰려고 한다(언어발달).		
교수지원	〈1회차 관찰〉 • 주의를 기울여 경청하는 태도를 기르고 바른 자세로 책읽기에 관심을 갖도록 동기 유발 시킨다. 〈2회차 관찰〉 • 동화를 듣고 이야기를 창의적으로 상상하고 재구성할 수 있도록 도와준다. • 새로운 책에 관심을 가질 수 있도록 교사와 함께 책읽기를 시도한다.		

출처: 고문숙, 김수향, 이경하, 이용주, 임영심(2018). 아동관찰 및 행동연구. 경기: 양성원.

3) 사회관계 영역의 목표 및 내용

(1) 목표

자신을 존중하고 더불어 생활하는 태도를 가진다.

- 자신을 이해하고 존중한다.
- 다른 사람과 사이좋게 지낸다.
- 우리가 사는 사회와 다양한 문화에 관심을 가진다.

(2) 내용체계

내용 범주	내용
나를 알고 존중하기	나를 알고 소중히 여긴다.
	나의 감정을 알고 상황에 맞게 표현한다.
	내가 할 수 있는 것을 스스로 한다.
더불어 생활하기	가족의 의미를 알고 화목하게 지낸다.
	친구와 서로 도우며 사이좋게 지낸다.
	친구와의 갈등을 긍정적인 방법으로 해결한다.
	서로 다른 감정, 생각, 행동을 존중한다.
	친구와 어른께 예의 바르게 행동한다.
	약속과 규칙의 필요성을 알고 지킨다.
사회에 관심 가지기	내가 살고 있는 곳에 대해 궁금한 것을 알아본다.
	우리나라에 대해 자부심을 가진다.
	다양한 문화에 관심을 가진다.

3-1) 사회관계 영역 관찰의 실제

(1) 사회관계 영역 기술 평정척도법의 예

다음은 개정 누리과정을 기반으로한 「KICCE(Korea Institute of Child Care and Education)」 유아관찰척도의 사회관계 영역 기술평정척도이다.

<table>
<tr><td>관찰대상</td><td colspan="2"></td><td>연령</td><td> </td><td>성별</td><td></td></tr>
<tr><td>관찰자</td><td colspan="2"></td><td>관찰일</td><td></td><td>교육과정영역</td><td></td></tr>
<tr><td>내용범주</td><td>내용</td><td>관찰요소</td><td>관찰문항</td><td colspan="2">관찰수준</td><td>기록</td></tr>
<tr><td rowspan="12">나를 알고 존중하기</td><td rowspan="4">나를 알고 소중히 여긴다.</td><td rowspan="4">자아인식, 자아 존중감</td><td rowspan="4">1. 자신의 특성을 알고 소중히 여긴다.</td><td colspan="2">1. 자신의 특성을 모른다.</td><td></td></tr>
<tr><td colspan="2">2. 도움이 있으면 자신의 특성을 안다.</td><td></td></tr>
<tr><td colspan="2">3. 나와 다른 사람의 차이를 통해 자신의 특성을 안다.</td><td></td></tr>
<tr><td colspan="2">4. 자신의 특성을 알고 소중히 여긴다.</td><td></td></tr>
<tr><td rowspan="4">나의 감정을 알고 상황에 맞게 표현한다.</td><td rowspan="4">감정인식, 감정표현</td><td rowspan="4">2. 자신의 감정을 알고 상황에 맞게 표현한다.</td><td colspan="2">1. 자신의 감정을 알지 못한다.</td><td></td></tr>
<tr><td colspan="2">2. 도움이 있으면 자신의 감정을 표현한다.</td><td></td></tr>
<tr><td colspan="2">3. 자신의 감정을 알고 표현한다.</td><td></td></tr>
<tr><td colspan="2">4. 자신의 감정을 알고 상황에 맞게 표현한다.</td><td></td></tr>
<tr><td rowspan="4">내가 할 수 있는 것을 스스로 한다.</td><td rowspan="4">자율성, 자조능력</td><td rowspan="4">3. 혼자서 할 수 있는 일을 스스로 한다.</td><td colspan="2">1. 혼자서 할 수 있는 일을 하지 못한다.</td><td></td></tr>
<tr><td colspan="2">2. 도움이 있으면, 혼자서 할 수 있는 일을 한다.</td><td></td></tr>
<tr><td colspan="2">3. 혼자서 할 수 있는 일을 하지만 끝내지는 못한다.</td><td></td></tr>
<tr><td colspan="2">4. 혼자서 할 수 있는 일을 스스로 한다.</td><td></td></tr>
<tr><td rowspan="8">더불어 생활하기</td><td rowspan="4">가족의 의미를 알고 화목하게 지낸다.</td><td rowspan="4">가족의 역할, 화목</td><td rowspan="4">4. 가족을 소중히 여기는 마음을 나타낸다.</td><td colspan="2">1. 가족의 일상과 아끼는 마음이 놀이에서 나타나지 않는다.</td><td></td></tr>
<tr><td colspan="2">2. 도움이 있으면, 가족의 일상과 아끼는 마음을 놀이에서 나타낸다.</td><td></td></tr>
<tr><td colspan="2">3. 가족의 일상과 아끼는 마음을 놀이에서 나타낸다.</td><td></td></tr>
<tr><td colspan="2">4. 스스로 가족의 일상과 아끼는 마음을 놀이에서 나타낸다.</td><td></td></tr>
<tr><td rowspan="4">친구와 서로 도우며 사이좋게 지낸다.</td><td rowspan="4">우정, 협력</td><td rowspan="4">5. 친구를 도우며 사이좋게 지낸다.</td><td colspan="2">1. 친구를 도와주지 않는다.</td><td></td></tr>
<tr><td colspan="2">2. 도움이 있으면 친구를 도와준다.</td><td></td></tr>
<tr><td colspan="2">3. 친구를 도와준다.</td><td></td></tr>
<tr><td colspan="2">4. 친구를 도우며 사이좋게 지낸다.</td><td></td></tr>
</table>

	친구와의 갈등을 긍정적인 방법으로 해결한다.	갈등해결, 문제해결	6. 친구와의 갈등을 긍정적인 방법으로 해결한다.	1. 친구와의 갈등을 긍정적인 방법으로 해결하지 못한다.	
				2. 도움이 있으면 친구와의 갈등을 긍정적인 방법으로 해결한다.	
				3. 친구와의 갈등을 긍정적인 방법으로 해결하려고 시도한다.	
				4. 스스로 친구와의 갈등을 긍정적으로 해결한다.	
	서로 다른 감정, 생각, 행동을 존중한다.	감정인식, 공감	7. 다른 사람의 감정, 생각, 행동에 알고 존중한다.(감정인식, 공감)	1. 다른 사람의 감정이나 생각, 행동을 알지 못한다.	
				2. 도움이 있으면, 서로 다 감정, 생각, 행동을 안다.	
				3. 서로 다른 감정, 생각, 행동을 안다.	
				4. 서로 다른 감정, 생각, 행동을 알고 존중한다.	
	친구와 어른께 예의를 지켜 행동한다.	예절, 공경	8. 친구와 어른께 예의바른 행동을 한다.	1. 친구와 어른에 대한 예의 바른 행동을 하지 않는다.	
				2. 도움이 있으면 친구와 어른께 예의 바른 행동을 한다.	
				3. 친구와 어른께 예의 바른 행동을 시도한다.	
				4. 스스로 친구와 어른께 예의 바른 행동을 한다.	
	약속과 규칙을 지킨다.	사회적 가치	9. 약속과 규칙을 지킨다.	1. 약속과 규칙을 지키지 않는다.	
				2. 도움이 있으면 약속과 규칙을 지킨다.	
				3. 약속과 규칙을 지키려고 시도한다.	
				4. 스스로 약속과 규칙을 지킨다.	
사회에 관심 가지기	내가 살고 있는 곳에 대해 궁금한 것을 알아본다	사회과학 지식	10. 내가 살고 있는 곳에 대해 궁금한 것을 알아본다.	1. 자기가 살고 있는 곳에 대해 궁금해하지 않는다.	
				2. 도움이 있으면 자기가 살고 있는 곳에 대해 궁금한 것을 알아본다.	
				3. 자기가 살고 있는 곳에 대해 궁금해 한다.	
				4. 스스로 자기가 살고 있는 곳에 대해 궁금한 것을 알아본다.	

	우리나라에 대해 자부심을 갖는다.	애국심, 정체성	11. 우리나라에 대해 자랑스럽게 여긴다.	1. 우리나라의 옛날과 현대를 나타내는 것(놀이, 음식, 물건 등)에 대해 관심을 가지지 않는다.	
				2. 도움이 있으면, 우리나라의 옛날과 현대를 나타내는 것(놀이, 음식, 물건 등)에 대해 관심을 가진다.	
				3. 우리나라의 옛날과 현대를 나타내는 것(놀이, 음식, 물건 등)에 대해 알아본다.	
				4. 우리나라의 옛날과 현대를 나타내는 것(놀이, 음식, 물건 등)에 대해 알고, 자랑스럽게 여긴다.	
	다양한 문화에 관심을 가진다.	다문화민감성, 문화수용성	12. 다양한 문화에 관심을 가진다.	1. 다양한 문화에 관심이 없다.	
				2. 도움이 있으면, 다양한 문화에 관심을 가진다.	
				3. 다양한 문화에 관심을 가진다.	
				4. 다양한 문화에 관심을 갖고 스스로 알아본다.	
발달적 요약					
교수지원					

출처: 강은진, 이미화, 예한나(2019). 누리과정 효과성 분석연구(Ⅱ): 누리과정 개정에 따른 KICCE 유아관찰척도 개발 및 시범적용. 서울: 육아정책연구소.

(2) 사회관계 영역 일화기록 관찰의 예

유아가 수·조작 영역에서 활동한 내용을 교사가 일화기록을 사용하여 개정 누리과정 '사회관계 영역'에 초점을 맞춰서 관찰 기록한 예이다.

〈일화기록의 예〉

<table>
<tr><td>관찰대상</td><td>김지수</td><td>연 령</td><td>5세</td><td>성 별</td><td>여</td></tr>
<tr><td>관 찰 자</td><td>우민지</td><td>관 찰 일</td><td>20**년 *월 *일</td><td>관찰장소</td><td>수 · 조작 영역</td></tr>
<tr><td>관찰시간</td><td>10:30~10:35</td><td>교육과정영역</td><td colspan="3">• 사회관계: 더불어 생활하기-친구와 도우며 사이좋게 지낸다.
• 사회관계: 더불어 생활하기-약속과 규칙의 필요성을 알고 지킨다.</td></tr>
<tr><td>기 록</td><td colspan="5">지수가 재현이, 현준이와 함께 쌓기영역 책상 앞에 모여 앉아 젠가 게임을 하고 있다. 지수와 재현이는 젠가블록을 3개씩, 층을 올릴 때마다 가로, 세로 규칙에 맞춰 차례대로 쌓고 있다. 현준이는 지수와 재현이가 젠가 블록 쌓는 것을 계속 지켜보고 있다. 지수는 블록을 쌓다 보니 남는 블록이 2개인 것을 알게 되었다. 그래서 "어, 2개 남았는데?" 하며 나머지 한 개가 어디 있는지 주위와 책상 밑을 둘러보며 찾는다. 재현이도 "여긴 없는데."라고 하며 주위를 둘러보며 블록을 찾는 모습을 보인다. 지수와 재현이는 젠가탑을 다 쌓은 후 본격적인 게임 시작 전 가위바위보로 순서를 정한다. "안내면 진다 가위바위보!" 하여 지수는 보, 재현이는 가위를 내어서 재현이가 먼저 시작한다. 재현이는 블록들을 훑어보다가 하나를 선택하여 손으로 조심조심 빼서 탑 꼭대기에 올린다. 지수도 블록들을 훑어보고 그중 하나를 살살 빼내어 탑 꼭대기에 올린다. 재현이는 "와아아악, 이러면 넘어지겠다."라고 하며 아슬아슬하게 블록 하나를 뽑아내었다. 지수는 웃으면서 또 블록 하나를 신중하게 골라서 빼내었다. 지수는 젠가블록 사이가 점점 비어지는 반면 탑의 꼭대기는 점점 쌓여 가는 것을 보고 긴장하는 모습을 보인다. 재현이가 블록을 뽑을 차례가 되자 지수는 "잘 뽑아야 돼."라고 말한다. 지켜보던 현준이는 블록 하나를 가리키며 "이거 뽑아"라고 하였고 재현이는 "내가 약한 걸 딱!" 하며 블록 하나를 빠르게 뽑아낸다. 그 모습을 본 지수는 "이렇게 해도 안 흔들려."라고 말한다. 재현이가 자신의 차례가 되자 블록 하나를 뽑는다. 이때 젠가 탑이 흔들리더니 무너졌다. 지수, 재현이, 현준이는 "와아!" 하며 무너진 탑을 보며 웃는다. 재현이는 젠가탑의 밑층은 조금 쌓여 있는 상태를 보며 "다 넘어지진 않았어."라고 한다. 지수는 블록을 다시 모으고, 재현이 현준이와 함께 다시 젠가탑을 쌓는다.</td></tr>
<tr><td>발 달 적
요 약</td><td colspan="5">• 젠가를 순차적으로 쌓는 모습을 볼 때 눈과 손을 협응하여 소근육을 조절할 수 있다(신체발달).
• 친구들과 싸우지 않고 함께 블록을 쌓고 서로의 순서를 기다려 주며 사이 좋게 게임을 하는 모습을 보인다(사회성 발달).
• 가위바위보를 하여 순서를 정하였고 그 순서대로 게임을 하였고 블록도 마음대로 뽑지 않고 하나씩 뽑았고, 뽑은 블록은 규칙대로 꼭대기에 쌓았다(사회성 발달).</td></tr>
<tr><td>교수지원</td><td colspan="5">• 유아들은 쌓기 놀이에 상당한 관심을 보이므로 다양한 쌓기 교구들을 준비하여 쌓기 활동이 더욱 확장될 수 있도록 돕는다.
• 교통규칙, 식사예절 등 생활 속의 다양한 규칙에 대한 이야기와 경험을 나눠 보는 시간을 가져서 유아들의 사고가 확장되도록 한다.</td></tr>
</table>

4) 예술경험 영역의 목표 및 내용

(1) 목표

아름다움과 예술에 관심을 가지고 창의적 표현을 즐긴다.

- 자연과 생활 및 예술에서 아름다움을 느낀다.
- 예술을 통해 창의적으로 표현하는 과정을 즐긴다.
- 다양한 예술 표현을 존중한다.

(2) 내용체계

내용 범주	내용
아름다움 찾아보기	자연과 생활에서 아름다움을 느끼고 즐긴다.
	예술적 요소에 관심을 갖고 찾아본다.
창의적으로 표현하기	노래를 즐겨 부른다.
	신체, 사물, 악기로 간단한 소리와 리듬을 만들어 본다.
	신체나 도구를 활용하여 움직임과 춤으로 자유롭게 표현한다.
	다양한 미술 재료와 도구로 자신의 생각과 느낌을 표현한다.
	극놀이로 경험이나 이야기를 표현한다.
예술 감상하기	다양한 예술을 감상하며 상상하기를 즐긴다.
	서로 다른 예술 표현을 존중한다.
	우리나라 전통 예술에 관심을 갖고 친숙해진다.

4-1) 예술경험 영역의 관찰의 실제

(1) 창의적으로 표현하기 관찰의 예

다음은 사진을 활용한 포트폴리오 기록의 사례이다. 교사는 자연물을 탐색한 후 자연물과 우드락을 활용하여 조형활동을 한 유아들의 작품을 수집하여 포트폴리오 방식으로 기록하였다. 자유선택활동시간 중 조형 영역에서 이루어진 소집단 활동이다.

〈사진 기록을 통한 유아 작품 평가〉

유아의 이름	김주리
날 짜	ㅇㅇ 년 ㅇㅇ 월 ㅇㅇ 일
장소 및 상황	자유선택활동 미술 영역에서 '행성꾸미기' 조형 활동하기
장면 설명	행성 책을 보고 투명 CD에 네임펜이나 매직으로 행성 느낌을 표현한다. 다 그린 뒤 아크릴 물감으로 CD에 색을 더하고, 색깔가루를 뿌리며 심미성을 더한 뒤, 다양한 재료를 이용하여 행성을 꾸민다. 그리고 A4용지에 자신이 만든 행성을 설명한다.

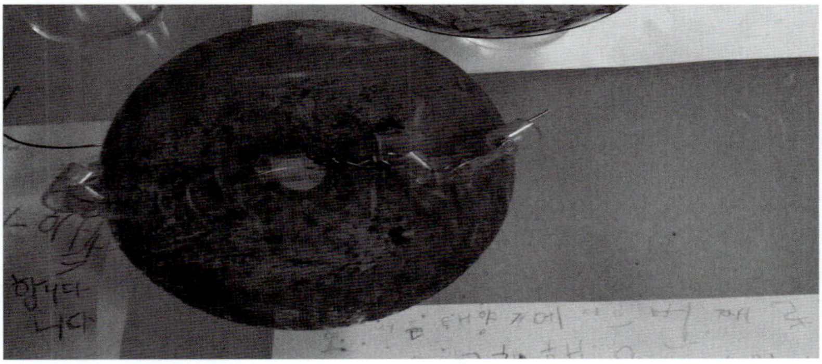

교육과정 관련요소	• 예술경험: 창의적으로 표현하기-다양한 미술 재료와 도구로 자신의 생각과 느낌으로 표현한다.
발달적 요약	• 주리는 책을 보고 행성의 느낌을 사실적이고 있는 그대로 표현할 수 있다(인지발달). • 자신이 관찰한 것을 창의적으로 표현할 수 있다(정서발달).
교수지원	• 다양한 재료를 사용한 행성꾸미기 활동을 통해 유아의 상상력과 창의성을 심화, 확장할 수 있도록 지도한다.

출처: 고문숙, 김수향, 이경하, 이용주, 임영심(2018). 아동관찰 및 행동연구. 경기: 양성원.

(2) 포트폴리오를 사용한 창의적으로 표현하기 관찰의 예

〈포트폴리오를 사용한 창의적으로 표현하기 관찰의 예〉

유아의 이름	최민영
날 짜	○○ 년 ○○ 월 ○○ 일
장소 및 상황	자유선택활동 미술 영역에서 자연물을 사용하여 '나만의 액자 꾸미기' 조형 활동하기
장면 설명	전 시간에 유아들이 숲에 가서 직접 모은 자연물을 우드락과 접착제를 이용해 액자를 꾸미고 있다.

교육과정 관련요소	• 예술경험: 창의적으로 표현하기-다양한 미술 재료와 도구로 자신의 생각과 느낌으로 표현한다.
발달적 요약	• 민영이는 눈과 손을 협응하여 재료들을 적절히 사용하고 작업에 열중한다(인지발달). • 전체적인 아름다움을 표현하는 능력이 뛰어나다(정서발달). • 활동을 하는 과정에서 조금 남은 재료를 친구에게 양보하지 않아 다투는 모습을 보인다(사회성 발달).
교수지원	• 친구들과 주어진 재료를 서로 양보하고 나누어 쓸 때 활동이 더욱 즐겁다는 것을 알게 한다. • 유아들이 자신의 생각을 자유롭게 표현할 수 있도록 충분한 양의 활동재료를 제공한다.

출처: 고문숙, 김수향, 이경하, 이용주, 임영심(2018). 아동관찰 및 행동연구. 경기: 양성원.

(3) 창의적으로 표현하기 관찰의 예

다음은 5세반 유아가 김홍도의 「무동」 명화를 감상한 후 수묵화로 표현해 본 사례이다. 본 사례의 행동관찰을 분석, 해석해 보고 그 결과를 유아의 차기 교육지원에 반영시켜 보도록 하자.

유아의 이름	○ ○ ○
날 짜	○○ 년 ○○ 월 ○○ 일
장소 및 상황	명화 감상(김홍도의 「무동」과 그림 감상) 후 수묵화 표현해 보기
장면 설명	김홍도의 「무동」과 그림 감상 작품을 감상 후 그림의 느낌, 기법, 그림 속 상황에 대하여 이야기를 나눈다. 그리고 수묵화에 대하여 이야기해 보고 화선지에 자신만의 수묵화를 표현하고 친구들의 수묵화도 감상해 본다.

교육과정 관련요소	• 예술경험: 예술 감상하기-다양한 예술을 감상하며 상상하기를 즐긴다.
발달적 요약	• 자신의 사전경험(수묵화를 보았던 경험)에 대하여 이야기한다(언어발달). • 붓, 먹, 화선지를 사용했던 경험을 이야기하며 사용된 재료에 흥미를 갖는다(정서발달). • 그림 속 사람들의 옷차림, 생김새, 행동을 이해한다(인지발달).
교수지원	• 전통미술재료를 활용할 수 있도록 돕고 전통예술활동을 탐색할 기회를 제공한다.

출처: 고문숙, 김수향, 이경하, 이용주, 임영심(2018). 아동관찰 및 행동연구. 경기: 양성원.

5) 자연탐구 영역의 목표 및 내용

(1) 목표

탐구하는 과정을 즐기고, 자연과 더불어 살아가는 태도를 가진다.

- 일상에서 호기심을 가지고 탐구하는 과정을 즐긴다.
- 생활 속의 문제를 수학적, 과학적으로 탐구한다.
- 생명과 자연을 존중한다.

(2) 내용체계

내용 범주	내용
탐구과정 즐기기	주변 세계와 자연에 대해 지속적으로 호기심을 가진다.
	궁금한 것을 탐구하는 과정에 즐겁게 참여한다.
	탐구과정에서 서로 다른 생각에 관심을 가진다.
생활 속에서 탐구하기	물체의 특성과 변화를 여러 가지 방법으로 탐색한다.
	물체를 세어 수량을 알아본다.
	물체의 위치와 방향, 모양을 알고 구별한다.
	일상에서 길이, 무게 등의 속성을 비교한다.
	주변에서 반복되는 규칙을 찾는다.
	일상에서 모은 자료를 기준에 따라 분류한다.
	도구와 기계에 대해 관심을 가진다.
자연과 더불어 살기	주변의 동식물에 관심을 가진다.
	생명과 자연환경을 소중히 여긴다.
	날씨와 계절의 변화를 생활과 관련짓는다.

5-1) 자연탐구 영역 관찰의 실제

(1) 생활 속에서 탐구하기 관찰의 예

다음은 5세 유아가 칠교조각을 이용하여 모양 만들기 활동을 하는 동안 다양한 도형을 알게 되고 도형을 이용하면 재미있는 모양을 새롭게 만들 수 있게 된다는 것을 습득해 나가는 상황을 관찰한 예이다.

유아의 이름	장준석
날짜	○○ 년 ○○ 월 ○○ 일
장소 및 상황	칠교조각을 이용한 모양 만들기
장면 설명	칠교조각 탐색활동을 통해 삼각형, 사각형, 평행사변형의 도형을 익히고, 도형을 이용하여 다양한 도형을 만들어 보는 활동을 한다. 탐색과정에서 도형의 명칭도 익히며, 도형을 이용하여 새로운 도형을 만드는 과정에서 변과 꼭지점의 비율도 익힌다. 탐색활동 후 도형을 이용하여 다양한 창의적 모양 만들기를 한다.  
교육과정 관련요소	• 자연탐구: 생활 속에서 탐구하기-물체의 위치와 방향, 모양을 알고 구별한다.
발달적 요약	• 평형사변형, 직각이등변 삼각형 등의 새로운 도형의 이름을 익힌다(인지발달). • 교사가 제시한 칠교조각 맞추기 놀이 후 창의적으로 놀이한다(정서발달).
교수지원	• 도형의 회전과 뒤집기 과정에서 도형의 다양한 변화를 탐색하도록 지도한다.

출처: 고문숙, 김수향, 이경하, 이용주, 임영심(2018). 아동관찰 및 행동연구. 경기: 양성원.

(2) 표본식 기록을 사용한 수학적 탐구 관찰의 예

다음은 쌓기 영역에서 자유선택활동을 하고 있는 유아를 표본식 기록으로 관찰한 후 관찰기록 내용을 바탕으로 교사가 해석을 한 내용이다.

유아는 쌓기 영역에서 수학적 탐구활동과 관련되는 놀이를 주로 하고 있음을 관찰할 수 있다. 이러한 유아의 활동은 누리과정 자연탐구 영역 중 수학적 탐구에 해당한다.

〈표본식 기록을 사용한 수학적 탐구 관찰의 예〉

관찰유아	안병찬	연 령	5세
관 찰 자	김가람	관 찰 일	20**년 *월 *일
관찰장면	자유놀이활동	관찰시간	10분
시간	기록		
9:25	쌓기 영역에서 구슬을 가지고 놀고 있는 강현이와 준현이를 10초 정도 바라보다가 준현이에게 "우리집에는 더 많다! 나는 일곱 개나 있다!"라고 말한다. 그리고 뒤돌아서서 바닥에 있는 나무블록 위에 올라서서 앞뒤로 움직이다가 잠시 오른쪽으로 휘청거리며 "아우 씨!"라고 혼잣말을 한다.		
9:30	민건이가 병찬이에게 "병찬이가 오래!"라고 말하자 병찬이가 민건이를 보며 일어선다. 민건이가 앞장서서 선생님께 가자 병찬이가 따라간다. 선생님이 "병찬아 왜 민건이한테 침을 뱉어요? 친구가 너한테 침 뱉으면 기분이 좋을까?"라고 말하자 "아니요."라고 대답한다. 선생님이 민건이에게 사과하라고 말하자 병찬이가 민건이에게 다가가 왼손을 들고 어깨를 짚으며 "미안해."라고 말한 뒤 쌓기 영역으로 돌아간다. 강현이가 가지고 있는 구슬 통을 바라보다가 구슬 통을 가져가며 "내가 지켜 줄게!"라고 말한 뒤 옆에 쌓여 있던 통나무 위에 구슬 통을 뒤집어 놓는다. 그리고 옆에 앉아 있던 기범이의 카프라를 보며 "이거 안에 넣어!"라고 말한다. 그러고 나서 바닥 주변을 두리번거리다가 "여기 하나 있어."라고 말하며 구슬을 주워 기범이에게 준다. 그리고 실습생을 보더니 "아우, 더워."라고 혼잣말을 한 뒤 블록 위에 올라간다. 기범이가 "내가 갖고 놀은 거야!"라고 강현이에게 말하자 강현이가 "야, 이거 내 거야!"라고 말하며 싸우려고 하자 병찬이가 "그렇게 하면 안 돼!" 하며 기범이와 강현이를 떼어 놓는다. 병찬이가 "이건 내 거야! 내가 갖고 있었어!"라고 하며 노란구슬을 블록에 올리다가 떨어뜨린다. 옆에 앉아서 카프라를 가지고 놀던 이준이가 떨어진 구슬을 주우며 "이거 누가 갖고 있었어?"라고 말하자 병찬이가 "저요!"라고 하며 구슬을 받아서 원통형 관 안에 집어넣는다. 옆에 있던 기범이가 많은 구슬을 가지고 일어나자 "좋겠다, 나 또 가졌으면 좋겠다."라고 말한다.		
9:34	병찬이가 일어나서 메시지 영역으로 이동한다. 색종이를 집어 들다가 눈알 모양 스티커를 보고 성원이에게 "여기 눈 하나 있다!"라고 하고 다른 곳으로 이동하다가 앞에 있던 민건이에게 "나 이거 저기서 찾았다!"라고 말하며 오른손으로 메시지 영역을 가리킨다.		
교육과정 관련요소	• 자연탐구: 생활 속에서 탐구하기-물체를 세어 수량을 알아본다.		
발달적 요약	• 친구들과 놀이를 잘하는 것 같지만, 친구와 타협하여 놀기보다 자기중심적인 경향이 있다(사회성 발달). • 친구의 허락을 받지 않고 놀잇감을 말도 없이 가지고 가는 것으로 보아 친구의 기분보다 자신의 놀이에 더 관심을 두고 집중하는 것 같다(사회정서발달).		

	• 다양한 방법으로 구슬 굴리기를 할 수 있다(인지발달). • 숫자 7까지 셀 수 있다(인지발달).
교수지원	• 입장을 바꾸어 친구의 기분을 생각해 보고 친구들과 놀잇감을 함께 가지고 놀 수 있도록 지도한다. • 친구들의 말에 주의를 기울이고 잘 들어줄 수 있도록 지도한다.

출처: 고문숙, 김수향, 이경하, 이용주, 임영심(2018). 아동관찰 및 행동연구. 경기: 양성원.

(3) 과학적 탐구 관찰의 예

다음은 5세 유아가 빨대와 PET병을 이용하여 분수만들기 활동을 관찰한 예이다.

유아의 이름	최환희
날짜	○○ 년 ○○ 월 ○○ 일
장소 및 상황	빨대와 PET병을 이용한 분수만들기
장면 설명	과학실험 시간 주변에서 흔히 볼 수 있는 PET병과 빨대를 가지고 분수를 만들어 보는 실험을 통해 공기의 힘으로 물을 뿜는 분수에 대해 알아볼 수 있다. 이 과정에서 분수에 대한 이야기 경험 나누기와 간단한 몇 가지 재료를 이용하여 분수를 만들 때 필요한 준비물을 탐색해 보는 과정을 가졌다. 재료 탐색 과정 후 주어진 재료를 활용하여 분수를 만들 수 있는 방법에 대하여 생각해 보고, 약간의 힌트를 유아들에게 제시하기도 하였다. 탐색과 실험이 계속되는 과정에서 공기에 대해 알게 되고 간단한 PET병 분수를 만들 수 있었다.   
교육과정 관련요소	• 자연탐구: 생활 속에서 탐구하기-물질의 특성과 변화를 여러 가지 방법으로 탐색한다.

발달적 요약	• 분수에 대한 생각, 느낌, 경험을 이야기할 수 있다(언어발달). • PET병과 빨대를 이용한 바람불기놀이를 하면서 자연스럽게 공기의 힘을 이용한 분수의 원리를 이해한다(인지발달). • PET병 실험을 하면서 공기의 힘에 따라 물이 앞으로 뻗어 나가는 정도에 차이가 있음을 안다(인지발달).
교수지원	• 자연현상관찰을 돕는 작업활동을 위한 다양한 자료를 제공한다. • 유아들이 관찰한 결과와 아이디어를 함께 나눌 수 있는 기회를 제공한다.

출처: 고문숙, 김수향, 이경하, 이용주, 임영심(2018). 아동관찰 및 행동연구. 경기: 양성원.

(4) 유아교사 상호작용 중심의 관찰의 예

▸ **생활 속에서 탐구하기: 규칙성 이해하기**

유아의 내재적 동기에 의해 발생하는 자발적이고 과정지향적인 놀이는 그 자체가 나름의 규칙을 내포하고 있다. 다음은 유아들이 바깥놀이 동안 '나뭇잎'이라는 놀이자료 자체에서 스스로 규칙성을 발견해 나가는 과정을 유아-교사 간 상호작용, 유아-유아 간 상호작용에 초점을 맞춰 관찰기록한 후 기록 결과를 해석하고 분석한 것이다.

활동명	나뭇잎에서 규칙 발견하여 놀이
관찰일시	관찰기록
20**. 9. 14.	나무에 매달린 나뭇잎은 그 자체가 일정한 모양과 규칙, 특성을 가지고 있다. 유아들은 자연스럽게 그 규칙을 발견하고 그것을 이용하여 다양한 놀이를 전개해 간다. (실외놀이시간에 텃밭 관찰 및 스프레이로 식물에 물주기 놀이를 하면서) 다해: 선생님! 여기 잎들은 순서가 있어요. 교사: 어디 보자. 어떤 순서가 있어? 다해: (허브 잎이 어긋나게 달려 있는 것을 손가락으로 가리키며) 여기 하나 있으면 여기 하나, 저기 하나, 이렇게 이렇게 났어요. (나뭇잎을 이리저리 살펴보면서 탐구한다.)
교육과정 관련요소	• 자연탐구: 생활 속에서 탐구하기-주변에서 반복되는 규칙을 찾는다.
발달적 요약	• 사물을 주의집중하여 관찰할 수 있으며 호기심을 가진다(인지발달).
교수지원	• 다양한 나뭇잎을 제공하여 더 많은 규칙성을 발견할 수 있도록 돕는다.

출처: 고문숙, 김수향, 이경하, 이용주, 임영심(2018). 아동관찰 및 행동연구. 경기: 양성원.

(5) 누리과정에 기초한 과학적 탐구하기: 사진기록을 통한 관찰의 예

활동명	나뭇가지 쓰러뜨리기
관찰일시	**관찰기록**
20**. 9. 14.	– 두 명의 유아들이 모래성을 쌓은 후 나뭇가지를 꽂아 놓은 후, “모래성을 튼튼하게 쌓았어”라고 말한다.  – 한 명의 유아가 “우리 나뭇가지를 쓰러뜨리지 않고 모래를 차례차례 가져가자. 모래를 가지고 갈 때 나뭇가지를 쓰러뜨리는 사람이 지는 거야”라고 말하고 유아들은 순서대로 놀이를 시작한다.  
교육과정 관련요소	• 자연탐구: 생활 속에서 탐구하기–주변에서 반복되는 규칙을 찾는다.
발달적 요약	• 자연물을 이용한 놀이를 하며 재료의 특성을 이해한다(인지발달). • 놀이규칙을 정하여 놀이한다(사회성 발달).
교수지원	• 다양한 나뭇가지를 수집하여 재료의 특성에 맞는 놀이방법을 찾아보도록 한다.

출처: 고문숙, 김수향, 이경하, 이용주, 임영심(2018). 아동관찰 및 행동연구. 경기: 양성원.

CHAPTER 08

유아 놀이 관찰과 지원 사례

본 장에서는 대전 화랑유치원의 유아 놀이 관찰과 지원의 사례에 대해 살펴보고자 한다.

1 '똥' 놀이

'똥' 이야기에 대한 관심 시작

소화기관 탐색하기

소화기관 체험하기

'똥' 그리기

점토로 동물의 '똥' 만들기

'똥' 전시회

'똥' 닦는 법 연구소

누가 내 머리에 똥 쌌어?
'동극' 활동

1 시작 배경

연령/학급인원	만 3세 / 14명
시기	1학기 중반(2023.05.22.~2023.06.23.)
사전 경험	• 기본생활습관 태도를 기르며 화장실(대소변) 약속에 대한 이야기를 나눔 • 건강한 배변습관을 위해 전이시간마다 교사가 지도함
놀이 지속 기간	5주
놀이 참여 인원	14명

2 교사의 놀이 관찰과 지원 이유

유아들이 똥에 대한 호기심이 많아져 관련하여 많은 이야기를 나누는 모습이 관찰됨. 교사는 그에 대한 호기심을 충족시켜 보자 하였고 또한 '똥'에 대해 장난으로만 생각하지 않고 올바른 지식을 전달해 주려고 지원해 봄. 배변을 어려워하거나 대소변을 참는 유아들이 많아 아이들이 똥에 대한 거부감이 없어지고 친해질 수 있는 기회가 될 것으로 기대하며 놀이를 지원하기로 함.

- 똥이 어떻게 생겨나는지 알며 근본적인 물음에 대해 알 수 있음.
- 건강한 배변습관을 가지기 위한 방법을 알고 실천할 수 있음.
- 소화기관의 이름과 역할에 대해 놀이로 알 수 있음.

3 놀이 진행 과정

1. 소화기관과 친해지기

놀이 상황

우리 몸을 탐색해 보며 소화기관까지 관심이 생김. 소화기관의 생김새를 관찰하고 식도의 긴 모양, 대장의 꾸불꾸불한 모양에 대해 관심을 가지는 모습을 보임.

교사의 고민

똥이 생겨나는 과정을 알아보며 소화기관에 대한 만 3세 유아들의 이해도가 적합한지, 놀이의 수준을 어떻게 지원하면 좋을지 방법을 고민함.

교육적 지원

역할 놀이공간을 구성 시, 유아 수준에 알맞게 이해할 수 있도록 소화기관의 역할과 모양과 흡사하게 구성해 줌.

식도

항문 탐험 Zone

대장

2. 건강한 식습관, 배변습관

놀이 상황

똥이 음식물로 인해 건강한 배변습관을 만들 수 있음을 알며, 마켓놀이 시 건강한 채소를 사 와서 먹는 놀이모습을 관찰하였고 항문에서 쾌변의 종을 울리고 "똥은 어떻게 닦아요?"라는 유아의 물음으로 인해 똥 닦는 법 놀이를 시작하게 됨.

교사의 고민

유아들이 똥을 닦을 수 있는 놀이 환경을 고민함.

교육적 지원

똥 닦는 법 연구소 놀이에 대한 흥미가 줄어들 때쯤, 녹음버튼기에 유아들이 내는 방귀소리를 녹음하여 관심과 흥미를 돋으려고 지원함.

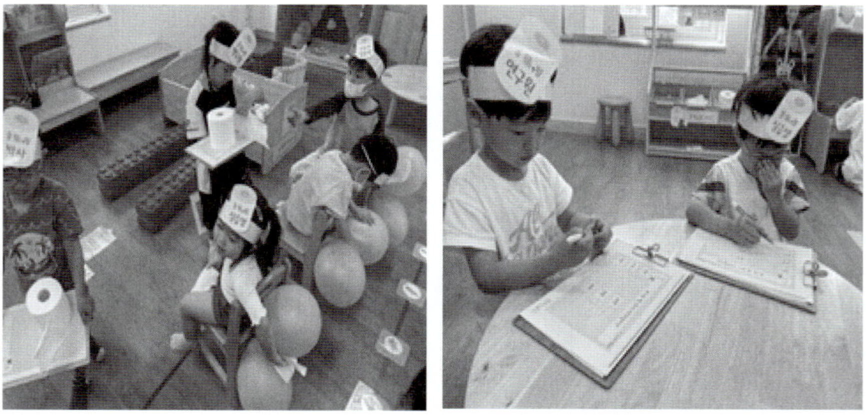

* 똥 닦는 법 연구소 (1)

* 똥 닦는 법 연구소 (2)

3. 동물의 똥

놀이 상황

집에서 달팽이를 키우는 유아가 있는데 달팽이는 먹는 대로 똥색깔이 나온다는 것을 친구들에게 이야기하였고, 그로 인해 여러 가지 동물의 똥의 모양과 특징을 알아봄.

교사의 고민

동물의 똥에 대해 직접 관찰하기는 어렵기에 어떠한 방법으로 유아들의 흥미를 지속시킬지 고민함.

교육적 지원

직접 동물의 똥을 관찰하기는 어려워 책과 영상을 통하여 지식을 얻었고, 유아들이 흥미를 가질 수 있도록 「누가 내 머리에 똥 쌌어?」 동극 활동을 지원함.

4 평가: 놀이를 통한 배움

누리과정 영역별 평가

신체운동 · 건강	배변활동에 관심을 가지고 소화가 잘 되는 음식을 먹어 보는 기회를 가짐.
의사소통	실제 경험과 느낌을 통해 생각을 나누어 보았으며 이를 통해 올바른 배변습관에 대한 책에 관심을 가짐.
사회관계	놀이의 갈등을 긍정적으로 해결하며 사이좋게 놀이를 함.
예술경험	여러 가지 '똥' 모양을 알고 이를 창의적으로 표현해 봄.
자연탐구	나의 몸, 소화기관의 명칭과 역할을 알고 관심을 두고 놀이로 표현함.

2 '화폐' 놀이

편의점 놀이에서 '돈'에 대한 관심 시작

다양한 지폐 관찰하기

'돈'으로 살 수 있는 것과 없는 것 구별하기

우리 반 '돈' 만들기

화요장터 다녀오기

아나바다 장터 행사 준비하기

장터에서 필요한 지갑 만들기

아나바다 장터 놀이하기

1 시작 배경

연령/학급인원	만 4세 / 20명
시기	1학기 중반(2023.05.15.~2023.06.16.)
사전 경험	• 교실 놀이 속에서 물건을 사고파는 놀이를 경험하였음
놀이 지속 기간	5주
놀이 참여 인원	20명

2 교사의 놀이 관찰과 지원 이유

놀이를 통해 경제활동에 대해 자연스럽게 익히면서 주변에서 일어나는 기초적인 경제 현상을 이해하고 유아들에게 올바른 경제관념과 옳은 선택을 할 수 있도록 하기 위해 화폐에 대한 유아들의 관심을 지원하기로 함.

- 돈의 필요성과 은행의 역할에 관심을 가짐.
- 편의점 놀이를 통해 수에 대해 관심을 가짐.
- 돈을 소중히 다루는 태도에 관심을 가짐.

3 놀이 진행 과정

1. 편의점 놀이

놀이 상황

유아들이 물건을 사고 파는 것에 관심을 가지며 편의점 놀이를 시작하였다. 편의점에는 어떤 기능들이 있는지 알아보며 아이스크림, 생활용품, 과자류, 음료, 택배, 간편조리, 현금인출기, 계산대로 나누어 놀이를 진행함.

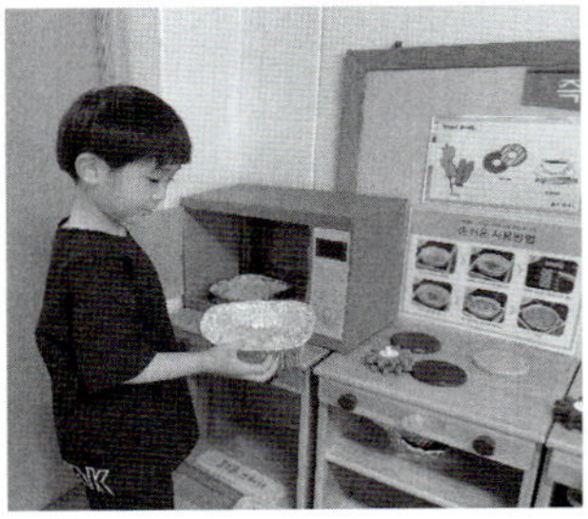

교사의 고민

유아들이 택배 보내는 놀이와 편의점 물품을 배달하는 놀이 모습을 관찰하고 어떻게 놀이를 확장시켜 줄 수 있을지 고민함.

교육적 지원

유아들과 배달의 민족 어플을 살펴보며 편의점 물품을 어플로 배달시킬 수 있는 방법에 대해 알아보고 배달의 민족 코너를 확장하여 놀이 물품을 제공해 줌.

2. 화요 장터

놀이 상황

동네에 화요일마다 열리는 화요 장터에 함께 가서 어떤 물건들을 팔고 있는지, 물건의 가격은 얼마인지 구경한 뒤 뻥튀기를 사와 교실에서 나누어 먹은 뒤 유아들이 장터에 관심을 많이 보이기 시작함.

교사의 고민

교실에서 유아들이 직접 물건을 사고팔 수 있는 장터 놀이 방법에 대해 고민하며 사고파는 물건을 어떻게 정할지, 물건의 가격은 어떻게 정할지, 물건을 사는 돈은 어떻게 정할지 등 장터 놀이를 지원할 방법에 대해 고민함.

교육적 지원

- 아나바타 포스터를 만들어 알림장에 올려 가정과 유치원에서 물품을 지원받음.
- 가정과 유치원에서 지원받은 물품을 보며 얼마에 물건을 팔아야 할지 정해 봄.
- 종이접시를 이용해 지갑 만들기를 지원함.

3. 아나바다 장터

놀이 상황

유아들이 가져온 물품과 유치원에서 지원받은 물품으로 물건을 사고파는 장터를 열어 놀이를 해 봄. 놀이를 하며 물건을 파는 사람에게 "안녕하세요, 이건 얼마에요? 라며 가격을 물어보고 천 원짜리를 얼마 내야 할지 계산해 보며 놀이를 함.

교사의 고민

아나바다 장터의 의미를 유아들에게 어떻게 교육적으로 의미를 전달하며 물건의 소중함을 전해줄지 고민함.

교육적 지원

아나바다가 어떤 의미인지 고민해 보고 아껴 쓰고, 나눠 쓰고, 바꿔 쓰고, 다시 쓰는 활동을 하면 어떤 이로운 점이 있는지 이야기 나누며 물건을 소중히 다루고 정말 필요한 물건만 사는 것의 중요함에 대해 이야기 나누어 봄.

4 평가: 놀이를 통한 배움

누리과정 영역별 평가

신체운동 · 건강	기관 주변의 장터를 산책하며 물건을 사 오는 등 신체를 움직이는 경제활동에 즐겁게 참여함.
의사소통	용돈을 받아 사용한 경험을 떠올리고 말하는 시간을 가져 보며 궁금한 점을 질문하고 대답하는 시간을 가짐.
사회관계	편의점 놀이를 하며 친구와 역할을 나누어 협동하며 놀이함.
예술경험	돈의 소중함을 알며 돈으로 살 수 있는 것과 없는 것을 그림으로 그리거나 돈을 만들어 봄.
자연탐구	우리나라의 돈뿐만 아니라 다양한 나라의 돈에 관심을 가지며 탐구해 봄.

3 '캐릭터' 놀이

'캐릭터'

유아들이 가정에서 가져온 다양한 '캐릭터'에 대한 관심 시작

'캐릭터' 물건 발표하기

'캐릭터' 그림 그리기

'캐릭터'에 대한 생각 모으기

슈링클스 '캐릭터' 키링 만들기

움직이는 '캐릭터' 만들기

1 시작 배경

연령/학급인원	만 5세 / 22명
시기	1학기 중반(2023.05.08.~2023.06.09.)
사전 경험	• 주말 지낸 이야기 활동 시간에 캐릭터와 관련된 경험을 (영화 관람, 닌텐도 게임, 장난감 구입 등)들을 발표한 유아들이 여럿 있었음 • 유치원에 캐릭터 물건을 가져와 친구와 놀이하는 유아들이 많았음
놀이 지속 기간	5주
놀이 참여 인원	22명

2 교사의 놀이 관찰과 지원 이유

유아들이 가정에서 캐릭터로 된 다양한 물건을 가져와 놀이하는 모습이 자주 관찰됨. 자연스레 너도 나도 캐릭터가 들어간 물건을 가지고 와 친구와 역할놀이도 하고, 물건 소개를 하고 싶어 하는 유아들이 많아짐. 유아들은 친구와 함께 캐릭터 그림을 그리며 놀이하고, 가족과 했던 캐릭터 게임 이야기를 주고받고, 캐릭터 물건을 소개하는 활동을 하고 싶어 함. 유아들의 캐릭터에 대한 흥미가 지속되는 것을 보고 캐릭터를 통해 유아의 상상력과 창의력, 예술표현 등을 기를 수 있을 것 같아 놀이를 지원하기로 함.

1. 캐릭터라는 공통 관심사를 통해 유아들이 즐겁게 상호작용할 수 있음.
2. 캐릭터의 특징과 생김새를 관찰하며 미술표현 능력을 기를 수 있음.
3. 주변의 다양한 캐릭터를 알아보며 캐릭터가 주는 이로움을 배울 수 있음.

3 놀이 진행 과정

1. 내가 좋아하는 캐릭터 물건으로 놀이하기

놀이 상황

유아들이 가정에서 캐릭터 물건을 가져와 친구에게 소개하며 놀이하는 모습이 관찰됨. 한 유아가 교사에게 "선생님, 저 이거 친구들한테 소개하고 싶어요."라고 말함.

캐릭터 물건으로 놀이하는 유아들

교사의 고민

유아들이 자신의 캐릭터 물건을 친구들에게 소개하고 싶어 하는데 어떤 방법으로 지원할 수 있을지 고민함.

교육적 지원

유아들의 의견을 반영하여 ‘내가 좋아하는 캐릭터 물건’ 발표 활동을 하기로 함. 유아들에게 가정연계 활동지를 소개하며, 자신이 좋아하는 캐릭터에 대한 소개 및 실물자료를 유치원에 가져올 수 있도록 안내함. 유아들이 가져온 실물자료는 발표 후 교실 놀이자료로도 활용함.

내가 좋아하는 캐릭터 물건 발표

유아가 가져온 캐릭터 물건

2. 캐릭터 그림 그리기

놀이 상황

유아들이 앞서 가정에서 가져온 캐릭터 물건을 가지고 놀이하더니 이면지에 캐릭터 그림을 그리고 싶어 함. 유아는 스스로 그림을 그리려고 하나 캐릭터 모습과 똑같이 그리지 못 하자 교사에게 부탁하기 시작하였고, 교사는 놀이시간 내내 유아들의 요청에 따라 캐릭터 그림을 그려 줌.

이면지에 캐릭터를 그리는 유아들

교사의 고민

놀이시간에 교사에게 캐릭터 그림을 그려 달라고 계속 요청하다 보니 교사는 다른 유아를 관찰할 수가 없게 되어 교사는 유아 스스로 완성도 있는 그림을 그릴 수 있는 방법을 고민함.

교육적 지원

교사는 유아들이 캐릭터 그림을 스스로 그릴 수 있도록 유아들이 좋아하는 캐릭터들을 모은 도감자료를 게시해 주어 유아가 캐릭터를 관찰하고 그림을 따라 그릴 수 있도록 지원함.

캐릭터 도감

캐릭터 도감을 보고 그림을 그리는 유아들

3. 캐릭터 키링 만들기

놀이 상황

유아들이 교사가 제공한 캐릭터 도감을 보며 이면지에 캐릭터 그림을 그리는 모습이 자주 관찰됨. 유아들은 가위를 이용해 그림을 오려 친구와 함께 역할 놀이를 하며 놀이를 함. 그런데 매일 같은 놀이가 반복되다 보니 사용되는 종이의 양이 많아지면서 종이 쓰레기도 늘어나게 됨.

캐릭터 그림을 그리는 유아

교사의 고민

유아들이 캐릭터 그림 그리기에 흥미가 많지만 지속적으로 발생하는 종이 쓰레기의 양을 어떻게 줄일 수 있을지, 영구적인 놀잇감으로 만들 수 있는지 고민함.

교육적 지원

교사는 유아들에게 반투명 슈링클스 종이를 제공함. 반투명 슈링클스 종이 아래 자신이 좋아하는 캐릭터 그림을 깔고 그림을 덧대어 그릴 수 있었음. 유아들이 색칠한 슈링클스 종이를 교사가 오븐에 구워 키링으로 만들기로 함. 교사는 유아들이 슈링클스 종이가 변하는 과정을 관찰할 수 있도록 대집단 자리를 마련함. 유아들은 오븐의 열에 의해 1/4 크기로 작아지는 슈링클스 종이를 보며 "오징어가 구워진다.", "캐릭터가 구워지고 있어."라고 말하며 재미있어 함.

슈링클스 종이에 캐릭터 그림을 그리는 유아들

완성된 슈링클스 캐릭터 키링

4. 움직이는 캐릭터 만들기

놀이 상황

유아들이 놀이시간에 이면지에 자신이 좋아하는 캐릭터를 그린 후 가위로 오리는 모습을 관찰함. 캐릭터 전체 모습을 오리는 줄 알았는데 얼굴, 목, 몸통, 팔과 다리를 따로따로 오리고 있었음. 교사가 '그림을 그렸는데 왜 다 하나씩 자르고 있는 거야?'라고 물으니 유아는 '이렇게 하나씩 자른 다음에 빨대 주름 있는 걸 붙이면 움직이는 것처럼 할 수 있어요!'라고 대답함.

자신이 그린 캐릭터를 오리는 유아

캐릭터를 잘라 주름빨대로 관절을 만든 유아

교사의 고민

유아들이 미디어 매체에서 접하는 캐릭터는 모두 움직임을 가지고 있는데 이런 특징을 어떤 방법으로 지원할 수 있을지 고민함.

교육적 지원

구글에 'Animated Drawings'라는 웹사이트를 활용하여 평면적인 그림을 실제 만화 영화처럼 움직일 수 있게 제작해 주기로 함. 관절의 움직임을 살리기 위해 사람 형태가 그려진 종이를 유아들에게 제공했고, 유아들이 직접 꾸민 캐릭터를 스캔하여 프로그램에 입력하니 다양한 움직임을 연출할 수 있었음.

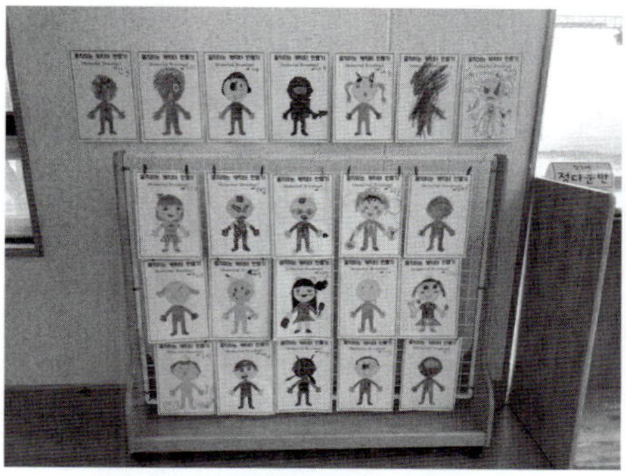

움직이는 캐릭터 미술활동

움직이는 캐릭터 영상 캡쳐

4 평가: 놀이를 통한 배움

누리과정 영역별 평가

영역	내용
신체운동 · 건강	움직이는 캐릭터 영상을 보며 나의 신체를 조절하고 움직이는 활동을 함.
의사소통	내가 좋아하는 캐릭터 물건을 소개해 보며 자발적으로 발표에 참여함.
사회관계	캐릭터에 대한 서로의 관심사를 공유하며 친구와 더불어 놀이함.
예술경험	다양한 기법의 미술활동으로 자신만의 캐릭터를 표현하고 친구의 작품을 감상하며 즐김.
자연탐구	우리 주변의 캐릭터를 탐색하고 관찰하며 특징을 발견함.

참/고/문/헌

강은진, 이미화, 예한나(2019). 누리과정 효과성 분석연구(Ⅱ): 누리과정 개정에 따른 KICCE 유아관찰 척도 개발 및 시범적용. 서울: 육아정책연구소.

고문숙, 김수향, 이경하, 이용주, 임영심(2018). 아동관찰 및 행동연구. 경기: 양성원.

고문숙, 임영심(2011). 영유아 놀이지도. 경기: 양서원.

교육과학기술부, 보건복지부(2013). 0~5세 보육과정 교사용 지침서.

교육부, 보건복지부(2019). 2019 개정 누리과정 놀이운영사례집: 놀이를 지원하는 교사의 역할.

교육부, 보건복지부(2019). 2019 개정 누리과정 해설서.

권미희(2006). 유아음악교육에서의 포트폴리오 평가 활용방안 연구. 단국대학교 교육대학원 석사학위청구논문.

권민균, 김수향, 양진희, 임영심, 정정희(2021). 영유아를 위한 언어지도. 경기: 양서원.

김난실(2004). 만 2세반 유아의 또래 상호작용에 영향을 미치는 관련 변인 연구. 이화여자대학교 대학원 박사학위논문.

김미경(2014). 만 2세 영아의 사회성 발달을 위한 지속가능발전 교육 프로그램 개발 및 효과. 강남대학교 박사학위논문.

김병선, 이윤옥(1999). 아동연구방법. 경기: 양서원.

김선진(2013). 운동발달의 이해. 서울: 서울대학교 출판부.

김수향(2021). 자가진단 루브릭에 근거한 피드백 전략이 보육교사의 영유아 놀이의미 읽기 작성능력과 반성적 사고에 미치는 영향. 열린유아교육연구, 26(5), 245-267.

김수향, 손지향, 안지영, 오선영, 유은승, 이은진(2022). 예비유아교사를 위한 유아교육기관의 현장실습의 이론과 실제. 서울: 동문사.

김은영(2006). 유치원 교사의 직무 분석. 이화여자대학교 대학원 박사학위논문.

김정환(2005). 수행평가의 적용방안/새로운 대안. 국립특수교육원 직무연수, 14, 171-181.

김지은(2008). 아동관찰 및 행동연구. 서울: 학현사.

김지은, 김진숙(2006). 유아 관찰 및 평가. 경기: 양서원.

김진규, 윤길근(2003). 아동연구방법. 서울: 동문사.

김화록(2021). 유아교사의 놀이지원 역량 평가척도 개발 및 타당화. 안양대학교 대학원 박사학위논문.

류진순(2007). 유치원 교실에서의 교사 개입에 관한 연구: 자유선택활동 시간을 중심으로. 덕성여자대학교 교육대학원 석사학위논문.

박량은(2016). 초등학생의 자조기술과 사회성 기술간의 관계. **한국특수교육학회 2016년도 춘계학술대회자료집**, 814-817.

박영충(1997). 포트폴리오의 유아교육 현장 적용 효과. 숙명여자대학교 대학원 박사학위청구논문.

박은혜, 김은심, 김난실, 곽아정, 최혜진, 이혜경(2010). **유치원 교사를 위한 교직실무**. 서울: 창지사.

박은혜, 지성화(2022). 유아 자조기술 검사도구 개발 및 타당화. **학습자중심교과교육연구**, **22**(19), 159-179.

보건복지부(2020). 제4차 어린이집 표준보육과정 고시문.

보건복지부(2020). **제4차 어린이집 표준보육과정 해설서**.

서동미, 이옥임, 박지선, 조재은(2010). **영아 교육 프로그램 개발 및 평가**. 경기: 정민사.

서울특별시교육청유치원미래교육지원단(2022). 놀이자료 지원을 통한 놀이 활성화–신문을 통해 놀이내용 가정과 공유하기: 7~8월 진행된 바닷속 동물 놀이를 중심으로.

성민경(2021). 영유아의 발달을 지원하는 부모-자녀 놀이상호작용 척도의 개발 및 타당화 연구. 명지대학교 대학원 박사학위논문.

손미애, 김은심(2015). 동작수업의 반성적 사고 경험이 유치원 교사의 반성적 사고 수준과 발문에 미치는 영향. **어린이문학교육연구**, **16**(3), 367-384.

송명자(1996). **발달심리학**. 서울: 학지사.

신은수(2000). 놀이에 대한 교사효능감이 교사와 유아의 상호작용과 유아놀이 발달에 미치는 영향. **유아교육연구**, **20**(1), 27-42.

유재경, 황지영, 박은미(2020). 2019 개정 누리과정을 반영한 유아교사 핵심역량 모델 개발. **유아교육·보육복지연구**, **24**(1), 93-124.

유한나(2014). 교사의 놀이 개입에 대한 유아의 생각과 기대. 이화여자대학교 대학원 석사학위논문.

유혜령(2019). 놀이기반 배움의 방향에 관한 탐색: 표상을 넘어 사건으로. **어린이교육비평**, **9**(2), 59-84.

유영의, 이미선, 송미정, 장은정(2018). Borich 공식을 통해 살펴본 유아의 놀이권리에 대한 교사의 중요도와 실행도에 대한 인식. **학습자중심교육연구**, **18**(15), 131-156.

이소현, 박은혜(2011). **특수아동교육**. 서울: 학지사.

이숙재, 김경란, 이방실(2015). **영유아미술교육**. 서울: 창지사.

이순형, 이혜승, 권혜진, 이영미, 정윤주, 한유진, 성미영, 권기남, 김정민(2008). **아동관찰 및 행동연구**. 서울: 학지사.

이순형, 이혜승, 권혜진, 이영미, 정윤주, 한유진, 성미영, 권기남, 김정민(2014). **아동관찰 및 행동연구**. 서울: 학지사.

이영자, 이종숙, 신은수, 곽향림, 이정욱(2001). 교사평정용 영아발달 평가도구. **아동학회지**, **22**(2), 255-275.

이윤옥(2009). **영유아행동 관찰 연구**. 서울: 신정.

이은해(1995). 아동발달의 평가와 측정. 경기: 교문사.

이은해(1997). 아동연구방법. 서울: 교문사.

이인영 (2014). 루브릭이 대학생들의 글쓰기 능력 신장에 미치는 효과. 우리말글, 48 29-53.

이정환, 박은혜(1995). 교사들을 위한 유아관찰 워크북. 서울: 한국어린이육영회.

이지혜(2021). 영아반 자유놀이 운영의 어려움에 대한 질적 탐구. 학습자중심교과교육연구, 21, 307-326.

이진희(2020). 배움을 '위한'사회문화적 유아평가의 탐색: 방법론적 개인주의 벗어나기. 학습자중심교과교육연구, 20(11), 791-815.

임부연, 손연주(2020). 2019 개정 누리과정 교육내용과 관련한 유아교사의 역할 탐구: 국가와 유아 '사이존재자'를 중심으로. 교육혁신연구, 30(3), 127-148.

장휘숙, 한건환(2005). 아동연구방법. 서울: 창지사.

전경원(2001). 유아의 심리와 측정. 서울: 양지.

전남련, 권경미, 김덕인, 이미순(2005). 유아교육 현장 적용을 위한 유아관찰평가의 이론과 실제. 경기: 양서원.

전남련, 황연옥, 이혜배, 강은숙, 권경미(2009). 아동관찰 및 행동연구. 경기: 양서원.

정옥분(2006). 아동발달의 이해. 서울: 학지사.

정혜영(2001). 포트폴리오 평가가 유아의 인지·정의적 발달 및 부모의 자녀평가에 미치는 영향. 부산대학교 대학원 박사학위청구논문.

조성연(2012). 유아의 그림을 통해 본 유아교육기관에서 놀이에 대한 이미지와 의미. 한국육아지원학회 2012 춘계학술대회 자료집, 91-96.

조운주(2020). 유아교사의 놀이지원역량 내용개발. 육아지원연구, 15(4), 83-102.

조운주, 최일선(2013). 유아교육기관에서의 유아생활지도. 서울: 창지사.

조성자(2003). 아버지의 양육태도와 유아의 사회성 발달에 관한 연구. 아주대학교 교육대학원 석사학위논문.

지성애(2007). 유아운동능력척도 타당화 연구-만 5세 유아를 중심으로. 유아교육연구, 27(4), 355-376.

지성애, 김미경(2003). 유아사회교육의 이론과 실제. 서울: 학지사.

편해문(2019). 놀이는 밥! 살아있는 놀이와 놀이터 이야기, 한국보육학회 2019년도 춘계학술대회 자료집, 21-28.

홍순정(1993). 아동연구. 서울: 한국방송통신대학 출판부.

황선미(2001). 유아어머니 지각을 통한 자녀의 영아기 반사행동 연구. 동아대학교 대학원 교육대학원 석사학위청구논문.

황해익(2009). 유아교육평가의 이해. 경기: 정민사.

황해익, 송연숙, 정혜영(2003). 유치원교육과정에 따른 유아행동 관찰법. 경기: 정민사.

황해익, 송연숙, 정혜영(2008). 2007 개정 유치원 교육과정에 따른 유아행동관찰법. 서울: 창지사.

황해익, 송연숙, 정혜영(2011). 2007년 개정유치원 교육과정에 따른 유아 행동 관찰법. 서울: 창지사

황해익, 송연숙, 정혜영, 유수경(2013). 영유아행동관찰법. 서울: 창지사.

황해익, 임재택(2000). 영유아 관찰 및 평가. 경기: 양서원.

황해익, 최혜진, 정혜영, 권유선(2014). 아동관찰 및 행동연구. 경기: 공동체.

Arrington, R. (1943). Time sampling in studies of social behavior: A critical review of techniques and result with research suggestions. *Psychological Bulletin, 40*, 81-124.

Arter, J. A. (1990). Using portfolios in instruction and assessment. *Eric Document Reproduction Service NO.* ED 328-586.

Barton, J., & Collins, A. (Eds.). (1997). *Portfolio Assessment: A Handbook For Educators.* Menlo Park, CA: Innovative Learning.

Bell, D. R. & Low, R. M. (1977). *Observing and recording children's behavior.* Richland, WA: Performance Associates.

Billman, J., & Sheman, J. A. (1996). *Observation and participation in early childhood settings.* Boston, MA: Allyn & Bacon.

Clay, M. (1993). *An observation survey of early literacy achievement.* Portsmouth, NH: Heinemann.

Goldberg, M. R., Dill, C. A., Shin, J. Y., & Nhan, N. V. (2009). Reliability and validity of the Vietnamese Vineland Adaptive Behavior Scales with preschool-age children. *Research in Developmental Disabilities, 30*(3), 592-602.

Hart, D. (1994). *Authentic Assessment: A Handbook for educator.* Cal: Addision-Wesley Publishing Co.

McAfee, O. & Leong, D. (2007). *Assessing and guiding young children's development and learning.* Boston, MA: Pearson Education Inc.

McMillan, J. H. (1997). *Classroom assessment: Principles and practice for effective instruction.* Boston, MA: Allyn & Bacon.

Meisels, S. J., & Steele, D. (1991). *The early childhood portfolio collection process. Center for Human Growth and Development.* Ann Arbor, MI: University of Michigan.

Oosterhof, A. (1994). *Classroom application of educational measurement* (2nd ed.). NY: Maxwell Macmillan.

Papalia, D. E.,Olds, S. W. & Feldman, R. D. (1991). 인간발달. [Human development](박성연 역). 서울: 교육과학사(원저출간: 1981).

Shaffer, D. R. (1993). *Development Psychology: Childhood and Adolescence* (3rd ed). California: Books/Cole.

Shaklee, B. D., Barbour, N. E., Ambross, R., & Hansford, S. J. (1997). *Designing and using portfolios.*

Boston: Allyn & Bacon.

Shores, E. F., & Grace, C. (1998). *The portfolio book.* Beltsville, MD: Gryphon House, Inc.

Thompson, C. L. Henderson, D. A. (2008). **아동상담.** [Counseling children (7th)] (김택호 외 역). 서울: 시그마프레스(원저출간: 2007).

Wortham, S. C. (2006). *Early Childhood curriculum: Developmental bases for learning and teaching* (4th ed.). Upper Saddle river, NJ: Merill/Prentice Hall.

Wortham, S. C. (2008). *Measurement and evaluation in early childhood education*(4th ed.). NJ: prentice-Hall.

Worthen, B. R. (1993). Critical issues that determine the future of alternative assessment. *Phi Delta Kappan, February,* 444-456.

찾/아/보/기

저 / 자 / 소 / 개

▪ **김 동 환**

중앙대학교 사범대학 유아교육과
중앙대학교 대학원 유아교육과 석사 및 박사
현, 경북대학교 생활과학대학 아동학부 강사

▪ **김 수 향**

대구대학교 사범대학 유아교육과
부산대학교 대학원 유아교육전공 석사
동덕여자대학교 대학원 아동학과 유아교육전공 박사
현, 위덕대학교 유아교육과 교수

▪ **이 경 하**

대구대학교 사범대학 유아교육과
중앙대학교 대학원 유아교육과 석사 및 박사
현, 동양대학교 유아교육과 교수

▪ **임 영 심**

중앙대학교 사범대학 유아교육과
중앙대학교 대학원 유아교육과 석사 및 박사
현, 경북대학교 생활과학대학 아동학부 교수

아동관찰 및 행동연구

1판 1쇄 인쇄 ― 2023년 8월 29일
1판 1쇄 발행 ― 2023년 9월 1일

저 자 - 김동환 김수향 이경하 임영심
발 행 인 - 강철원
발 행 처 - 양성원
주 소 - 경기도 파주시 검산로 173번길 29-12
전 화 - 031-946-3861(代)
팩 스 - 031-946-3864
이 메 일 - tnwpub@naver.com
홈페이지 - tnwpub.co.kr
출판등록 - 2015년 8월 31일 제 2015-000211 호

ISBN 979-11-6126-555-1

정가 20,000원